LE

TROUBADOUR MODERNE

OU

POÉSIES POPULAIRES DE NOS PROVINCES MÉRIDIONALES

VERSAILLES. — IMPRIMERIE DE MONTALANT-BOUGLEUX.

LE
TROUBADOUR MODERNE

OU

POÉSIES POPULAIRES DE NOS PROVINCES MÉRIDIONALES,

TRADUITES EN FRANÇAIS;

ET PRÉCÉDÉES

D'UN DISCOURS SUR LA LANGUE ET LA LITTÉRATURE PROVENÇALES,

depuis leur origine jusqu'à nos jours;

PAR M. CABRIÉ,
CENSEUR DES ÉTUDES AU COLLÉGE ROYAL DE VERSAILLES.

(Plaz mi....
lou cantar prouvençalez.)
FRÉDÉRIC I, emp. d'Allem.

PARIS,
LIBRAIRIE D'AMYOT, ÉDITEUR,
RUE DE LA PAIX, 6.

1844

DISCOURS PRÉLIMINAIRE

SUR

LA LANGUE ET LA LITTÉRATURE

PROVENÇALES,

DEPUIS LEUR ORIGINE JUSQU'A NOS JOURS.

> Ces dialectes de la patrie ont
> aussi leur intérêt!!
> Ch. Nodier.

L'étude approfondie d'une langue et d'une littérature est une étude d'une haute importance. Elle touche aux plus grandes questions d'histoire et de philosophie ; elle pénètre jusqu'à la vie intime du peuple dont elle sert à rendre la pensée; elle en est l'expression la plus complète et la plus fidèle.

Une langue est une espèce de monument, à la formation duquel ont concouru toutes les générations qui ont fait partie de la nation qui la parle : chacune d'elles a apporté, selon ses forces, des matériaux pour le construire et l'élever. Lorsqu'une langue a été formée par une agrégation successive de peuples divers, l'idiome nouveau qui en résulte est la réunion, le produit d'une partie de l'idiome de chacun de ces peuples. Tous y ont laissé des traces plus ou moins profondes, selon le degré de civilisation auquel ils étaient parvenus ; de telle sorte qu'on pourrait, jusqu'à un certain point, apprécier l'influence morale qu'un peuple a exercée sur un

a

autre peuple, *en calculant le nombre de mots qu'il a versés dans la langue.* Dans cette lutte, l'intelligence prévaut toujours sur la force matérielle. La langue du peuple vaincu l'emporte souvent sur celle du peuple vainqueur. La Chine, conquise par les Tartares, impose ses mœurs, ses usages et sa langue à ses oppresseurs. Les Francs, victorieux des Romains dans les Gaules, adoptent la langue et la civilisation des maîtres du monde. L'étymologiste pourrait être comparé à un antiquaire qui, explorant les constructions d'un monument couvert de la poussière des âges, parvient à démêler, au milieu d'un ensemble au premier abord plein de confusion, les diverses formes d'architecture qui appartiennent aux différentes époques dont elles rappellent les vivants souvenirs.

La science moderne a tiré d'immenses avantages des études philologiques. Par elle, les points les plus importants de l'histoire ont été éclaircis. Les mots qui composent les langues, considérés dans leurs racines, étant des signes dont l'origine peut être facilement reconnue, ces mots ont servi à constater l'origine, la parenté et les relations mutuelles des peuples dans des temps dont l'histoire n'a conservé aucun souvenir; et l'on est parvenu ainsi à prouver, d'une manière évidente, que des peuples, qu'on croyait complètement étrangers les uns aux autres, soit à cause de la différence de leurs mœurs, soit à cause de leur position géographique, avaient eu, à des époques très reculées, des points de contact, dont les traces profondes ont résisté à une longue suite de siècles et de révolutions.

Les générations, a dit je ne sais quel écrivain, ressemblent à ces hommes qui, placés sur un télégraphe, se font les uns aux autres des signes dont ils ne connaissent pas la valeur, et qui transmettent fidèlement à l'une des extrémités de la ligne la connaissance parfaite de ce qui se fait à l'autre extrémité. Quand les Grecs, conversant entre eux ou enseignant leur langue à leurs enfants, disaient, dans leur ancienne forme, *esti, essi, esmi*, je suis, tu es, il est; ils ne se doutaient pas qu'ils transmettaient à la postérité la preuve de leur parenté avec les Indiens, disant *osi, osti, osmi*. Il en est de même des Latins et des peuples d'origine germanique; leurs langues se rattachent évidemment à celle du Sanskrit. Serpent, en latin *serpens*, se dit en indien *sarpah*; don, *donum*, en indien *danan*; la fin, en indien *anta*, et en allemand *ende*; la sœur, *swastri*, et en allemand *schewester*; il marche, *shrilyati*, en indien, et en allemand, *schreitet*. Ces mots, on n'en saurait douter, sont issus de la même origine; car il serait impossible que des peuples séparés par des milliers de lieues et soumis à des lois et à des mœurs si différentes, eussent pu tomber d'accord sur une chose aussi arbitraire que le langage, s'ils n'avaient eu entre eux des relations longues et variées (a).

C'est donc en étudiant les racines des mots d'une langue et de ses divers dialectes, qu'on peut parvenir à en connaître parfaitement l'origine et la filiation. C'est là la seule méthode vraie, la seule rationnelle. C'est celle qu'ont suivie MM. Nicot, Cazeneuve, Borel, Ducange, Roquefort, Eichoff, Burnouf fils, Ampère, Pierquin de Gembloux, Mary-Lafon, dont les travaux ont fait faire un pas immense aux études philologiques [1].

Les historiens donnent le nom de Celtes aux diverses tribus qui, dans les temps les plus reculés, ont habité les Gaules. Ces tribus parlaient la même langue, variée cependant par le climat, la prononciation et les éléments étrangers qui venaient s'y réunir. Seize cents ans avant notre ère, une colonie de Phéniciens débarqua sur les côtes de la Méditerranée. Adonnée au commerce, elle lia des relations avec les habitants du pays, établit des comptoirs, ouvrit des routes, exploita des mines, et laissa sur la terre des Gaules quelques traces des arts imparfaits qu'elle cultivait.

Aux Phéniciens succédèrent les Grecs. Plus avancés dans la civilisation que leurs prédécesseurs, les Grecs jettent sur le littoral un grand nombre de colonies florissantes, Marseille, Agde, Narbonne, cultivent la vigne, l'olivier, l'aloès, le citronnier, s'enri-

---

[1] Il n'entre pas dans notre plan de traiter en détail les questions grammaticales qui ont rapport à la langue romane; on trouve dans M. Raynouard tout ce qui a rapport à ce sujet.

chissent par le négoce, s'étendent dans le pays, et finissent par y obtenir une influence qui, depuis les temps les plus reculés, durait encore 150 ans avant Jésus-Christ (*b*).

Après les Grecs viennent les Romains. A leur arrivée dans les Gaules, ce pays était occupé par trois langues distinctes : au nord, la langue kymrique ou belge ; au centre, la langue celtique ou gauloise ; au midi, la langue des Aquitains originaires d'Espagne, dans laquelle était venu se fondre l'élément grec et phénicien.

Après une lutte qui ne fut pas sans gloire, la Gaule entière est contrainte d'accepter la langue des vainqueurs. Rome connaissait trop bien l'influence qu'une langue exerce sur un peuple ; elle savait trop bien que, de toutes les dominations, celle du langage est à la fois la plus douce et la plus forte, pour ne pas chercher, par tous les moyens possibles, à populariser la sienne.

Elle ordonna donc que tous les actes publics fussent écrits en latin ; elle promit des récompenses et des dignités à ceux qui mettraient de l'empressement à apprendre cette langue ; enfin, elle employa tous les moyens imaginables pour effacer l'idiome du peuple vaincu.

Secondée par tant d'efforts, la langue latine se répandit avec rapidité dans tous les pays conquis par les armées romaines. Le Portugal, l'Espagne, eurent des écrivains qui parlaient avec facilité la langue de Cicéron et de Virgile. Au IVe siècle, les beaux-esprits affluèrent dans les Gaules ; Toulouse et Bordeaux eurent des écoles florissantes ; et la Bretagne elle-même, la Bretagne, qui avait lutté avec tant de courage contre les légions de Rome, et rejeté avec mépris la langue du vainqueur, ne put pas éviter entièrement l'influence de la langue et de la littérature latines.

Au Ve siècle, les Romains sont envahis à leur tour. Les hordes barbares du nord franchissent le Rhin et inondent les Gaules. L'empire, battu de toutes parts, chancelle et tombe ; c'est alors que l'on vit combien la puissance de l'intelligence l'emporte sur la force matérielle. Les Francs, victorieux, veulent imposer leurs mœurs et leur langue ; mais, trouvant dans la vieille civilisation romaine un obstacle insurmontable à la domination morale qu'ils voulaient établir, ils adoptent la langue et les mœurs du peuple qu'ils avaient vaincu ; et leur conquête influa si peu sur le langage des peuples qui habitaient le midi de la France que, long-temps après leur soumission, ces peuples conservèrent encore le nom de Romains, qu'ils tenaient de leurs premiers vainqueurs.

Au VIII.ᵉ siècle arrive une invasion nouvelle. Les Sarrasins accourent du fond de l'Asie supérieure, passent comme un torrent sur l'Espagne, écrasent la puissance gothique des deux côtés des Pyrénées, et plantent l'étendard du prophète dans les Gaules, où ils laissent des traces évidentes de leur langue, de leurs lois et de leurs mœurs [1].

Après tant d'invasions successives, qui toutes avaient apporté des éléments nouveaux dans la terre des Gaules, il était impossible que la langue latine, dont Cicéron lui-même avait commencé à remarquer les premiers symptômes de décadence, et que, cent ans plus tard, Quintilien déclarait être totalement changée, ne se corrompît pas entièrement. Plus une langue est savante, complexe, dit M. Villemain, plus la décomposition, une fois commencée, s'achève rapidement.

D'ailleurs, jamais le latin des Gaules n'avait été remarquable par sa pureté ; il s'était toujours ressenti de l'influence exercée par l'idiome primitif des provinces conquises. Chez les Celtes, les Belges, les Aquitains, la langue latine était remplie de locutions kymriques, aquitaines et celtiques. Sulpice Sévère, l'écrivain le plus pur et le plus élégant de son temps, la qualifiait de gauloise, *gallicè loquere*. Vers la fin du même siècle, Sidoine Apollinaire écrivant à un Auvergnat de ses amis qui avait rétabli les écoles publiques dans cette province, le félicite de ce que la noblesse commence à connaître les vers latins et la prose oratoire, et se flatte de lui voir perdre bientôt, en se polissant, l'écorce raboteuse de son celtique : *celtici sermonis squamam depositura nobilitas, nunc oratorio stylo, nunc camœnalibus modis imbuitur*. Les auteurs classiques latins étaient, pour la plupart des Gaulois, ce que Bossuet, Racine et Fénelon sont encore aujourd'hui pour les paysans de la Bretagne et de la Picardie ; et la langue parlée par l'habitant des

---

[1] Voyez l'excellent tableau de la langue romane de M. Mary-Lafon.

campagnes de la Gaule ne méritait pas plus le nom pompeux de *romaine*, que les Gaulois vaincus et soumis ne méritaient le nom de Romains, dont ils avaient paré leur servitude.

Aussi, à peine les Francs se furent-ils jetés sur la Gaule que les anciens idiomes, à demi effacés par la conquête, ne tardèrent pas à reparaître. Celtes et Francs, vaincus et vainqueurs, attaquèrent avec force une langue qui rappelait la domination étrangère. Toutes les règles de la grammaire furent renversées; les voyelles furent remplacées les unes par les autres; le régime des prépositions fut arbitraire; la rudesse des locutions, la rouille du style, devinrent des présomptions en faveur de la sincérité des actes publics; et cela est si vrai que le célèbre Bignon, publiant la première édition des *Formules de Marculfe*, et ayant corrigé la barbarie du manuscrit, on sut gré au docte Baluze d'avoir rétabli les fautes qui étaient dans l'original [1].

Au milieu de ce chaos, comment connaître le rapport des noms entre eux, le régime des verbes, et toutes ces règles fondamentales sur lesquelles s'appuie le mécanisme des langues? On eut recours à l'emploi des prépositions *de* et *ad*; on retrancha des désinences, on en substitua de nouvelles; et de cette foule de barbarismes et de solécismes empruntés aux divers idiomes qui avaient passé sur la Gaule, se forma cette langue romane rustique qui, plus tard, devint celle des Troubadours (c).

Un savant bénédictin, dom Rivet, dans son *Histoire des Gaules*, adopte un système étrange et qui a lieu d'étonner dans un homme aussi versé dans l'histoire et les antiquités de son pays. Il soutient que, jusqu'au XII.ᵉ siècle, la langue latine fut la *langue populaire* des Gaules. Ce système insoutenable est contredit par tous les monuments de cette époque, par le texte du contrat de la ville d'Angers, *cedo tibi de rem*, cité dans l'appendice de Grégoire de Tours; par l'état de dégradation dans lequel la langue latine était déjà tombée au VII.ᵉ siècle; et de plus, par le serment des deux rois Charles-le-Chauve et Louis-le-Germanique, rapporté par Nitard, qui prouve également qu'au IX.ᵉ siècle la langue romane rustique était for-

---

[1] Voyez M. Raynouard.

mée, populaire et complètement distincte du latin. Mais pour s'en convaincre, on n'a qu'à étudier les deux textes ; et l'on verra facilement par quelle décomposition, par quels changements passe une langue avant d'arriver à une transformation nouvelle ; et comment un latin aussi corrompu est parvenu, au bout de deux siècles, à produire un idiome qui avait sa régularité et un système grammatical parfaitement établi.

L'auteur de l'*Essai sur les Trouvères*, le respectable et savant abbé de la Rue, que nous avons eu l'honneur de connaître, attaque vivement l'antiquité de la langue romane, dont M. Raynouard fait remonter l'origine jusqu'au berceau de notre monarchie. Il prétend que les mots *torna, torna, fratre retorna*, prononcés par les soldats de Commentiolus, général de l'empereur Maurice, et ceux-ci *non dabo et daras*, prononcés par Justinien et le roi barbare qu'il avait vaincu, ne sont pas romans mais latins [1]. C'est une erreur ; ces mots sont en partie latins et en partie romans : *dabo* est latin ; *daras* est roman ; *fratre* est latin, et passa dans le roman *fradre* ; *torna* est bien roman ; il existait dès l'origine de la langue, passa ensuite dans celle des Troubadours, et est encore usité de nos jours dans nos provinces méridionales.

Mais tous ces mots romans, recueillis çà et là, prouvent-ils que la langue romane fût formée et homogène au VI.ᵉ siècle, comme le veut M. Raynouard ? Non sans doute ; soutenir une pareille opinion, dit l'abbé de la Rue, ce serait comme si, s'appuyant sur les quelques mots arabes rapportés en France par les Croisés, on assurait que la langue de l'Orient était usitée en France au XII.ᵉ siècle. Que faut-il donc conclure ? C'est qu'à l'époque dont parle M. Raynouard la langue romane commençait à paraître, mais que ce n'est que deux ou trois siècles plus tard qu'elle fut généralement parlée.

Cependant ses progrès furent rapides. Dès le règne de Charle-

---

[1] Ces paroles rapportées par Aimoin sont très curieuses. Les voici : *Quem in solio regni juxta se sedere fecit, et ut provincias quas Romanis eripuerat, sibi restitueret imperavit. Cui ille, non inquit* dabo. *Ad hæc Justinianus respondit :* daras. *Pro cujus novitate sermonis civitas eo loci constructa est cui* daras *nomen est.*

magne l'idiome avait déjà prévalu sur la langue latine, qui n'était déjà plus comprise du peuple. Vers la fin du VIII.ᵉ siècle ce prince se vit dans la nécessité de faire venir des grammairiens de Rome, pour rétablir en France la langue des Romains. Eginhard, chancelier et secrétaire de Charlemagne, s'excuse d'avoir écrit la Vie de ce prince en latin; et, vers la même époque, le concile de Tours ordonna à tous les ecclésiastiques de prêcher en langue vulgaire, afin que la parole de Dieu pût être mieux comprise des fidèles (d).

D'après Augustin Thierry, la prononciation contribua beaucoup à donner aux mots latins la forme nouvelle qu'ils prirent en passant de cette langue à l'idiome roman. Ainsi, par exemple, ces mots oui, rien, lieu, car, ainsi, qui, au premier abord, ne paraissent pas venir de *hoc, illud, rem, locus, quare, insic*, ne laissent aucun doute sur leur origine, lorsqu'on sait que nos ancêtres prononçaient *oïl, ren, leuc, quare, ensi* : il en est de même d'une foule d'autres transformations qu'il me serait facile de rapporter.

Le christianisme, qui avait d'abord été une des principales causes de la propagation de la langue latine par l'uniformité de sa liturgie, devint ensuite une des principales causes de sa décadence. Les apôtres de la foi chrétienne se mettaient peu en peine de la pureté du langage; ce qu'ils désiraient sur-tout c'était de répandre parmi le peuple ces principes admirables dont la sublimité, inconnue jusqu'alors, devait renouveler la face du monde. Aussi ils ne tenaient aucun compte des règles de la grammaire; ils faisaient souvent comme ce soldat dont parle Apulée, qui ne parvint à se faire comprendre d'un jardinier qu'à l'aide de solécismes. La cour de Rome elle-même poussait à la destruction de la langue latine. L'idiome nouveau, jeune, plein de vie, lui paraissait avec raison plus propre à seconder les progrès de la foi chrétienne que la langue décrépite qui, à l'époque de sa splendeur, avait servi à répandre les erreurs monstrueuses du polythéisme. Grégoire-le-Grand affichait le plus grand mépris pour toutes les règles de la grammaire : il regardait comme une chose indigne de soumettre la parole de l'oracle céleste aux règles de Donat. Il écrivit une lettre sévère à Didier, évêque de Vienne, pour lui reprocher de donner des leçons de langue latine. « Nous en avons gémi, lui dit-il; non, la même

bouche ne peut exprimer les louanges de Jupiter et celles de J.-C. »
C'est encore le même Grégoire qui, exalté par la haine qu'il portait au paganisme, fit brûler tous les exemplaires de Tite-Live qu'il put trouver, exemplaires que, quelques siècles plus tard, Léon X aurait payés au poids de l'or.

Ici se présentent plusieurs questions importantes, sur lesquelles les littérateurs les plus célèbres ne sont pas d'accord. Au moment où la langue latine, mêlée à des éléments divers, donna naissance à l'idiome roman, cet idiome fut-il identique dans les deux Gaules, en Portugal, en Espagne et en Italie? Servit-il d'intermédiaire à toutes les langues parlées aujourd'hui dans l'Europe latine? M. Raynouard l'affirme, M. Schlegel le nie, et M. Villemain, qu'il faut toujours citer quand il s'agit d'histoire et de critique littéraires, après avoir discuté les deux opinions avec cette justesse de raisonnement et cette finesse de goût qui, chez lui, ne sont que l'instinct du beau et du vrai, termine et résume cette discussion par quelques observations pleines de sens devant lesquelles le système ingénieux de M. Raynouard me paraît s'évanouir complètement.

« Comment supposer en effet qu'une langue, travaillée de tous côtés par la barbarie et déconstruite par l'ignorance d'hommes grossiers de races et de caractères, puisse s'altérer uniformément; mais *l'uniformité, c'est presque la science; l'uniformité suppose une méthode dont l'absence est attestée par la destruction même de la langue.* » Quoi! une langue, qui n'était que parlée, se serait formée de la même manière en deçà et au-delà de la Loire, aurait traversé les Pyrénées et les Alpes, et se serait répandue uniformément dans tout l'empire de Charlemagne! Mais cela paraît impossible. Le procédé de décomposition eût-il été uniforme, la manière de s'en servir eût varié, et par cela même eût produit des différences notables dans le langage, qui est toujours soumis à l'influence du climat, des mœurs et des passions des peuples. Et ceci n'est pas une vaine supposition; nous pouvons citer des preuves évidentes tirées de la langue romane elle-même. Cette foule de dialectes, qui subsistent encore dans toutes les parties du midi de la France, remontent évidemment à l'origine de la langue romane, et proviennent de la manière peu uniforme avec laquelle elle s'est formée. Ainsi, par exemple, là on appelle une poêle à frire *sartan*, de *sartago*; ici on l'appelle *padena*, de *patena*, vase; dans un autre endroit *padela*, de *patella*, vase à faire cuire les viandes; une cruche est désignée tantôt par le mot *ourjou*, de *urceus*, tantôt par *dourca*, de *orca*, vase à deux anses; un piège, au propre, est appelé par les uns *legue*, de *laqueus*, par les autres *tendil*, de *tendicula*. Si on remarque de pareilles différences dans le pays même où la langue romane a brillé du plus vif éclat, que sera-ce donc en Portugal, en Espagne et en Italie?

Mais d'ailleurs, avant la séparation bien distincte des deux langues, celle du nord et celle du midi, il y avait toujours eu entre elles une différence sensible provenant de leur origine et de leur formation. Sans doute, toutes les deux sont sorties également de la langue latine, source commune de l'idiome roman, élément principal qui leur a donné cette même physionomie qui indique leur origine et leur parenté; mais la langue latine elle-même avait des différences notables dans les diverses provinces de la Gaule, et les éléments nouveaux qui, peu à peu, se combinèrent avec elle, altérèrent si fortement sa physionomie, qu'elle se trouva bientôt divisée en deux langues bien distinctes, celle du nord et celle du midi. La première était plus mélangée de mots francs ou théotisques. Plus essentiellement fille de Rome, la seconde se ressentait encore de l'influence des colonies grecques et de quelques autres peuples qui passèrent dans le midi de la Gaule. Celle-là donna naissance à la langue française; celle-ci se répandit dans les pays limitrophes du midi de la France; les provinces du nord de l'Espagne, le pays de Vaud où elle existe encore, et les provinces méridionales de l'Italie en ressentirent l'influence. Les patois de la Savoie et de quelques cantons de la Suisse sont aussi des dialectes qui se rattachent à l'origine de la langue romane. Le *Ranz* des vaches, ce chant national de l'Helvétie que le paysan de ces contrées, d'après Rousseau, ne peut entendre sur la terre étrangère sans verser des larmes, est écrit en langue provençale; mais jamais cette langue n'a été l'idiome *vulgaire* de l'Espagne, du Portugal et de l'Italie! Le Dante le dit formellement pour ce qui concerne l'Italie, en parlant de Sordel de Mantoue, poète célèbre parmi les Troubadours: *Qui tantus eloquentiæ vir existens, non solum in poetando, sed quomodo libet loquendo patrium vulgare deseruit.* Il dit encore (et le témoignage du Dante est d'un poids immense dans la question) qu'on parlait mal l'italien à Turin, et cependant il n'en classe pas moins cette ville parmi celles qui ont suivi les dialectes de l'Italie. Il en est de même de la langue castillane, qu'il faut bien se garder de confondre avec celle qui était parlée en Catalogne. On ne conçoit pas qu'on ait voulu la faire descendre de la langue romane. Comment croire en effet que quelques soldats, jetés par Charlemagne et Louis-le-Débonnaire sur les frontières espagnoles, que quelques habitants du midi de la Gaule, qui pénétraient dans les royaumes de Castille et d'Aragon, aient suffi pour imposer leur langue à tout un peuple? N'est-ce pas le cas de dire, avec l'auteur de la *Gaule poétique,* qu'à toutes les époques, la fureur des systèmes bizarres à conduit nos savants à des hypothèses déraisonnables? Et à quoi bon tirer des conjectures forcées de quelques faits épars? N'est-il pas plus rationnel de croire qu'en Espagne comme dans les Gaules. les mêmes causes ont produit les mêmes effets? La langue castillane, comme celles du midi de l'Europe, se forma de la langue latine combinée avec les anciens idiomes du pays et les éléments nouveaux qui vinrent s'y réunir. Ces idiomes reçurent de notables modifications de tous les peuples qui passèrent sur le sol de l'Espagne. Alphonse-le-Sage, ayant fixé son gouvernement au centre du pays, protégea la langue castillane, et lui donna l'unité. Si les idiomes de quelques autres provinces restèrent vulgaires là où ils s'étaient formés, et conservèrent une plus grande ressemblance avec nos idiomes nationaux, c'est que les souverains de ces contrées furent en même temps souverains de quelques-unes de nos provinces, ce qui établit de nombreuses relations entre les deux peuples, et contribua beaucoup à donner aux dialectes du nord de l'Espagne et du midi de la France cette physionomie commune que favorisa encore la proximité des deux pays.

Mais à l'appui de son système M. Raynouard cite des faits, raconte des anecdotes: il dit qu'un Espagnol et un Italien, s'étant trouvés ensemble, s'entendaient parfaitement. Ce fait ne nous paraît pas bien concluant. Toutes les langues néo-latines avaient une très grande analogie, qui permettait aux peuples qui les parlaient de communiquer entre eux; et voilà pourquoi saint Bernard prêchait dans sa langue maternelle à toutes les nations de l'Europe [1]. Mais de l'analogie à l'identité, comme le veut M. Raynouard, la distance est immense. De nos jours, où la séparation des deux langues est complète, il n'y a pas un seul habitant de nos provinces méridionales qui fût embarrassé de se faire comprendre d'un Italien ou d'un Espagnol. Nous en avons été témoin, en 1822, lors de l'émigration espagnole. Tous nos paysans du Languedoc s'entretenaient sans difficulté avec les soldats espagnols qui, poursuivis par Mina, venaient chercher un refuge sur nos frontières. Rien ne prouve donc qu'une langue romane identique sortie du latin se soit répandue en Europe, et ait servi de transmission aux langues qu'elle parle aujourd'hui. Tout, au contraire, paraît s'opposer à un pareil résultat. Les langues italienne, espagnole et portugaise sont plus près du latin que du roman; donc elles n'ont pas passé par cette dernière langue avant de devenir ce qu'elles sont aujourd'hui. Cette remarque, qui est de M. Villemain, me paraît très importante dans la question.

Si je ne me trompe, M. Raynouard, dans sa savante Grammaire romane, me paraît avoir donné une influence trop grande, ou du moins trop exclusive à la langue latine dans la formation de l'idiome roman; c'est là la cause de plusieurs erreurs. M. Raynouard ne tient aucun compte des éléments secondaires qui ont concouru à cette formation : ainsi le grec, l'arabe, le celtique, ne sont rien à ses yeux; et cependant toutes ces nations, qui ont habité et traversé les Gaules, ont laissé dans la langue romane des traces évidentes de leur passage.

Le même résultat s'était également fait sentir dans la langue latine. Chaque nation vaincue par les armées romaines, avait introduit des mots nouveaux dans la langue du vainqueur. Cent ans après Cicéron, Martial avouait s'être servi d'expressions celtiques. Pline, Varron, Festus, employaient également des mots empruntés à la langue des Gaulois : aussi la langue latine, depuis

---

[1] Voyez le savant ouvrage de M. Pierquin de Gembloux sur les patois.

sa formation jusqu'à sa décadence, a subi des changements infinis. D'après Quintilien, les vers saliens, qu'on dit avoir été composés par Numa, étaient à peine compris par les prêtres qui les chantaient. Le latin de l'ancien *Latium* était si différent de celui de Rome, qu'il n'en restait presque plus rien du temps de Festus; et la corruption de la langue était devenue si grande dans les colonies romaines, que dans celle de Lœptis et d'Hippone, on disait *ossum* pour *os*, *dolus* pour *dolor*, et *floriet* pour *florebit*. Le barreau lui-même retentissait souvent de locutions barbares qui, peu à peu, s'introduisaient dans la langue. Si nous en croyons Aulu-Gelle, un avocat ayant laissé échapper en plaidant quelques mots qui n'étaient pas latins, ses collègues s'écrièrent : C'est de la Gaule qu'il les a apportés.

La langue romane, comme l'a prouvé M. Mary-Lafon, renferme un grand nombre de mots arabes, provenant des rapports de ce peuple avec nos provinces du midi : elle renferme également, mais en bien plus grande quantité, des mots grecs que les colonies d'Agde, de Narbonne, de Marseille, versaient continuellement dans la langue. La langue grecque était très répandue sur le littoral de la Méditerranée, d'où elle gagna le Poitou, la Saintonge et le Quercy. Varron appelle les Marseillais *Trilingues*, parce qu'ils parlaient le grec, le latin et le gaulois ; et c'est à Marseille, surnommée la nouvelle Athènes, que la jeunesse romaine allait étudier les chefs-d'œuvre de la Grèce antique. Comment donc M. Raynouard, à qui tous ces faits ne pouvaient être inconnus, a-t-il pu assurer que, dans toute la langue romane, il n'y a pas plus de cent-cinquante mots qui ne soient pas latins, lorsque Joseph Scaliger en a compté dans une seule province plus de mille qui viennent du grec (e) ?

Mais il en est ainsi dans toutes les langues ! Il n'y a pas un seul peuple qui n'ait emprunté des mots et des expressions aux peuples avec lesquels il a eu des points de contact. La langue française elle-même, si timide, si réservée quand il s'agit de l'adoption d'un mot nouveau, n'a pas pu faire autrement. L'Angleterre, l'Allemagne, l'Italie, et tous les pays visités par nos armées victorieuses, lui ont fourni des expressions nouvelles : les croisades y ont laissé des traces de celles de l'Orient: l'expression française *algarade,* usitée encore de nos jours, provient des excursions fréquentes que les pirates d'Alger et de Maroc, faisaient sur les côtes de notre Méditerranée; et les mots *razzia, burnous,* et beaucoup d'autres, n'ont été adoptés par nous que depuis la conquête de l'Algérie.

Cependant, les dernières lueurs du règne merveilleux de Charlemagne s'étaient éteintes. Ravagée depuis le Nord jusqu'aux Alpes, par les Normands, les Saxons et les Hongrois, la France se couvrait d'épaisses ténèbres. Quelques puissants génies apparaissaient de temps en temps au milieu de cette profonde nuit, comme pour montrer que le flambeau de l'intelligence n'était pas entièrement éteint. Chassée par l'idiome nouveau, la langue latine ne servait plus qu'aux actes de la loi et aux cérémonies de la religion : alors elle se retira dans les cloîtres, où bientôt elle devint une langue à l'usage de la science, sous l'influence des Gerbert et des Lanfranc [1].

Au X.ᵉ siècle la nation française, mélange bizarre de tant de peuples divers, commença à prendre de l'unité : la différence des races disparut; Romains et Barbares, vaincus et vainqueurs semblèrent oublier leur ancienne origine. Il n'y eut plus ni Francs, ni Celtes, ni Romains, mais des Français qui n'avaient d'autre nom que celui de la province qu'ils habitaient. Alors la langue romane, au milieu de tous ses dialectes, sembla se rapprocher de l'uniformité; elle devint le lien des races. Le latin était le langage de l'église, le franc celui des rois, le roman celui du peuple. La féodalité, cette lente création de plusieurs siècles, s'était établie : système de liberté à son origine, elle ne tarda pas à devenir un système de servitude. Elle opéra quelques heureux effets sur une société qui n'avait pas encore de base solide et durable. Une classe de citoyens eut une patrie; la bravoure fut mise en honneur; les noms de famille furent inventés; on reconnut la nécessité de distinguer les généalogies pour éclaircir les droits et les prétentions de chacun (*f*).

[1] Gerbert ou Sylvestre II est né à la fin du X.ᵉ siècle, et Lanfranc au commencement du XI.ᵉ.

Enfin arrivent les grands faits historiques du XI.ᵉ siècle, qui donnent une violente secousse aux esprits qui sommeillaient depuis long-temps. Le pontificat de Grégoire VII; les guerres du sacerdoce et de l'empire; la première croisade, qui brisa les barrières qui séparaient tant de peuples, sont des événements de la plus haute importance. Ce fut une époque de vie et de création. Les instincts nobles et généreux s'éveillèrent de toutes parts ; la chevalerie, cette consécration de la force à la défense de la faiblesse, prononça les mots d'honneur, de fidélité, et poétisa toutes les vertus. L'éducation guerrière brilla dans les tournois; l'éducation domestique se forma dans le commerce des femmes, et produisit cette politesse, cette galanterie, qui est un des traits les plus distinctifs de cette époque.

Ce passage d'un état de barbarie à la culture de l'intelligence et de la raison, est un des plus beaux spectacles que présente l'esprit humain. C'est la fermentation du chaos à l'approche de la création ; c'est un moment d'enthousiasme dans la vie des peuples ; un indice certain que l'horizon de l'intelligence s'éclaire, s'agrandit, et que la pensée, réveillée de sa léthargie, va prendre enfin un brillant essor. Toutes les grandes époques littéraires ont été annoncées par de grands mouvements religieux ou politiques. Les guerres de César et de Pompée ont précédé le siècle d'Auguste, les troubles de la Fronde celui de Louis.

Des événements aussi importants devaient nécessairement exercer une influence immense sur la langue romane, sur-tout dans le midi de la France, où l'état de prospérité dont jouissait ce pays était plus favorable au développement de l'intelligence et du talent : elle ne tarda pas à acquérir de la souplesse et de l'élégance. Ce ne fut plus un patois barbare seulement à l'usage du peuple : elle s'épura et se polit. Les villageois en avaient conservé les éléments ; la classe moyenne l'avait enrichie, préparée ; la religion lui avait donné une espèce d'uniformité ; la noblesse des châteaux répandit sur elle ces formes gracieuses et élégantes qui la firent rechercher des souverains et des grands seigneurs de tous les pays.

Alors parurent les Troubadours : leurs chants, expression fidèle de leur époque, adoucirent la rudesse des mœurs féodales, et firent naître cette aurore de lumière, dont l'éclat bienfaisant se répandit sur la société.

En général, l'idée qu'on se forme des Troubadours est peu exacte : on se contente de savoir que ces anciens poètes provençaux fleurirent au XII.ᵉ siècle, lorsque l'ignorance et la barbarie étaient encore répandues sur l'Europe ; qu'ils visitaient les cours des rois et les châteaux des seigneurs, où ils étaient bien reçus, sur-tout par les dames, dont ils vantaient les charmes et la beauté. Quelques personnes même, oubliant les éloges que le Dante et Pétrarque leur ont donnés, se les figurent comme des aventuriers sans lumières et sans goût, dont les ouvrages fades et monotones n'ont rien d'intéressant, si ce n'est pour les amateurs d'antiquités, qui se plaisent à débrouiller l'origine des littératures nationales. Certes, il n'en est pas ainsi ; ces poètes étaient les véritables peintres de la société : ils étaient plus vrais que les chroniqueurs qui, nourris dans l'obscurité du cloître, ne savaient que raconter les faits publics, mêlés de récits populaires, et souvent même de légendes ridicules. Vivant au milieu d'une société agitée, les Troubadours en peignaient, avec les couleurs les plus vives, les mœurs, les usages et les passions. Leurs vers, dictés souvent par une indignation vertueuse, allaient frapper jusque sous le dais, le vice oppresseur de la tyrannie féodale. Souverains, grands seigneurs, évêques, moines, écrivains, éprouvaient tour à tour les traits piquants de leur verve poétique. Plusieurs d'entre eux ont eu des aventures étonnantes, et se sont mêlés aux événements qu'ils ont chantés avec le plus vif intérêt. Des liens étroits les unissaient à la chevalerie, première origine de la poésie provençale. Comme le chevalier, le Troubadour avait une dame de ses pensées, objet de son culte et de ses chants, qu'il invoquait sans cesse. Pour lui plaire, il remportait des prix dans les tournois poétiques, comme le chevalier dans les tournois guerriers. La religion, la guerre et l'amour étaient les objets de sa vénération ; l'un et l'autre ne séparaient jamais ces trois choses, Dieu, l'honneur et les dames. Le chevalier faisait serment de consacrer son épée à la défense des faibles et des opprimés ; le vrai Troubadour ne devait monter sa lyre que pour des sujets dignes de louange et de respect. Le premier, revêtu de la force, attaquait la puissance injuste; le second, armé du savoir, démasquait le vice et confondait la perfidie. Il fallait subir de grandes épreuves et servir long-temps en qualité d'écuyer, avant de parvenir au grade de chevalier. Pour être déclaré Troubadour, il fallait en mériter le titre dans quelque cour renommée, et paraître d'abord en qualité de jongleur : les châteaux, les tournois, les cours d'amour, étaient communs aux uns et aux autres, et le Troubadour et le chevalier qui se vouaient au service de quelque grand seigneur, en recevaient les mêmes récompenses et les mêmes distinctions [1] (*g*).

Depuis le IX.ᵉ siècle, pendant que le Nord était ravagé par les guerres et les dissensions, les intrigues de la royauté et la tyrannie des seigneurs, la France méridionale vivait sous un gouvernement plus doux et plus paternel. La fondation du royaume d'Arles, le gouvernement bienveillant de plusieurs princes, le voisinage de l'Espagne, où brillait avec tant d'éclat l'esprit chevaleresque des Maures, furent les principales causes du réveil de la poésie dans cet heureux climat. Les croisades, cet entraînement, extraordinaire, qui précipita l'Europe sur l'Asie, et dont les résultats immenses pour la civilisation, ont été si mal appréciés par l'étroite et stérile philosophie du XVIII.ᵉ siècle, furent les principaux sujets de leurs chants. Les uns, embrassant avec enthousiasme la cause de ces expéditions lointaines, prennent la croix et engagent les seigneurs à les imiter; les autres (et ce fut le plus grand nombre) se contentent d'exciter le peuple à la croisade, passent tranquillement leur vie au milieu des amusements et des plaisirs des cours, et raillent les seigneurs qui supportent en Palestine les dangers et les fatigues des combats. Celui-ci se déchaîne avec violence contre la cour de Rome, « qui ôte

---

[1] C'est dans le midi de la France que parurent les premiers Troubadours. Guillaume IX, comte de Poitou et duc d'Aquitaine, né en 1071, mort en 1122, est regardé comme le premier Troubadour. C'est à tort que l'abbé de la Rue prétend que les premiers Troubadours ont paru en Catalogne.

et qui donne à son gré les sceptres et les empires »; celui-là ne cesse de vanter dans ses chants les charmes et la beauté de son amante; enfin la guerre, l'amour, la religion, les tournois, la chasse, la cour des princes, la beauté des femmes, et même les critiques contre les mauvais poètes, tels sont les sujets qui reviennent sans cesse dans leurs poésies.

Les événements politiques exercèrent aussi une grande influence sur les Troubadours. La guerre de Frédéric I.er contre le Pape; la révolte des villes de Lombardie pour se soustraire à la domination de la Cour pontificale; les orages soulevés par Innocent III, Grégoire IX et Innocent IV, contre les restes de la maison de Souabe; la sanglante croisade des Albigeois et les malheurs des comtes de Toulouse, excitèrent vivement la verve des muses provençales, et leur fournirent d'abondantes et poétiques moissons. L'hérédité des fiefs occasionnait aussi des ébranlements et de rapides variations dans les petits Etats, sur-tout quand les filles succédaient au défaut d'enfants mâles. Le mariage d'une héritière attirait parfois un souverain étranger : l'ambition s'agitait; l'équilibre se rompait; les rivalités s'élevaient de toutes parts. Le divorce d'Éléonore de Guyenne avec Louis-le-Jeune, fit passer la Guyenne et le Poitou sous la domination anglaise, et devint une des causes principales des guerres sanglantes qui désolèrent la monarchie. Des mariages donnèrent à la maison de Barcelone le comté de Provence, le royaume d'Aragon et plusieurs autres souverainetés. Par le même moyen, la maison de Sabran s'empara du comté de Forcalquier; et l'héritière du dernier comte de Provence, en épousant Charles d'Anjou, fit passer dans celle de France une principauté qui, tôt ou tard, devait être réunie à la monarchie.

Toutes ces intrigues, ces changements, ces rivalités, agitaient les esprits des princes et des seigneurs. Les Troubadours, ayant des liaisons étroites avec les principaux acteurs, et quelquefois même jouant des rôles importants dans les négociations, prenaient parti pour ou contre. La reconnaissance inspirait leurs accents. Dans la guerre cruelle contre les Albigeois, le plus grand nombre se prononça hautement en faveur des malheureux princes de la maison de Toulouse : ils flétrirent avec indignation les cruautés de cette croisade sanglante, qui, sous le voile d'une religion de miséricorde et de paix, couvrit le Languedoc de sang et de deuil, et fit entendre dans Béziers, pris d'assaut, les paroles atroces que l'impartiale histoire a conservées comme l'emblème vivant de ce que l'ambition et le fanatisme ont de plus féroce et de plus odieux (*h*).

Toutefois, gardons-nous de croire que les Troubadours ne méritent que des éloges ; la haine et la passion respirent souvent dans leurs chants ; les mœurs n'y sont pas toujours respectées. Non contents d'attaquer les choses répréhensibles, ils jettent souvent le sarcasme et le ridicule sur les choses les plus respectables et les plus saintes. Leurs poésies amoureuses expriment rarement des sentiments chastes et purs.

Sans doute, il y avait bien parmi nos preux chevaliers et nos galants Troubadours, des modèles de tendresse et de chasteté ; mais que d'exemples contraires ! que de perfidies, de brigandages, d'injustices et d'oppressions ! que de veuves dépouillées ! d'orphelins abandonnés ! de vassaux maltraités ! Non ! on a beau dire, le moyen-âge n'était pas l'âge d'or de la religion et de la vertu.

On confond trop souvent la chevalerie avec la féodalité ; rien n'est cependant plus différent. La féodalité, c'est le monde réel du moyen-âge ; la chevalerie, c'est ce même monde, épuré, poétisé, tel qu'il existe dans les poètes et les romanciers. Dans la chevalerie, l'amour conservait toujours quelque chose de pur et de religieux : dans la féodalité, les désordres étaient extrêmes, et la licence et la corruption des mœurs portées à l'excès. A la vérité, les romanciers ne sont pas les inventeurs des mœurs chevaleresques ; ces mœurs avaient de profondes racines dans les croyances populaires ; le peuple les aimait, les chérissait, se plaisait à entendre les récits merveilleux des exploits de Charlemagne et de Roland, et agissait par-là sur la féodalité elle-même. Mais plus on étudie l'histoire, plus on est convaincu que la chevalerie, telle qu'on la conçoit ordinairement, est une invention presque poétique. Les documents positifs de son existence nous échappent sans cesse ; elle est toujours dans un siècle plus ancien que celui dans lequel nous croyons la trouver. Les romans d'une époque nous parlent-ils de tendresse, de beaux sentiments, d'honneur, les historiens de cette même époque ne nous entretiennent que de vices, de cupidité et de corruption. Les romanciers du XII.ᵉ siècle placent la chevalerie au temps de Charlemagne; François I.ᵉʳ la plaçait au XII.ᵉ siècle; de nos jours, nous la plaçons au temps de François I.ᵉʳ et de Bayard; mais quand nous examinons de près toutes ces époques, nous voyons qu'elle n'a jamais existé *telle qu'on la conçoit,* et qu'il faut la reléguer dans le monde idéal des fictions (1).

Au XII.ᵉ siècle, au plus beau temps de la littérature provençale, les mœurs étaient très corrompues. La paix, la richesse du midi de la France, avaient introduit à la cour de ces petits princes un luxe et une licence extrêmes. La réunion fréquente des deux sexes dans les fêtes et les tournois, jetait dans les esprits un vif attrait pour les aventures galantes. Comme les femmes ne paraissaient dans le monde qu'après leur mariage, elles attendaient ce moment avec impatience, pour se livrer avec ardeur à cette vie de jouissances et de plaisirs, dont tant de fois elles avaient entendu vanter les charmes. Les plus illustres châtelaines s'enorgueillissaient hautement de la réputation que leurs amants faisaient à leur beauté; elles étaient fières d'être chantées par des Troubadours célèbres: les poésies galantes, quelquefois même licencieuses, ne les effrayaient pas; elles savaient y répondre par les vers les plus tendres et les plus passionnés. Nous en donnerons pour preuve une des plus jolies chansons de Clara d'Anduse, qui n'est pas terminée: « En quel trouble cruel, en quelle tristesse profonde les « médisants et les jaloux ont-ils jeté mon cœur! Avec quelle « mauvaise foi ces perfides destructeurs de toute félicité m'ont « persécutée! Ils vous ont forcé à vous éloigner de moi, vous que « j'aime plus que ma vie! ils m'ont privée du bonheur de vous revoir « sans cesse; ah! j'en meurs de douleur, de fureur et de rage!

« Mais que la calomnie s'arme contre moi; l'amour que vous « m'inspirez brave ses traits; mon cœur ne saurait en recevoir les « atteintes: rien ne peut augmenter sa tendresse, ni donner de « nouvelles forces aux désirs dont il est rempli. Il n'est personne,

« fût-ce mon ennemi même, qui ne me devînt cher en me disant
« du bien de vous ; mais mon meilleur ami cesse de l'être, dès qu'il
« ose en dire du mal.

« Mon bel ami, non, ne craignez pas que j'aie pour vous un
« cœur trompeur ; ne craignez pas que je vous abandonne jamais
« pour un autre amant, quand même j'en serais sollicitée par tous
« les amoureux de la contrée. L'amour, qui me tient dans vos
« chaînes, veut que mon cœur vous soit dévoué, et je jure qu'il
« le sera. Ah ! si j'étais aussi bien maîtresse de ma main, tel qui
« la possède aujourd'hui, qui ne l'aurait jamais obtenue ! Ami,
« telle est la douleur que j'éprouve d'être séparée de vous, tel
« est mon désespoir que, lorsque je veux chanter, je pleure et
« je soupire. Je ne puis achever mon couplet ; hélas ! mes chants
« ne sauraient faire obtenir à mon cœur ce qu'il désire !! »

L'éducation que les femmes recevaient, au moyen-âge, contribuait beaucoup à leur inspirer le goût de la galanterie. Les poëmes de Damanieu des Escas nous donnent des détails curieux sur la manière dont une jeune femme de bonne maison devait être élevée. Une demoiselle à laquelle il donne le titre de marquise, lui ayant demandé des conseils pour se conduire dans le monde, des Escas y consent, et lui trace des règles de conduite auxquelles il ne manque rien, si ce n'est la morale et la religion. La toilette et l'amour occupent la plus grande partie de ce singulier traité d'éducation ; puis viennent les soins du ménage. La demoiselle doit se lever de bonne heure, soigner sa toilette, et préparer les objets nécessaires au lever de sa dame. Elle doit s'habituer aux belles manières et au langage des dames de condition avec lesquelles elle vit. Il est convenable qu'elle se choisisse elle-même un serviteur ; dans ce choix, elle fera plus d'attention au mérite et à la bonté du cœur qu'à la beauté. Elle pourra recevoir des présents de lui ; elle pourra même en faire à son tour ; mais elle aura soin de ne pas dépasser certaines limites ; « car s'il vous aime, dit-il, il
« ne doit rien vous demander, tant que vous serez fille, qui puisse
« vous déshonorer. »

Le même Troubadour a fait aussi un petit traité sur l'éducation du damoiseau. Après quelques avis sages et qui partent d'un esprit droit, des Escas lui donne des conseils sur l'élégance des habits et sur la conduite qu'il doit tenir auprès des femmes. « Si vous « devenez jaloux, et que votre amie nie ce que vous avez vu de vos « propres yeux, dites-lui : Dame! je suis assuré que vous dites « vrai, mais j'ai cru voir. » Cela ne rappelle-t-il pas cette dame de la cour qui, surprise par son amant, répondit à ses reproches : « Je vois bien que vous ne m'aimez plus, puisque vous en croyez « plus vos propres yeux que tout ce que je puis vous dire. »

La poésie provençale a des formes extrêmement variées. Ginguené en a compté plus de cent; plusieurs ne sont plus usitées de nos jours. L'invention de la rime, cet embellissement indispensable à notre poésie, a été attribuée aux Troubadours. C'est une erreur; la rime est beaucoup plus ancienne : et sans adopter l'opinion d'un savant du XVI.e siècle, qui en fait remonter l'origine jusqu'à Samothée, fils de Japhet, ni même celle de Jean Lemaire qui, dans ses *Illustrations gauloises*, se contente d'en fixer l'époque 700 ans avant le siége de Troie, on peut assurer que la rime est de beaucoup antérieure à la poésie provençale. Le savant Huet et Massieu en France, le Quadrio en Italie, ont prétendu qu'elle avait été importée en Europe au VIII.e siècle, par les Arabes; mais cette opinion est encore contredite par les faits. Elle est insoutenable, sur-tout en présence des distiques latins rimés du VI.e siècle, que Muratori a cités dans ses *Antiquités italiennes*. Quelques écrivains ont pensé que la première origine de la rime découle de la figure *omoiorteleuton* et de la figure *omoiortoton*, employées par les orateurs grecs; mais ce n'est pas en Grèce qu'on trouve de nombreux exemples de la rime; c'est sur-tout en Italie, et à toutes les époques de la littérature latine, et dans les vers d'Ennius, cités par Cicéron, et dans l'épilogue du deuxième livre de Phèdre, et dans la première ode d'Horace, et dans Properce, Ovide, Tibulle; ce qui nous porte à croire que c'est en Italie que la rime a été inventée. Le moyen-âge nous en fournit aussi une foule d'exemples. Au V.e siècle, nous trouvons les vers suivants de Théodolus, prêtre italien, qui vivait sous le règne de Zénon-Auguste :

> *Pauper amabilis est benedictus;*
> *Dives inutilis, insatiabilis est maledictus.*

Au VII.ᵉ nous avons la chanson rimée en l'honneur de Clotaire II :

> *De Chlotario canere est rege Francorum,*
> *Qui ivit pugnare cum gente Saxonum.*

Au commencement du XI.ᵉ l'épitaphe de Roger, duc de Sicile :

> *Linquens terrenas migravit dux ad amœnas*
> *Roggerius sedes, nam cœli detinet œdes.*

Au XII.ᵉ, ces vers de l'école de Salerne :

> *Ova recentia, vina rubentia, pinguia jura,*
> *Cum simila pura, naturæ sunt valitura.*

Et ceux-ci :

> *Cœna brevis, vel cœna levis, fit raro molesta.*
> *Magna nocet, medicina docet, res est manifesta.*

Comme on le voit, la rime n'était pas toujours placée à la fin du vers; on la trouvait également au commencement, au milieu ou à la fin. Les mots qui rimaient entre eux étaient, soit dans le même vers, soit dans le vers suivant. Je ne parle pas des vers léonins, qu'on dit avoir été inventés au XII.ᵉ siècle par Léon, prêtre de Saint-Victor; l'invention est antérieure à cette époque; et nous croyons que Léon a tout au plus la gloire de les avoir perfectionnés.

Après toutes ces preuves, il est difficile d'attribuer avec quelque raison l'invention de la rime aux Troubadours; mais si ces poètes de la Provence ne l'ont pas inventée, on ne peut nier du moins qu'ils ne l'aient perfectionnée avec le plus grand soin. Ils la combinaient de toutes les manières; ils l'entrelaçaient, la tourmentaient pour former des strophes propres à recevoir les chants les plus variés. Leurs vers étaient composés de toutes sortes de syllabes, depuis une jusqu'à douze. Non-seulement les rimes masculines étaient mêlées avec les féminines, mais encore les masculines et les féminines l'étaient entre elles; et malgré toutes ces entraves et toutes ces inversions si peu favorables au rhythme musical, leurs vers respirent la grâce, le sentiment et la mélodie.

Au premier abord, un pareil perfectionnement paraît étrange au XII.ᵉ siècle, sur-tout lorsqu'on songe qu'au XVI.ᵉ, du temps de Marot et de Saint-Gelais, les poètes français ne connaissaient pas encore toutes ces finesses de l'art. Cependant rien n'est plus certain; et pour s'en convaincre, on n'a qu'à jeter les yeux sur quelques vers provençaux de cette époque.

Au milieu de l'espèce d'épidémie poétique qui s'empara de la France méridionale, on serait tenté de croire que tout est inspiration dans les chants des Troubadours. Il n'en est rien cependant; il y a de l'art, et souvent même un art très ingénieux dans leur poésie. Cet art, ils l'ont appelé une science; mais une science gaie, qui n'a pas été puisée à la source des livres et des modèles. Le siècle dans lequel ils vivaient n'était ni savant ni philosophe, mais énergique et guerrier. D'un côté, il avait de la douceur, de la galanterie dans les mœurs, et de la délicatesse dans le sentiment; de l'autre, de la rudesse et de l'ignorance dans l'ensemble de l'ordre social. Contraste frappant qui n'a pas peu contribué au développement de cette littérature qui jeta un éclat si spontané sur le midi de la France!

Les Troubadours donnaient le titre de vers à tous leurs poèmes. Gérard de Borneuil fut, dit-on, le premier qui substitua à ce nom celui de *chansoz*, qui signifie poésie chantée. La forme de ces *chansoz* était extrêmement nombreuse et variée. D'abord ils furent employés à chanter la guerre et l'amour; ensuite, selon qu'ils exprimaient l'une ou l'autre de ces passions, ils se divisaient en *chansoz* ou en *sirventes*. Les premiers n'avaient pour objet que la galanterie; les seconds la politique, la guerre, la satire; mais les deux genres étaient souvent mêlés.

Les *sirventes* occupent une grande place dans la littérature provençale, parce qu'ils servent à constater plusieurs faits de notre histoire nationale. Ils sont aussi la peinture vivante des mœurs et des passions de quelques personnes illustres de cette époque. Celui de Richard, roi d'Angleterre, composé pendant la captivité de ce prince en Allemagne, mérite d'attirer l'attention, tant par le nom de son auteur que par.le moment où il a été composé. Il est parvenu jusqu'à nous dans les deux langues, celle du nord et celle du midi. En voici la traduction :

« Nul prisonnier ne parlera jamais bien de son sort qu'avec la
« douleur dans l'ame; mais pour charmer ses peines, il peut faire
« une chanson. Quoiqu'il ait assez d'amis, les pauvres dons qu'il
« en reçoit! Qu'ils sachent donc, mes hommes, mes barons, An-
« glais, Normands, Gascons, Poitevins, qu'il n'y a pas un seul de
« mes pauvres compagnons dont je ne voulusse acheter la déli-
« vrance. Je ne dis pas cela pour leur en faire un reproche, mais
« cependant depuis deux hivers je suis en prison [1] (j). »

Le *sirvente* de Richard n'est pas la seule pièce de vers du moyen-âge qu'on ait trouvée écrite dans les deux langues. M. de la Curne de Sainte-Palaye, dans un Mémoire à l'Académie des Inscriptions, a cité quelques vers du XII.ᵉ siècle qui se trouvent également répétés dans les deux idiomes. Les voici tels qu'il les a rapportés. Il est curieux de comparer les deux textes, pour voir le rapport qui existait entre les deux langues, parlées au nord et au midi de la France :

WALLON.

« Quant se rejoïssent oisel,
« Au doz tems qu'ils voyent venir,
« Vi dos dames soz un chastel
« En un pré florettes coillir;
« La plus joenete se p'aingnoit
« Et à sa compagne disoit.... »

PROVENÇAL.

« Can se recointent auzeus,
« E lo tems commensa dossir,

---

[1] M. Villemain a remarqué avec raison que le troisième couplet cité par M. Millot est pris du texte en langue d'oil. Cet écrivain a mêlé les deux textes sans s'en apercevoir.

« Vi dos damas solz un chasteu,
« Floretes en un prei culhir;
« La plus jove si se planioyt
« E soven à l'autra dizoyt.... »

FRANÇAIS.

« Quand la saison commence à s'adoucir, et que les oiseaux se ré-
« jouissent aux approches du doux printemps, je vis deux dames auprès
« d'un château cueillir des fleurs dans un pré. La plus jeune se dé-
« solant, disait à sa compagne. »

Les *sirventes* de Bertrand de Born, pleins de force et d'énergie, sont remarquables encore par la peinture des mœurs guerrières de cette époque. Ce Tyrtée du moyen-âge, qui ne considérait l'homme que « par les coups qu'il donne et par ceux qu'il ne reçoit point », est l'expression la plus fidèle des mœurs féodales. La passion des armes et de la gloire, jointe à un talent poétique très distingué et une bravoure à toute épreuve, l'ont rendu célèbre dans les combats et dans la poésie. Sa vie fut très agitée. Intrigant habile autant que guerrier audacieux, il excitait sans cesse les passions des rois ou de ses supérieurs. Il lutta plusieurs fois contre Richard lui-même, qui le vainquit et lui pardonna. Souvent il sema la discorde entre ce prince et Philippe-Auguste, en les faisant rougir de leur prétendue lâcheté. Il prit une part active dans la guerre entre ces deux princes, écrivit des satires sanglantes contre le roi d'Anjou, et s'empara de l'héritage de son propre frère.

Ce Troubadour si terrible, qui tous les jours exposait sa vie dans les combats, ne fut pas insensible aux sentiments tendres. Il eut plusieurs passions amoureuses; d'abord il offrit ses vœux à une illustre princesse, à Hélène, sœur de Richard, qui depuis épousa le duc de Savoie et fut la mère de l'empereur Othon. Richard ne vit pas sans plaisir que sa sœur fut célébrée par un si brave guerrier et un si illustre Troubadour. Il nous reste une chanson que Bertrand composa pour elle pendant une disette, au milieu des camps. Ensuite il ressentit la passion la plus violente pour Maës de Montagnac, femme de Taleyrand Périgord, qui l'aima et le reconnut publiquement pour son chevalier. Leurs amours furent souvent attristées par la plus cruelle jalousie. C'est à elle qu'il a adressé une chanson célèbre qu'il composa pour se disculper d'une infidélité; elle est remplie de poésie et d'un caractère vraiment original. En voici la traduction :

« Je ne me cache pas le mal que m'ont fait vos flatteurs en vous
« parlant de moi; mais, je vous en prie, faites que, par des men-
« songes, on ne puisse pas éloigner de moi votre cœur si franc,
« si loyal, si vrai, si plein de bonté et de douceur. Qu'au premier
« jet je perde mon épervier, qu'un faucon me le ravisse sur le
« poing, que je le lui voie plumer sous mes propres yeux, si
« votre langage n'est pas plus doux pour moi que l'accomplisse-
« ment de tous mes désirs, que tous les dons de l'amour auprès
« d'une autre.... Que, l'écu suspendu au col, je chevauche au fort
« de la tempête; que mon casque m'embarrasse la vue, que des
« rênes trop courtes, des étriers trop longs, un cheval du trot
« le plus dur me tourmentent; qu'à mon arrivée, le palefrenier
« soit ivre de fureur, s'il n'a pas menti, celui qui vous a fait ce
« conte : si je m'approche de la table de jeu pour jouer, que je
« ne puisse changer un denier, que la table soit retenue, et que je
« ne puisse y prendre place; que tous les dés me soient défavo-
« rables si j'aime aucune autre femme, si je me soucie d'aucune
« autre que de vous seule, que je désire et que je chéris. Que,
« prisonnier d'un seigneur de château, je sois mis, moi quatrième,
« dans le fond d'une tour; que nous ne puissions pas nous souf-
« frir les uns les autres, ou plutôt que je sois en butte à tout le
« monde, maîtres, serviteurs, hôtes, et jusqu'au portier, si j'ai
« seulement un cœur pour aimer une autre femme. Que je laisse
« aimer ma dame par un autre cavalier, et que je ne sache pas la
« résolution qu'il faut prendre; que le vent me manque sur la
« mer; que jusqu'au portier de la cour du roi, tout le monde ose
« me maltraiter; que dans une rencontre je sois le premier à
« souffrir, s'il n'a pas menti, celui qui ose m'accuser auprès de
« vous (*k*)! »

Cette pièce de vers nous donne une idée complète des mœurs et des habitudes de la chevalerie. Les plaisirs, les jeux, la guerre, la chasse s'y mêlent et s'y confondent avec les plaisirs de l'amour. Bertrand de Born, après avoir passé la plus grande partie de sa vie en butte à toutes ces passions, se retira dans un couvent, où il mourut, portant l'habit de moine de Citeaux. Mais son nom, déjà célèbre, ne resta pas enseveli dans la solitude du cloître. Le lugubre génie du Dante jeta sur cette grande physionomie du moyen-âge l'éclat fantastique de ses redoutables fictions ; il le plaça dans un de ses cercles infernaux, portant entre ses mains sa tête suspendue par les cheveux, et prononçant ces paroles qui glacent d'effroi : « Toi qui, respirant encore, visites le royaume des morts, vois si « tu y trouveras une peine égale à la mienne ; et, pour que tu portes « de mes nouvelles au monde des vivants, sache que je suis Ber- « trand de Born, celui-là même qui donna au jeune roi Henri de si « funestes conseils. Je fis révolter un fils contre son père, je fus « l'Architophel de ce nouvel Absalon ; c'est pour avoir séparé ce « que Dieu avait joint, que je porte ainsi ma tête séparée de mes « épaules. »

Pierre Cardinal a composé plusieurs *sirventes* satiriques d'une véhémence et d'une âpreté incroyables. Son caractère dur, haineux et passionné le rendant peu propre à la galanterie, il se tourna de bonne heure vers la satire et y acquit une grande réputation. Il attaqua tous les états, toutes les positions sociales, les princes, les évêques, les seigneurs et même la cour de Rome. On ne conçoit pas comment, à une époque où l'Inquisition avait tant de pouvoir, un poète ait osé s'exprimer en termes si violents contre des ministres de la religion.

Arnaud de Marveil, dont Pétrarque a parlé, et à qui il n'a pas rendu toute la justice qu'il méritait, est un des Troubadours les plus remarquables dans le genre sentimental. Son style est toujours clair, facile, pur. Attaché à la cour de Roger II, vicomte de Béziers, surnommé Taille-Fer, il s'éprit d'amour pour la femme de ce seigneur, la comtesse Adélaïde, fille de Raymond V comte de Toulouse. Cette passion, qui fit la destinée de sa vie entière, développa son talent. Ses vers sont pleins de tendresse et de naturel et étaient dignes de lui obtenir le surnom de grand-maître d'amour, que le Dante a donné à son homonyme Arnaud Daniel [1].

Ce dernier tient le premier rang parmi les Troubadours les plus célèbres. Le Dante et Pétrarque l'ont cité avec les plus grands éloges, et le regardaient comme celui de tous les poètes provençaux qui parlait le mieux sa langue. On lui a attribué aussi l'invention des sextines, pièces de vers que Pétrarque a imitées. Ne serait-ce pas là le motif de cette grande prédilection que l'amant de Laure portait à ce Troubadour? Nous serions tentés de le croire; car, si nous jugions son talent par les seules pièces qui nous restent de lui, il nous serait difficile de comprendre la grande célébrité dont il a joui de son vivant. Il affecte les idées bizarres, l'incohérence des images et l'étrangeté des expressions. Peut-être faut-il attribuer en partie aux fautes du texte, qui sont très nombreuses, la différence qui existe entre le jugement du Dante et de Pétrarque, et celui de quelques autres écrivains plus modernes; toutefois, malgré l'autorité imposante de ces deux grands maîtres de la littérature italienne, nous persistons à croire qu'Arnaud Daniel n'était pas digne de la grande réputation qu'il a obtenue.

Les vers que le Dante met dans la bouche d'Arnaud Daniel ont vivement excité la curiosité des philologues et des commentateurs. Ces vers présentent de grandes difficultés. M. Raynouard les a traduits; mais, pensant avec raison que le texte avait été altéré, il a retranché, corrigé, remplacé plusieurs expressions. Nous professons le plus grand respect et l'admiration la plus profonde pour le beau talent et l'érudition immense de M. Raynouard, et cependant nous ne craignons pas d'assurer que toutes les corrections et tous les changements qu'il a faits ne sont pas également heureux; et de plus nous pensons que le texte, tel qu'il est dans la plupart des éditions, peut être traduit. Voici les vers rapportés par le Dante:

> Tan m'abbelis votre cortois deman,
> Che' ieu non puous, ne vueil a vos cobrire.

---

[1] Nous n'avons pas l'intention de passer en revue tous les Troubadours qui ont de la réputation, notre seul but est de parler de quelques-uns des plus célèbres dont nous avons étudié les ouvrages avec soin.

> Jeu fui Arnaud, che plor e vai cantan
> Con si tost vei la spassada folor,
> E vic gau, sen le jor, che sper denan.
> Ara vos preu, pera ch'ella valor
> Che vus ghida al som della scalina,
> Sovegna vos a tems de ma dolor.
>
> DANTE. Purg. chap. 26.

Voici les mêmes vers revus par M. Raynouard.

> Tan m'abellis vostre cortes deman,
> Ch'ieu non me puesc ni ne voil a vos crobrire;
> Ieu fui Arnautz che plor e vai cantan;
> Consiros, vei la passada folor
> E vei jauzen lo joi qu'esper denan;
> Ara vos prei, per aquella valor
> Que us guida al som sens frech e sens calina.
> Sovegna vos a temprar ma dolor.
>
> Voy. *Journ. des Savants*, fév. 1830.

M. Raynouard a réuni les trois mots *con, si, tost*, dont il a fait *consiros*, qu'il a traduit par désireux. Il a réuni encore les deux mots *gau, sen*, changé *le jor* par *lo joi*, et autres petits changements; mais, ce qui nous étonne, c'est la correction suivante. Le Dante dit à Daniel : Je vous prie par cette valeur qui vous conduit jusqu'au sommet de l'échelle. — Cela se conçoit très bien; les cercles de l'enfer peuvent bien être comparés à une échelle qui va de la terre jusqu'aux abîmes les plus profonds. Eh bien! M. Raynouard remplace ce sens si simple, si clair, si poétique, *al som della scalina*, par celui-ci : *Che us ghida al som sens frech e sens calina*, qui vous guide au sommet sans froid et sans chaleur. Je vous demande si ce sens est naturel, admissible, et si le texte, tel qu'il est, n'est pas préférable ici à la correction de M. Raynouard! Au reste le célèbre philologue, dans un article inséré dans le *Journal des Savants*, avoue lui-même que, dans toutes les éditions qu'il a consultées, il n'a trouvé nulle part le mot *frech* avec celui de *calina*. Celles qui portent *calina* au lieu de *scalina* ont toutes le mot *dolor*; mais M. Raynouard a tenu à ce mot, parce qu'il en avait besoin pour opposer le mot froid à celui de chaleur ; l'antithèse a déterminé le sens.

Enfin M. Raynouard a changé le dernier vers, *sovegna vos a tems de ma dolor* (*l*), souvenez-vous à temps de ma douleur. Je ne parle pas de la suppression de la lettre B dans *m'abbelis*, verbe que M. Raynouard a oublié dans son lexique roman. Voici donc comment nous traduirions littéralement ces vers :

Votre courtoise demande me plaît tant, que je ne puis ni ne veux me cacher à vous. Je suis Arnaud qui vais pleurant et chantant aussitôt que je vois la folie passée et le bonheur que j'espère pour l'avenir.

Maintenant, je vous prie, par cette valeur qui vous guide au sommet de l'échelle, souvenez-vous à temps de ma douleur.

Avant d'adopter cette traduction, qui diffère de celle de M. Raynouard, nous avons consulté quelques personnes capables de nous éclairer, et toutes, nous pouvons le dire, ont été de notre avis ; c'est ce qui nous a engagé à persister dans notre opinion (*m*).

Nous pourrions citer encore un grand nombre de Troubadours dont les poésies, remarquables sur quelques points, intéressent sur-tout à cause de la peinture des mœurs féodales. Parmi les plus distingués, nous avons remarqué Sordel, poète de Mantoue, célèbre par son *sirvente* sur le cœur de Blacas, qu'il veut faire manger à tous les monarques de la chrétienté, afin de leur donner le courage qui leur manque. Saint Grégori, auteur d'un poème guerrier en vers de dix syllabes, qui a de l'éclat et de la vigueur ; Peyrols, amant passionné de la baronne de Mercœur, et plusieurs autres qu'on peut étudier dans le recueil de M. Raynouard, ou dans les in-folio de Sainte-Palaye. Nous pourrions citer encore quelques nobles châtelaines, dont les mains blanches et délicates ont touché avec talent les cordes de la lyre provençale. Azalaïs de Porcairagues, la comtesse Die, et sur-tout Clara d'Anduse, savaient répondre elles-mêmes en vers tendres et touchants aux sentiments qu'elles pouvaient inspirer.

Mais quelle fut l'origine de cette poésie provençale, dont l'éclat brillant jette un reflet si poétique sur cette partie du moyen-âge ? Est-elle indigène ? Est-ce une fleur éclose sous le souffle caressant de cet heureux climat? Est-elle totalement étrangère à l'antiquité comme le veut Ginguené? A-t-elle puisé ses premières inspirations dans les sentiments romanesques et grandioses de l'Orient, comme le pense M. Sismondi? Nous discuterons rapidement toutes ces importantes questions.

Sous un beau ciel, dans un pays favorisé de tous les dons de la nature, embaumé par les douces émanations de la vigne et de l'olivier, la poésie est un besoin de l'ame, une nécessité de notre organisation. Dans cette prédisposition naturelle, les divers événements qui surviennent ne font qu'exciter et développer l'élément poétique, qui vit dans tous les cœurs. Au moment où les premières lueurs de la littérature provençale commencèrent à paraître, le nord de l'Espagne, le midi de la France, l'Italie, se trouvaient dans cette condition sociale où l'homme, content de lui-même et jouissant des biens de la vie, éprouve le désir de célébrer son bonheur par des chants. La guerre ne dévastait plus ces contrées, les invasions des Barbares avaient cessé, les chaînes de l'esclavage s'étaient adoucies; les hautes classes de la société, en goûtant les bienfaits d'une existence douce et tranquille, avaient appris à connaître cette élégance qui polit l'esprit, épure le cœur et excite en nous l'amour du beau et du vrai; tout enfin était favorable à la poésie et disposé à recevoir le souffle qui devait inspirer la muse provençale. Ce souffle lui vint de l'Orient; c'est là qu'il faut chercher son origine, sa famille, sa parenté.

Depuis long-temps, le midi de la France avait eu des points de contact avec les Maures. Les guerres des Chrétiens avec les Arabes d'Espagne avaient fourni à l'épopée du moyen-âge ses sujets les plus populaires. Maîtres de la péninsule Ibérique, les Arabes entrèrent plusieurs fois en Septimanie, d'abord en 705, ensuite en 1019, époque pendant laquelle ils tentèrent de prendre la ville de Narbonne, qu'ils avaient perdue. Entre ces deux expéditions eurent lieu des guerres sanglantes. Tantôt vaincus, tantôt vainqueurs, les Maures finirent par se répandre comme un torrent dans toutes nos provinces méridionales, d'où les chassa la valeur héroïque de Charles-Martel. Rien ne manquait à cette lutte de ce qui pouvait développer et embellir l'instinct poétique, déjà éveillé dans le midi de la Gaule. L'influence de la religion, les alternatives des victoires et des défaites, les incidents imprévus, pris, dans ce siècle de simplicité, pour des miracles, les lieux mêmes témoins de ces événements; tout enfin donnait à cette époque une couleur poétique et chevaleresque, qui lançait les esprits vers un monde idéal, véritable domaine de la poésie. De telles guerres, dit M. Fauriel, étaient de la poésie toute faite; elles agissaient puissamment sur les plus grossières intelligences. De plus, la civilisation des Arabes, dans la Castille et l'Aragon, était bien supérieure à celles de tous les peuples de l'Europe. Les lettres et les arts y étaient parvenus à un très haut degré de prospérité. Abdérame, qui mérita le surnom de *Juste*, fit respecter les droits de ses sujets chrétiens, et chercha à se les attacher par tous les moyens qui étaient en son pouvoir. L'étude de la langue arabe était regardée comme indispensable à tous ceux qui se sentaient des dispositions pour les sciences exactes ou naturelles. Les Universités de Grenade et de Cordoue réunissaient une foule d'étudiants qui accouraient de toutes les parties du monde, pour puiser la science aux écoles illustrées par le génie des Avicène et des Averrhoëz. C'est là que Gerbert, si admiré de son siècle, avait recueilli ces immenses connaissances qui l'élevèrent au trône pontifical. La supériorité des Arabes était généralement reconnue dans toute l'Europe. Les mœurs et les usages de l'Orient étaient imités par un très grand nombre de chrétiens. Les seigneurs féodaux meublaient leurs châteaux, les dames se paraient pour les fêtes, les chevaliers s'armaient pour les combats, avec des produits des manufactures d'Espagne, d'Afrique et de Syrie. Des poètes en titre étaient attachés aux cours de Grenade, de Séville et de Cordoue. Souvent les exigences de la cour, ou leur humeur inconstante, les engageaient à visiter les royaumes d'Aragon et de Catalogne, qui étaient entourés par le royaume musulman de Saragosse. Des philosophes, des poètes, des médecins arabes se répandaient facilement dans le midi de la France, et y portaient le goût de leur littérature et de leurs arts; enfin les palais des rois de Sicile se remplissaient d'eunuques mahométans, qui, sans renoncer à leur religion, parvenaient aux plus grandes dignités de l'État, et devenaient les arbitres des décisions les plus importantes [1].

Comment une civilisation si puissante et si avancée n'aurait-elle pas agi sur l'état intellectuel du midi de la France, qui, par son caractère et son climat, avait tant de ressemblance avec l'Orient ! Comment la Provence, qui avait tant de relations avec les Arabes, et par son voisinage et par la réunion des souverainetés de Catalogne et de Provence en un seul royaume, aurait-elle pu préserver l'imagination de ses poètes, de cette littérature brillante et fastueuse dont Cicéron avait déploré les tristes effets sur l'atticisme du siècle d'Auguste ! On me dira peut-être qu'on trouve très peu d'imitations orientales dans les Troubadours. Mais je répondrai, avec le grand maître de la critique moderne, que « les analogies, « en littérature, ne consistent pas dans un petit nombre d'emprunts « accidentels, ni dans quelques imitations systématiques, mais « bien dans les rapports de climat et de génie, qui font qu'un peuple « est porté à se modeler sur un autre peuple, une époque sur une « autre époque (o) »; de telle sorte qu'il peut arriver qu'une littérature, qui a été animée, vivifiée par une autre littérature, ne porte aucune trace matérielle de cette imitation, dont elle a cependant ressenti de puissants effets.

Je sais bien que, si plusieurs écrivains ont admis l'influence de la littérature arabe sur celle des Troubadours, plusieurs autres l'ont niée formellement. M. William Schlegel est de ce nombre. Il blâme avec force cette tendance de quelques auteurs à attribuer toutes les découvertes importantes du moyen-âge à l'Orient. Il prétend, au contraire, que ce ne sont pas les Européens qui ont imité les Arabes, mais bien les Arabes les Européens; et, pour preuve, il cite les progrès que ces étrangers firent dans l'art de la guerre après leurs expéditions en Europe. D'après M. Schlegel, la littérature provençale ne pouvait pas recevoir l'influence de celle de l'Orient; les mœurs des deux pays étaient trop différentes pour qu'il pût y avoir la moindre sympathie entre deux peuples divisés depuis si long-temps par des haines religieuses. Les historiens du XII.ᵉ siècle regardaient

---

[1] M. Sismondi.

les rois et les guerriers maures comme des monstres qui voulaient détruire la foi chrétienne ; et, si quelques poèmes des Troubadours, les *Ghazelles*, les *Sylphides*, et sur-tout les *Tensons* ont quelque ressemblance avec ceux de l'Orient, on peut dire aussi qu'on trouve de nombreux exemples de ce dernier genre de poésie dans Théocrite, Virgile et plusieurs autres écrivains de l'antiquité.

Toutes ces raisons nous paraissent peu concluantes ; et nous avons prouvé, par des témoignages incontestables, que les relations entre les Chrétiens et les Arabes étaient très multipliées. D'ailleurs, l'imitation de la littérature arabe par celle des Troubadours n'est pas une imitation savante, étudiée ; ce n'est pas dans l'immense recueil de la poésie orientale que les poètes du moyen-âge ont puisé cette imitation dont l'influence se fait sentir dans leurs chants ; l'étude était trop opposée à leur caractère et à leurs goûts ; mais c'est par les rapports fréquents des deux peuples, par la connaissance mutuelle des deux langues, par la ressemblance du climat, par *mille détours enfin*, que la contagion poétique de l'Arabie s'est glissée dans notre poésie méridionale, comme un parfum suave, qui échappe à la vue et dont on reconnaît la présence par les douces émanations qu'il exhale de toutes parts [1].

Un résultat tout contraire se fait remarquer dans les rapports de la langue provençale avec celles de l'antiquité. Les chefs-d'œuvre de la littérature grecque et latine n'étaient pas totalement étrangers aux Troubadours ; on en trouve çà et là quelques traces légères dans leurs poésies. Nostradamus attribue à Guillaume de Saint-Didier une traduction des *Fables d'Esope*, à Albert de Sisteron un portrait de Vénus, à Arnaud-Daniel un poème sur les visions du paganisme, et à Raimbaud de Vachieras, un autre poème intitulé *les Pleurs du Siècle*, dans lequel ce Troubadour remontait jusqu'au commencement du monde, et chantait la faute du premier homme et les maux dont sa désobéissance a été la suite, ouvrage qui, traduit en italien sous le titre de la *Chûte d'Adam*, a été peut-être le premier fondement du sublime poème de Milton. Il attribue encore à Peyre de Vernègues un poème sur la prise de Jérusalem dont le Tasse aurait profité ; à Pons de Breuil

[1] M. Villemain, littérature du moyen-âge.

un roman en vers des amours furieuses d'André de France, roman cité avec enthousiasme par tous les Troubadours, et dont il pourrait se faire que l'Arioste eût connu quelques fragments ; enfin à Hugues de Penna une pièce contre les perfidies de l'Amour, ouvrage qui valut à son auteur le prix inestimable de recevoir de la main de la comtesse Béatrix une couronne avec le titre de premier Troubadour : on dit même qu'au moment où elle lui posa la couronne sur la tête en présence du peuple que ce spectacle avait attiré en foule, Béatrix lui adressa ce quatrain, qu'elle avait composé en son honneur : « Je veux que la mémoire de tes talents soit répandue par moi en tant de lieux divers, que chacun soit frappé au récit de tes œuvres immortelles ».

Renaud de Ventadour, parle plusieurs fois d'Ovide, cite Salomon, Homère, Virgile et même Porphyre (p). Eh bien ! malgré tous ces souvenirs, un peu confus il est vrai, il n'en est pas moins certain que l'antiquité n'a exercé aucune influence sur la littérature provençale. Et pourquoi? parce que tout s'y opposait, le génie des peuples, leurs religions, leurs habitudes. Quel rapport pouvait-il y avoir entre la légèreté et la galanterie chevaleresque du moyen-âge et les mœurs de la Grèce et de Rome; entre les discussions du sénat et du forum, et les tournois et les cours d'amour?

Nous croyons donc qu'à part l'influence de la littérature orientale, la poésie des Troubadours ne doit rien qu'à elle-même. Elle a tout puisé dans le moyen-âge ; elle en est la plus fidèle expression ; mais, si elle ne doit rien aux littératures étrangères, les littératures modernes, à leur naissance, lui durent beaucoup. Lorsque les langues néo-latines commencèrent à se former, celle des Troubadours, quoi qu'en dise l'abbé de la Rue, se développa la première et se distingua parmi toutes les autres. Elle acquit une réputation immense ; les hommes les plus illustres tenaient à la parler et à l'écrire avec facilité. Dryden la regardait comme la langue la plus polie de celles qui existaient au XII° siècle. Il avoue qu'elle a été d'une grande utilité à Chaucer, qui s'en servit pour polir la langue anglaise encore rude et stérile. Bembo, Crescimbeni, Tiroboschi lui accordent une supériorité incontestable sur toutes les langues du midi de l'Europe. C'est elle qui a réveillé le génie des peuples modernes qui sommeillait depuis long-temps. Dante et Pétrarque avaient la plus grande estime pour la poésie des Troubadours ; leur langue leur était familière, sur-tout à Pétrarque, qui, ayant passé la plus grande partie de sa vie en Provence, l'avait apprise sur les lieux mêmes où elle avait jeté tant d'éclat. Ses poésies portent des traces évidentes d'imitation provençale. Il y a plusieurs de ses *canzoni* que les Italiens eux-mêmes comprennent difficilement, parce qu'elles renferment des expressions qui appartiennent à la langue des Troubadours. Son sonnet si connu, *s'amor non è*, est une traduction littérale de celui de Jordi, Troubadour fameux, qui, un siècle avant Pétrarque, vivait à la cour de Guillaume-le-Conquérant. Ce fait est attesté par Gaspard Sacolaro, qui de plus, dit positivement que l'amant de Laure vola des sonnets, des sextines, des terceroles et des huitains aux Troubadours (*q*). M. Schlegel, qui prétend que la littérature italienne ne doit rien à celle des Troubadours, ne pouvant nier du moins le plagiat de Pétrarque, a supposé que le sonnet de Jordi, qui a été composé cent ans avant que Pétrarque vînt au monde, est de quelque poète de Valence, beaucoup moins ancien, qui aurait imité Pétrarque lui-même, et attribué à ce sonnet une antiquité qu'il n'a pas. Mais quelles preuves M. Schlegel apporte-t-il ? aucunes. Je demande donc s'il est possible de détruire, par une supposition dont on a besoin pour appuyer un système, un fait rapporté par un auteur grave, et qui n'a aucun intérêt à tromper ses lecteurs (*r*).

Mais les preuves de l'influence de la littérature provençale sur celle de l'Italie sont nombreuses et incontestables ; une foule d'écrivains de mérite les ont reconnues. Au moment où la poésie italienne commença à se produire, celle des Troubadours, déjà célèbre, lui offrit des modèles à imiter. Franchissant les Pyrénées et les Alpes, les enfants de la Provence portèrent leurs talents dans le nord de l'Espagne et de l'Italie. Aux sons harmonieux de leur lyre, le génie de ces peuples s'éveilla. Parlant une langue qui n'était pas encore formée, quelques poètes italiens et espagnols adoptèrent cet idiome provençal, dont les productions faisaien les délices des rois et des grands seigneurs. La poésie des Troubadours se fit entendre sur la terre étrangère : la cour du marquis de Montferrat, Florence, Gênes, Venise, et sur-tout la Catalogne et l'Aragon, dont les idiomes n'étaient qu'une variété de l'idiome roman, comptèrent avec orgueil des Troubadours parmi leurs concitoyens; et les noms de Malespina, Gorgi, Calvo, Ferrari, Cigala, Doria, Sordel, donnèrent un nouvel éclat aux muses provençales.

Il nous serait facile de rapporter encore une foule d'autorités imposantes, pour prouver la grande influence que la littérature provençale a exercée sur celle de l'Italie : nous pourrions citer Dante, Pétrarque, Bembo, Guido Cavalcanti, Sperone Speroni, chez les Italiens; Ginguené, Sismondi, Villemain, chez les Français; nous pourrions comparer encore un grand nombre de locutions communes aux deux langues, et sur-tout montrer cette variété étonnante d'augmentatifs et de diminutifs, qui sont un des caractères les plus marqués des langues italienne et provençale; mais nous aimons mieux nous contenter de raconter une anecdote.

Il y avait à Solliez, en Provence, un couvent de capucins; et, quoique ce fût un ordre mendiant, et peut-être même à cause de cela, il paraît que les moines pouvaient se donner, de temps en temps, le plaisir, bien innocent sans doute, de prendre une tasse de café au lait à déjeûner. Un matin, qu'un des pères se rendait au réfectoire dans cette intention, il entre dans la cuisine et voit une grande écuelle de café au lait écumant. Aussitôt, grossissant sa voix, il dit d'un air à demi fâché : *Perché es aquelo escudelasso?* pour qui est cette grande écuelle? *Es per bous,* répond le cuisinier, elle est pour vous. Ah! dit le moine avec une joie concentrée et en baissant aussitôt la voix : *Es per yeu aquelo escudeletto?* elle est pour moi cette jolie petite écuelle? Il y a entre la signification de cet augmentatif et de ce diminutif, une finesse et une malignité, qui ne peuvent être bien comprises que par ceux qui entendent parfaitement les langues italienne et provençale (*s*).

Quelques écrivains, s'appuyant sur ce que l'Allemagne avait eu des poètes avant ses grandes expéditions contre les peuples du Midi, ont pensé que la poésie des Troubadours avait dû ressentir quelque influence de celle du Nord. Il n'en est rien : les Allemands, il est vrai, avaient une poésie nationale avant les chants des Troubadours ; cette poésie s'était même répandue en Europe long-temps avant leurs grandes expéditions ; Charlemagne fit recueillir ces chants précieux ; mais ces chants, qui ne respiraient que le meurtre et le carnage, n'avaient aucun rapport avec la galanterie et les mœurs chevaleresques de la Provence. Ce ne fut qu'à la seconde époque de la poésie allemande, que cette poésie eut quelque ressemblance avec celle de quelques-unes de nos provinces méridionales ; mais au lieu d'agir sur elle, ce fut elle qui agit sur celle du Nord. Les *Minne Singer* ou Chantres d'amour, ont été évidemment inspirés par les Troubadours : les Allemands eux-mêmes en conviennent. M. le baron de Zurlauben a trouvé, vers la fin du siècle dernier, un manuscrit contenant les chants tudesques de cent quarante poètes, depuis la fin du XIIe siècle jusque vers l'an 1330. L'empereur Henri VI, l'infortuné Conradin, fils de Frédéric II, un roi de Bohême, des princes, des électeurs, des ducs, des margraves, des moines, sont au nombre de ces poètes. Ce manuscrit est d'autant plus précieux, que chaque chanson est précédée d'une peinture qui en explique le sujet. Ce sont des emblêmes, des chasses, des siéges, des tournois, avec les armoiries et les devises des Troubadours allemands. On y voit aussi quelques traits remarquables de la vie de chaque poète. On a observé avec raison que parmi toutes ces peintures, il n'y en a pas une seule qui représente un Troubadour occupé à écrire ; ce qui fait présumer qu'ils n'étaient pas très habiles dans ce genre d'occupation. Bernard de Ventadour, provençal, écrivant à son ami, lui dit avec orgueil que sa maîtresse sait lire [1]. Un illustre chevalier, et l'un des plus estimables Troubadours allemands du XII.[e] siècle, Ulric de Lichtenstein, après avoir raconté le roman de ses amours, avoue fort naïvement qu'ayant reçu une lettre de sa dame, il fut forcé de la garder pendant six mois sur son cœur, et pourquoi?... parce que son secrétaire était absent.

Plus tard, vers le commencement du XV.[e] siècle, l'Allemagne offrit un spectable bien extraordinaire dans la vie des peuples ; ce fut l'institution des maîtres chanteurs, *Meistersanger*, qui réunit une foule considérable de cordonniers, de tailleurs, de forgerons,

[1] *V.* M. Millot.

de tisserands, dans le seul but de conserver les traditions de la poésie nationale. Mayence, Strasbourg, Prague, et sur-tout Nuremberg, en fournirent un grand nombre. La droiture, la gravité qui présidaient à leurs réunions, qui toujours avaient lieu à la sortie de l'office divin, donnèrent à cette association un caractère de moralité qui ne contribua pas peu à la rendre célèbre. Charles IV lui accorda le blason des chevaliers et des princes.

Quoique bien différente, et par les motifs qui l'avaient formée et par le but qu'elle se proposait, cette association avait quelque point de ressemblance avec celle des Troubadours. Comme chez les poètes de la Provence, après les maîtres chanteurs venaient les *Spruchsprecher*, espèce de jongleurs qui, pour obtenir quelques récompenses, parcouraient les villes et les châteaux, en rimant ou en chantant. Un véritable *Spruchsprecher* devait être prêt à répondre en vers sur toutes les questions qu'on pourrait lui adresser. Les *Meistersanger*, dont les mœurs étaient graves et pures, ne se mêlaient jamais aux *Spruchsprecher* : ce n'est pas qu'ils eussent du mépris pour eux; mais des convenances dont ils ne s'écartaient jamais, ne leur permettaient pas de chanter pour de l'argent, ni de se livrer à une joie bruyante et désordonnée.

Je ne crois pas que la poésie allemande ait beaucoup gagné aux folles inspirations des uns, ni aux fades mélodies des autres; mais ce qui est incontestable, c'est qu'en s'étudiant à soumettre la langue à la rime, et à jeter de la variété dans le discours, ils rendirent la langue allemande plus souple, et adoucirent l'esprit rude et grossier des seigneurs de la cour.

Au XVI.ᵉ siècle, Guillaume Weber, fils d'un improvisateur, effaça tous les *Spruchsprecher* qui l'avaient précédé, et laissa quelques poèmes qui sont parvenus jusqu'à nous. Les noms des maîtres chanteurs du XIV siècle, qui ont échappé à l'oubli, sont Conrad Arder, Henri de Mugelin, de Muscatblut, de Moëncher, de Salzbourg, de Kunz-zorn et de Kums-le-Tailleur. Mais, comme si à toutes les époques, les perruquiers devaient se distinguer dans la poésie populaire, c'est Hans-Folz, barbier à Nuremberg qui vivait vers 1390, qui fut un des maîtres chanteurs les plus renommés. Il composa des poésies lyriques, des poèmes dramatiques, déploya beaucoup de zèle pour la propagation de l'imprimerie, et acquit une réputation qui ne fut surpassée que par celle du cordonnier Hans-sac, surnommé le roi des maîtres chanteurs. Ce dernier, d'une fécondité étonnante, puisqu'il n'a pas composé moins de six mille quarante-huit pièces en vers, fut un aussi grand réformateur dans la poésie que Luther dans la religion, et qu'Ulric de Hutten dans la politique. Il jouit d'une grande considération pendant sa vie, et finit par devenir un objet de dérision vers le milieu du XVII.ᵉ siècle, jusqu'à ce que Goëthe et Wieland eussent rétabli sa mémoire, en associant son nom à ceux qui honorent les muses de l'Allemagne (*t*).

Si l'on en croit quelques écrivains, les Troubadours auraient composé des romans et des pièces de théâtre. On cite même une comédie de *Faydit*, qui, jouée au château du marquis de Montferrat, dans le Languedoc, aurait rapporté une somme considérable à son auteur. Jean et César Nostradamus, et Bastero dans la *Crusca Provençale*, disent aussi, que l'invention de l'art dramatique en France doit leur être attribuée. Cette assertion a été vivement combattue par les écrivains de nos provinces du Nord, qui ne veulent rien accorder aux Troubadours, et fortement appuyée par ceux du Midi, qui, au contraire, veulent leur attribuer toutes les inventions littéraires. Le traducteur des Trouvères et l'auteur du *Voyage dans le Midi*, ont eu à ce sujet une polémique assez animée. Je crois qu'il faut faire une distinction : si l'on entend par art dramatique l'usage du dialogue, si usité parmi les poètes de la Provence, et qui nécessairement devait conduire peu à peu aux représentations théâtrales, nul doute que cet art n'ait été connu des Troubadours ; mais si, au contraire, on entend par art dramatique une action, des caractères, le drame enfin dans toute l'acception du mot, je ne crois pas qu'on puisse donner des preuves certaines que la Provence ait eu des pièces de théâtre ; et voici sur quoi je fonde mon opinion. Les ouvrages des Troubadours sont remplis d'une foule de détails les plus minutieux sur les mœurs et les usages de la Provence ; comment se fait-il donc que parmi cet amas de pièces de poésie qu'ils nous ont laissées, il n'y en ait pas une seule qui fasse mention directement ou indirectement de l'art dramatique ? Pourquoi ce silence absolu sur un sujet qui aurait dû si vivement les intéresser? Le silence, dans cette circonstance, n'est-il pas la preuve la plus convaincante que le théâtre a été complètement étranger à leur littérature?

Je sais bien que deux écrivains très versés dans les origines de notre théâtre, MM. Magnien et Taillandier, ont cherché à prouver dans leurs savantes recherches que des représentations théâtrales de diverses espèces avaient précédé nos Mystères, qui, eux-mêmes, étaient très usités en France au commencement du XIV.e siècle : je sais bien aussi que M. l'abbé de la Rue affirme que des représentations de Mystères avaient eu lieu chez les Normands et les Anglo-Saxons, long-temps avant de s'introduire à Paris ; mais tout cela prouve-t-il que les Troubadours, comme le veulent quelques écrivains, aient cultivé l'art dramatique? je ne le pense pas.

Quant à ce qu'ils aient composé des romans, il n'est pas permis d'en douter. Le Dante le dit d'une manière formelle, en parlant d'Arnaud Daniel : *Versi d'amore e prosi di romanze*. On connaît aussi le roman de Jauffre et celui de Gérard de Roussillon, en vers, et celui de Philomène, en prose. *La belle Maguelone*, qui a été retouchée par Pétrarque et par Rabelais, est écrite en provençal. M. Schlegel en a fait connaître un autre (ou plutôt deux, qui font suite l'un à l'autre), dont on n'avait aucun souvenir en France, c'est Parcival et Titurel. Wolfranc d'Echenbach, poëte allemand du XIII.e siècle, qui l'a imité, dit expressément, qu'il prend pour guide Kiot le Provençal, dont la narration est plus vraie que celle de Chrétien de Troyes, qui a falsifié l'histoire.

Après tant de témoignages incontestables, il est difficile de nier que les Troubadours aient composé des romans de chevalerie. Toutefois, c'est sur-tout dans le Nord que ce genre de composition était le plus répandu. L'Angleterre en a produit un grand nombre. Les traditions fabuleuses d'Arthur et des chevaliers de la Table-Ronde, ont été apportées de ce pays en France par les Normands. Un merveilleux gigantesque, des caractères fortement tracés, un grand mérite d'invention, telles sont les principales qualités qui distinguent ces productions du moyen-âge.

C'est encore aux provinces du nord de la France qu'il faut attribuer l'honneur d'avoir inspiré les conteurs de l'Italie. Bocace a pris plusieurs sujets de ses *Nouvelles* dans les romans français : les chansons de Thibault, de Gace Brulez et du châtelain de Couci, ont été imitées par un grand nombre de poètes de l'Italie; et le conte célèbre de *Griselidis*, si l'on en croit Ducbat et Manni, est d'origine française, et se trouve dans un de nos anciens manuscrits intitulé : *le Parement des Dames*.

La littérature provençale a éprouvé le sort de la plupart des productions littéraires qui ont obtenu de la célébrité. Trop vantée d'abord par les uns, elle a été ensuite trop rabaissée par les autres. On lui reproche de l'uniformité et de la monotonie : on lui accorde, il est vrai, des images riantes, gracieuses, mais dont le principal mérite consiste dans la mélodie des vers plutôt que dans la force de la pensée. On lui refuse aussi la gloire d'avoir produit un seul écrivain de génie. La plupart de ces reproches sont vrais ; toutefois il faut distinguer entre les poésies amoureuses et les poésies guerrières. Celles-ci, qui évidemment sont les plus remarquables, se distinguent souvent par un caractère original ; elles ont de la force et de la vigueur. La vie aventureuse des camps, ce mélange de mollesse et d'instinct belliqueux, de rudesse et de galanterie, s'y reflètent avec une force et une énergie qui s'élèvent parfois jusqu'aux plus grandes beautés. On sent qu'il y a là autre chose que de la grâce et de la versification ; on sent que la passion a véritablement agité le poète, et que, sous l'armure pesante de l'homme de guerre, bat un cœur qui a éprouvé toutes les émotions qu'il dépeint avec tant de vérité et de passion.

Mais hélas! cette littérature si brillante et qui paraissait devoir être si féconde, fut bientôt frappée de stérilité. Cette fleur de la Provence si fraîchement éclose, si recherchée des rois et des grands du monde, fut bientôt flétrie et dédaignée. Le XI.ᵉ siècle la vit paraître, le XIII.ᵉ la vit s'évanouir. Et quelles sont les causes de cette disparition prématurée? Est-ce, comme on l'a prétendu, l'état de dégradation dans lequel étaient tombés les jongleurs, avec lesquels les Troubadours étaient souvent confondus? Je ne le pense pas. Sans doute, faire métier d'amuser les riches et les seigneurs n'était pas une position bien favorable au développement de l'intelligence et du talent ; mais les mêmes causes ont existé pour les ménestrels, et cependant la littérature du nord de la France a fourni une carrière brillante et durable qui est parvenue au plus haut degré de splendeur. D'ailleurs l'immense majorité des Troubadours n'a jamais été dans une position aussi avilissante ; la plupart ont toujours été reçus avec distinction dans les châteaux des grands seigneurs. Non, ce n'est pas là la véritable cause de la décadence de cette poésie. La cause, elle est en elle-même ; dans l'ignorance des Troubadours, qui ne leur permettait pas de nourrir leurs productions des grands faits historiques de l'antiquité ; dans le fractionnement des provinces méridionales en une foule de petits états ; dans la guerre des Albigeois, qui dispersa les muses provençales ; dans l'apparition de la langue italienne, qui, comme Hercule au berceau, écrasa toutes ses rivales ; dans la découverte des ouvrages de l'antiquité ; enfin dans l'absence d'un homme de génie qui, réunissant en un seul faisceau et les hauts enseignements du christianisme et les institutions de la féodalité, en eût fait jaillir, dans un sublime poème, des richesses inconnues, qui en frappant l'imagination des contemporains, auraient donné à la langue et à la littérature provençales, un cachet qui ne se serait jamais effacé.

Ah ! qui sait quelle eût été alors la destinée de la poésie des Troubadours si, après le XII.ᵉ siècle, parlée et protégée par nos rois, elle avait pu se soutenir jusqu'à l'époque de la renaissance et recevoir l'influence des lettres antiques ! Qui sait à quelle hauteur elle aurait pu parvenir ! Mais hélas ! tout lui fut contraire à la fois. Les comtes de Barcelone montèrent sur le trône d'Aragon ; ceux de Provence sur celui de Naples, ceux de Toulouse furent renversés. Le séjour des papes à Avignon popularisa la langue italienne dans le lieu même où la langue provençale avait pris naissance. Les tournois disparurent, les cours d'amour s'évanouirent, et les nobles châtelaines de la Provence ne tardèrent pas à oublier les chansons amoureuses des Troubadours pour les sonnets de Pétrarque et les contes de Bocace. Bientôt, réuni à la France, le Midi fut forcé, pour entretenir des rapports avec le gouvernement et faire exécuter ses arrêts, d'apprendre la langue qui allait remplacer la sienne ; et ce bel idiome des Troubadours, qui pendant plusieurs siècles avait fait les délices des rois et de la chevalerie, après avoir été chassé de la vie politique et de la vie civile, méprisé de la classe élevée, se retira auprès du peuple des campagnes, comme un roi détrôné qui se réfugie dans la solitude, pour y déplorer ses affronts et ses infortunes.

Eh bien ! nous ne craignons pas de le dire, ce fut un malheur pour la langue de notre pays. Si l'idiome des Troubadours fût devenu l'idiome de la France ; si Saint-Louis eût accordé à la langue provençale la faveur et l'appui qu'Alphonse-le-Sage accorda à la langue castillane, la langue française serait plus sonore, plus mélodieuse, et posséderait encore d'autres qualités dont l'absence ne peut être méconnue. Le nombre d'articles eût été augmenté ; la variété des terminaisons, formées pour la plupart de consonnes douces à prononcer, lui aurait donné une grâce et une harmonie soutenues, qui manquent souvent à l'espagnol, à l'italien et au portugais, dont les désinences toujours brèves évitent rarement une uniformité nuisible à l'oreille et à la mélodie des vers. La faculté de distinguer par la lettre S le sujet du régime, l'eût rendue encore plus claire, plus élégante, en même temps qu'elle eût facilité les inversions, trop rares dans la plupart des langues modernes. Les pronoms personnels pouvant être exprimés ou sous-entendus dans les verbes, auraient donné plus de vivacité au style ; enfin la variété et l'abondance des rimes, en dégageant notre poésie d'une foule d'entraves qui la gênent et la rendent un peu monotone, auraient puissamment secondé l'admirable talent de nos grands écrivains [1].

Mais que dirai-je de la beauté et de la richesse de cette langue provençale, qui de nos jours, peut encore exprimer une foule de nuances qui échappent à la langue française ? Ainsi, par exemple, celle-ci emploie les mots *hache*, *coignée*, *serpette*, pour désigner un instrument tranchant qui sert à couper du bois ; mais la langue du midi en a un bien plus grand nombre ! elle a *poudadouiro*, instrument pour tailler la vigne, nom qui est usité dans la langue espagnole, comme on le voit dans *Don*

[1] M. Raynouard.

Quichotte : elle a les mots *picoussin* et *fuoissoun*, pour exprimer les instruments qui servent à couper les grosses branches des arbres; les mots *tranchet* et *serpetto* pour l'émondage; et le mot *destrau* pour désigner une grande hache. Mais comment rendre en français, sans périphrases, cette idée si complexe et si expressive *se pouchegea*, qui veut dire chercher avec précipitation dans ses poches, dans la crainte d'avoir perdu quelque chose; et *chauchilla*, dont l'harmonie imitative exprime si bien l'action d'un enfant qui s'amuse à faire rejaillir l'eau sous ses pieds; et *s'espata,* pour dire un homme qui tombe en s'étendant tout du long; et ce mot si comique, si expressif, qu'on ne peut prononcer sans rire, *s'enchichourla,* se mettre dedans par la boisson, comme dans ces vers du siége de Cadarousse. « *E tant pintet e tant baffret pantaloun, che s'enchichourlet :* » Il but tant, il mangea tant, Pantalon, qu'il se mit dedans. Oh! nous n'en finirions pas, si nous voulions citer cette foule d'expressions si fortes, si délicates, si harmonieuses, qui caractérisent encore l'idiome de nos provinces méridionales.

Cependant la langue du Nord commençait à se former. Les XI.ᵉ, XII.ᵉ et XIII.ᵉ siècles ne produisirent que des ouvrages insignifiants et grossiers; ceux des deux siècles suivants, entachés de moins de défauts, n'avaient pour tout mérite qu'une naïveté qui ne naissait que de l'impuissance. Avant la prose de Comines et les vers de Charles d'Orléans, aucune production littéraire n'était digne de flatter l'amour-propre des Français. La chute de l'empire d'Orient, l'invention de l'imprimerie, la découverte des chefs-d'œuvre de l'antiquité, donnèrent au XVI.ᵉ siècle ce mouvement intellectuel qui, en Italie, produisit le règne de Léon X, et en France Rabelais, Amyot, Montaigne, dont les ouvrages forment le premier degré de cette échelle sublime, qui grandit et s'élève jusqu'aux chefs-d'œuvre du siècle de Louis.

Mais toutes ces découvertes importantes, qui agirent si profondément sur les esprits de cette époque, ne firent rien pour la littérature du midi de la France. Un grand nombre d'ouvrages en langue d'oïl furent imprimés, et on ne songea même pas à tirer de la poussière ces poésies des Troubadours, qui occupent une place si honorable parmi les productions littéraires de notre patrie. Tout ce qui les concernait était dédaigné, méprisé, et les écrivains du Nord, jaloux de la supériorité que la littérature provençale avait eue autrefois sur la leur, n'oubliaient jamais de la traiter en ennemie vaincue.

Tant d'injustices ne pouvaient pas rester sans protestations. Ronsard s'en plaignit vivement : « Aujourd'hui, dit-il, parce que notre France n'obéit qu'à un seul roi, nous sommes contraints, si nous voulons parvenir à quelque honneur, de parler son langage; autrement notre labeur, fût-il honorable et parfait, serait estimé peu de chose, ou peut-être totalement méprisé. »

Toutefois, la langue française, qui dès sa formation s'était ressentie de l'influence de la langue du Midi, ne s'était pas totalement débarrassée des étreintes de sa rivale. Victorieuse, elle portait encore des traces de la lutte qu'elle avait soutenue. Les dialectes de la langue des Troubadours agissaient encore sur l'esprit de quelques-uns de ses écrivains; le style pittoresque de Montaigne en fait foi; et il est telle expression de Brantôme, qui n'est qu'une réminiscence des écrivains de la langue provençale. Mais plus la langue du Nord se développait, plus celle du Midi s'affaiblissait avec rapidité. Au XIV.e siècle, on cessa de l'écrire. L'académie des Jeux floraux, fondée par une femme et illustrée par la lyre provençale, la rejeta de ses concours. Au XV.e siècle, la France méridionale ne la cultiva plus; et le poème roman sur la guerre des Albigeois, ne put être continué qu'en prose toulousaine. En vain les magistrats de Toulouse avaient-ils employé tous leurs efforts pour conserver à la langue provençale cet éclat qui disparaissait tous les jours; en vain Réné d'Anjou, dans son amour pour la poésie, chercha-t-il à rallumer le flambeau poétique qui avait éclairé ce beau climat; il n'était plus temps; la race des Troubadours était éteinte, et les divers dialectes de leur suave idiome finissaient par se transformer en cette foule de patois qui subsistent encore dans le midi de la France.

Au XVI.e siècle, les productions de cette langue furent peu nombreuses et peu remarquables. Il nous serait facile d'en citer quelques-unes : les œuvres d'Augié Gaillard, le poème de Jean de

Cabanis sur la guerre du duc de Savoie en Provence, celui du gentilhomme gascon en l'honneur d'Henri IV, par G. Ader; les poésies de Pey de Garros; celles de maître Pierre de Noguerolles, et plusieurs autres. Il existe encore de cette époque, un poème rempli de faits curieux et de détails historiques très importants, sur l'expédition du connétable de Bourbon et sur celle de Charles-Quint en Provence; mais ce poème, qui est d'Antonius de Arena, est écrit en vers macaroniques, et par conséquent n'entre pas dans notre sujet.

Un homme de talent, qui a étudié et approfondi la langue et la littérature provençales, M. Mary Lafon a dit, dans son excellent tableau critique et littéraire, que la langue des Troubadours était parvenue jusqu'à nous sans presque aucun changement. Nous sommes d'un avis contraire; et pour preuve de la justesse de notre opinion, qu'on nous permette de donner à traduire à un littérateur provençal ou languedocien les poésies de Bertrand de Born ou d'Arnaud Daniel, et l'on verra, en supposant qu'il y réussisse, la peine et les difficultés que ce travail lui aura coûtées. Qu'on donne ensuite au même littérateur, un écrivain du XV.ᵉ ou du XVI.ᵉ siècle, et nous ne doutons pas que la tâche ne lui soit plus facile; enfin, qu'on lui présente des auteurs du XVII.ᵉ et du XVIII.ᵉ siècles, une ode de Goudouli, une idylle de Gros, ou même une chanson de Despourrins, et je suis certain que, malgré la différence des trois dialectes, il la traduira avec la plus grande facilité; preuve évidente que depuis le XIII.ᵉ siècle jusqu'à nos jours, la langue des Troubadours a subi, de siècle en siècle, de notables changements, et s'est rapprochée de plus en plus du français.

En voulez-vous une autre preuve? Visitez l'habitant de nos campagnes, interrogez les deux extrémités de la génération présente, les jeunes gens et les vieillards, et vous verrez l'altération profonde qui l'idiome roman a subie jusque dans ses derniers retranchements. Les vieillards vous diront *croumpa, barca, berma, cougnat;* les jeunes gens, au contraire, se serviront des mots *achéta, ferma, diminua, baufraïre,* mots évidemment empruntés au français, avec des terminaisons languedociennes.

Non! on n'en saurait douter, la langue du midi de la France est frappée de mort; cette belle langue rustique, mère indignement traitée par ses filles ingrates, disparaît tous les jours. La classe élevée ne la parle plus, la classe moyenne la méprise, et la classe pauvre rougit de la parler encore. Le curé de village n'ose plus faire entendre la parole de Dieu dans l'idiome de ses pères. « Eh quoi! lui diraient ses paroissiens, nous ne sommes donc pas Français, qu'on ne daigne pas nous parler la langue de la France! »

Est-ce un bien? est-ce un mal? On pourrait faire une belle dissertation à ce sujet. Tout ce que je sais, c'est que l'arrêté de M. le recteur de Cahors, qui proscrit la langue patoise dans toutes les écoles de son académie, que cet arrêté, dis-je, qui a excité à un si haut degré les spirituelles railleries de M. Charles Nodier, n'a qu'un seul défaut, d'être complètement inutile. La langue provençale suivra sa destinée, et sa destinée est de s'éteindre peu à peu (*u*).

Les causes en sont nombreuses et évidentes. L'instruction primaire, qui descend jusque dans la cabane du pauvre, la chasse de son dernier refuge pour y substituer la langue française, qui, il y a à peine un demi-siècle, n'était parlée, dans le midi de la France, que par un petit nombre de personnes privilégiées. Nos dames de haut parage elles-mêmes, aimaient à se servir de cette langue provençale si douce, si mélodieuse, qui dans leur bouche paraissait plus douce et plus mélodieuse encore. Les habitants de la campagne n'en connaissaient pas d'autre; et si par hasard quelque touriste parisien égaré eût demandé, en français, son chemin à l'un de nos bergers ou de nos laboureurs, il n'en eût pas été compris. Il n'en est plus ainsi maintenant. La révolution française, qui a imprimé à l'Europe le mouvement le plus fort et le plus extraordinaire qui ait jamais existé; la révolution française, qui après avoir changé les hommes, a bouleversé les choses, réunit pendant plus de trente années les jeunes gens de toutes les parties de la France sous le même drapeau, et leur enseigna la même langue, cette langue dans laquelle ont été écrits les bulletins de tant de victoires éclatantes. De retour dans leurs foyers, nos soldats du midi l'ont inculquée, pour ainsi dire, à leurs parents, à leurs amis, à leurs enfants; et l'idiome de nos pères, en présence de ce nouveau-venu couvert de lauriers, a été négligé et regardé bientôt avec le plus grand mépris.

Sur une plus petite échelle, la loi du recrutement produit encore les mêmes résultats. Ajoutez à cela, et la facilité des voyages, qui attirent à Paris un grand nombre de méridionaux qui autrefois ne perdaient jamais de vue le toit paternel, et l'établissement des salles de spectacle dans les petites villes, où les ouvriers vont se délasser des fatigues de leurs travaux et apprendre, sans s'en apercevoir, la langue française, et vous aurez une idée encore bien incomplète des obstacles sans nombre que la langue vulgaire du midi de la France rencontre à chaque instant.

Aussi, parcourez nos grandes villes du Languedoc et de la Provence pendant une belle soirée du mois de juin, et vous entendrez une foule d'ouvriers chanter, d'une voix qui n'est pas sans charme, non pas nos chansons provençales si gaies, si originales, si spirituelles, mais des airs de vaudeville, ou des morceaux de la *Juive* ou des *Huguenots*. A toutes ces causes de décadence pour la langue provençale, il faut en ajouter encore une, d'autant plus forte qu'elle est dans la langue elle-même : ce sont les dialectes qui se fractionnent et se subdivisent à l'infini. Chaque province, chaque ville a le sien. A Nîmes la langue n'est plus la même qu'à Montpellier, et à Montpellier qu'à Béziers. La prononciation est plus variable encore. A Béziers, elle est brève; à Marseille, dure; à Montpellier, douce et agréable. Je connais une petite ville du Languedoc où les habitants ne prononcent les finales de chaque phrase qu'en chantant (*z*).- L'orthographe diffère également partout. Point de règles fixes; chacun l'écrit comme il veut. Ici, par exemple, aimée *aimado* s'écrit avec un *o*; là, avec un *a*. Les uns écrivent *qué* avec un *q*, d'autres avec un *ch*; le caprice est la seule règle que l'on suit.

Voilà pourquoi j'avoue ne pas comprendre le motif de la discussion qui s'est élevée au sujet de notre grand poète Jasmin. Les uns ont soutenu que le célèbre perruquier d'Agen n'avait aucune connaissance du génie de sa langue; d'autres, au contraire, par un enthousiasme facile à comprendre, ont prétendu qu'il parlait le plus pur agenais. Il ne s'agit que de s'entendre. La langue de Jasmin renferme beaucoup de gallicismes; c'est un fait incontestable; mais ces gallicismes font partie de la langue actuelle: c'est à la langue et non à Jasmin qu'il faut s'en prendre. Vouloir comparer la langue de Jasmin avec celle de Courtet de Prades, c'est ne tenir aucun compte de la différence des époques, ni des changements survenus dans le langage. Etudiez Goudouli, Sage, Gros, Peyrot, Fabre et tous les auteurs du midi, et vous verrez que, de siècle en siècle, la langue provençale s'est rapidement francisée.

Toutefois, je suis loin de prétendre que, malgré ces changements, cette langue ne soit pas la langue du XII.ᵉ siècle; c'est bien la même origine, le même génie, le même mécanisme; elle a même plus de rapport avec la prose vulgaire du moyen-âge qu'avec la poésie des Troubadours, ce qui prouve que cette dernière, en s'épurant, s'éloigna de plus en plus de l'idiome populaire. L'affinité des langues s'établit d'une manière moins systématique par les idiomes vulgaires que par la langue épurée, la *lingua cortigiana*, comme disent les Italiens : celle-ci, dans les révolutions qui bouleversent les empires, suivant la fortune des hautes classes de la société, s'élève et tombe avec elles; ceux-là, au contraire, sujets à moins de changements, conservent plus long-temps leur physionomie primitive, jusqu'à ce que, combinés avec d'autres éléments, ils deviennent à leur tour un langage épuré.

Au XVII.ᵉ siècle, pendant que la France se préparait à produire tant de merveilles, l'idiome vulgaire du midi sembla se réveiller de son assoupissement. Quelques poètes remarquables parurent. Goudouli épura la langue et la purgea d'une foule de mots sales qui la déshonoraient. Par lui, des métaphores dures et forcées firent place à des images simples et naturelles. Au XVIII.ᵉ siècle, le mouvement continua; la poésie provençale fut recherchée. *Daphnis et Alcimadure*, pastorale languedocienne de M. Mondoville, dédiée à madame la Dauphine, fut représentée en présence de toute la cour. Despourrins dans le Béarn, Gros en Provence, le prieur de Pradinas dans le Rouergue, M. Fabre dans le Languedoc, tirèrent de la lyre provençale des accords qu'eussent enviés les Troubadours. Ce mouvement ne s'est pas ralenti dans le XIX.ᵉ siècle. Chose étrange! c'est au moment où la langue s'est affaiblie, que la poésie a pris du développement et de l'éclat. Je ne crains pas de le dire; il n'y a pas dans l'immense recueil de M. de Sainte-Palaye, un seul Troubadour digne d'être comparé à Jasmin (x): et cela peut s'expliquer, jusqu'à un certain point. La poésie provençale du XII.e siècle roulait presque toujours sur les mêmes sujets, l'amour ou la guerre; elle manquait de cette nourriture forte et solide qui est la vie des œuvres de l'esprit. Les écrivains modernes, au contraire, connaissant pour la plupart les chefs-d'œuvre de l'antiquité, ont mis dans leurs productions une variété et une profondeur que ne pouvaient pas avoir les Troubadours. Sans doute, leur langue est moins pure que celle de leurs devanciers, mais leurs productions sont infiniment plus remarquables. Ceux mêmes dont les études sont incomplètes ou négligées, ont trouvé dans la civilisation actuelle une source abondante d'instruction. Jasmin, coiffeur, possède une érudition très variée. S'il ne connaît pas les chefs-d'œuvre de la Grèce et de Rome, il connaît du moins tous nos grands écrivains du XVII.e et du XVIII.e siècles, qu'il admire et qu'il aime : il a voulu même prouver (et ce n'est pas ce qu'il a fait de mieux) qu'il n'était pas étranger à la politique; mais sa muse pleine de sens, de délicatesse et de sentiment, n'a pas tardé à comprendre que le devoir du poète n'est pas d'irriter le peuple, mais bien de l'instruire, de le moraliser, de le calmer.

Nous en dirons autant de l'auteur de la *Fille de la Montagne*, cette ravissante élégie du faïencier de Montpellier. Peyrottes a de la verve et de l'imagination; mais nous craignons que ces qualités brillantes ne servent qu'à l'égarer. Homme du peuple, il semble supporter avec impatience la position modeste dans laquelle il a plu à Dieu de le placer; comme si à notre époque le talent n'était pas la première et la plus noble des aristocraties! Sa parole est parfois irritante; on dirait qu'il cherche plutôt à maudire le malheur qu'à plaindre et à soulager les malheureux. Qu'il y prenne garde! les qualités de l'esprit ont une relation intime avec celles du cœur : plus celles-ci s'épurent, plus celles-là grandissent et tendent à s'élever; et ce n'est pas en lançant des philippiques contre l'esclavage des prolétaires, ou en parodiant la *Sainte-Alliance* de

Béranger, qu'il donnera au peuple l'espérance et les consolations de l'amitié, et à ses vers, ce charme et cette douceur qui sont une des qualités d stinctives de son talent.

Je pourrais citer encore un grand nombre de poètes modernes dont les noms sont chers aux muses provençales. Dieulefet, auteur du beau poème les *Magnans*, Bellot, Désanat, Auguste Tendon, Davau, coiffeur, ont semé leurs ouvrages d'incontestables beautés. Notre littérature méridionale n'est restée étrangère à aucun genre de composition. Elle a produit des odes, des comédies, des satires, des poèmes en tous genres, et même des traductions [1]. On l'a déjà dit: si les dialectes du midi de la France étaient compris de la France entière, plusieurs de nos écrivains méridionaux verraient leurs noms associés aux noms les plus illustres de notre littérature. Y a-t-il en effet une poésie plus simple, plus naïve, plus gracieuse que ces chansons béarnaises du chantre des Pyrénées, de Despourrins, dont la voix mélodieuse de Géliotte se plaisait à moduler les tendres accents en présence de Louis XV ravi? C'est un mélange de larmes et de baisers, de plaintes et de désirs, de caresses et d'espérances, qui enlacent cette vie paisible et facile du village. Comme le rossignol, Despourrins ne chante qu'une chose, l'amour; mais sous combien d'aspects il le représente! quelles descriptions délicieuses! quelles comparaisons charmantes! quels rêves enchanteurs qui voltigent sur la couche de feuillage de ces jeunes bergers, dont la simplicité et la grâce naïve sont si éloignées de l'afféterie des peintures de Boucher et de Vatteau!

Où trouverez-vous une ode plus éloquente, plus énergique que celle de Goudouli, sur la mort de Henri IV? La force et l'élévation des pensées répondent à la vigueur et à la magnificence du style. Il y a des strophes dont l'originalité sauvage égale les plus beaux morceaux d'Ossian. Comparez cette ode avec celle de Malherbe, sur le même sujet, et vous verrez à quelle distance le poète Gascon a laissé le père de notre poésie lyrique!

Que dirai-je de cette foule de poèmes en tous genres, dans lesquels Jasmin a déployé toute la richesse de sa brillante imagina-

[1] Anacréon a été parfaitement traduit en vers languedociens par Aubanel.

tion? Quelle pureté dans les pensées! quelle tendresse dans les sentiments! La lyre du poète d'Agen sait moduler tous les tons : elle est tour à tour gaie, triste, simple, forte, gracieuse, mélancolique. Elle connaît sur-tout cette poésie du cœur, la seule vraie, et de laquelle nos poètes tendent à s'éloigner tous les jours de plus en plus. Quelle tendresse dans son *Aveugle!* quelle gaîté, quelle vivacité dans son *Voyage à Marmande!* quel charme! quelle connaissance du cœur humain dans sa *Françonette!* et ses *Souvenirs,* poème enchanteur, merveille ingénieuse de gaîté, de sensibilité et de passion! comme dit Nodier. Là, tout est simple et original : point d'imitations étrangères, point d'enflure. Qui vous a appris à faire les vers? demandait une dame à Jasmin : « Madame, répondit celui-ci en lui montrant le ciel, celui qui est là-haut! »

Jasmin est venu à Paris; il a été accueilli dans les salons du grand monde, invité chez les ministres, reçu par le Roi. Il a récité ses vers au milieu des réunions les plus brillantes, et ses vers ont été couverts d'applaudissements. Mais franchement, parmi toutes ces personnes qui l'applaudissaient, y en avait-il beaucoup qui fussent en état de le comprendre? nous ne le pensons pas; et M. Sainte-Beuve lui-même, qui a fait sur Jasmin une notice pleine d'intérêt, avoue qu'il n'a parlé de ses talents que sur la foi de quelques-uns de ses amis.

Au reste, la manière dont Jasmin s'y prenait pour lire ses vers, ne prouve pas qu'il eût une très grande confiance en son auditoire parisien, quant à ce qui concerne du moins l'intelligence de la langue provençale. D'abord il commençait par lire le texte très lentement; ensuite il le traduisait mot à mot, et finissait par le déclamer avec feu, en ayant soin toutefois de s'arrêter de temps en temps, pour donner des explications sur les endroits les plus difficiles. Je vous demande s'il est possible de juger un auteur, et sur-tout un poète, d'après une traduction mot à mot! et cependant Jasmin a produit dans les salons les plus brillants de Paris, une impression aussi profonde qu'à Toulouse, à Agen ou à Bordeaux.

Eh bien! c'est ce résultat extraordinaire qui nous a déterminé à nous occuper du travail que nous publions aujourd'hui.

Nous avons pensé qu'une littérature qui avait le pouvoir de faire verser de si douces larmes à un auditoire d'élite, devait avoir une valeur réelle, et méritait d'être connue, appréciée, jugée ; nous avons espéré aussi que les personnes qui ont applaudi avec tant de chaleur aux gracieuses inspirations du célèbre perruquier d'Agen, qu'elles avaient quelque difficulté à comprendre, ne seraient pas fâchées de contrôler, par une lecture attentive, les motifs de leur enthousiasme et de leurs applaudissements.

D'ailleurs, l'idée d'un recueil de poésies provençales modernes, n'est pas nouvelle ; il y a déjà plusieurs années que l'éditeur des *Œuvres de M. Fabre* disait ces paroles : « Ce serait maintenant un véritable service à rendre aux muses méridionales, que de recueillir toutes les pièces de vers anciens et modernes qu'on pourrait recouvrer ; de les soumettre à un examen sévère qui ne fît grâce qu'aux meilleures, pour les donner au public. On formerait ainsi un recueil intéressant qui, sous un petit volume, conserverait à nos provinces méridionales des monuments précieux de leurs mœurs, de leur histoire et de leur langage ; ressusciterait la gloire de plus d'un charmant poète, et transmettrait à la postérité des productions souvent aussi agréables que celles d'Anacréon et de Catulle. C'est le moment de dérober à l'oubli nos richesses en ce genre. »

Ce vœu, émis par un digne successeur des Troubadours, nous avons tâché de le remplir : à cet effet, nous avons feuilleté les écrivains provençaux, béarnais, languedociens, etc., des XVII.e XVIII.e et XIX.e siècles, afin d'en extraire les morceaux qui nous paraîtraient les plus remarquables ; mais voulant sur-tout que notre travail fût utile aux personnes qui ne connaissent pas les dialectes des poètes du midi de la France, nous en avons donné la traduction [1].

Malheureusement, quelques morceaux d'un mérite littéraire incontestable n'ont pas pu faire partie de notre recueil. Les poètes du Midi, comme les Troubadours leurs devanciers, ne sont pas

---

[1] Jasmin n'a fait paraître ses poésies qu'avec une traduction mot à mot. MM. Raynouard, Millot et Fabre d'Olivet ont donné des recueils d'anciennes poésies du temps des troubadours.

toujours très scrupuleux sur le choix des sujets qu'ils traitent. Leurs écrits sont parfois d'une licence extrême ; nous avons trouvé à la Bibliothèque royale plusieurs volumes inédits de poésies provençales du XVII.ᵉ siècle, contenant des odes, des contes, des épigrammes, des comédies, des poèmes, dont il nous a été impossible d'extraire une seule page. Nous en avons trouvé d'autres qui, sans être licencieux, renferment une foule d'expressions légères qui, admises dans la langue du Midi, ne peuvent pas être traduites en français, ni prononcées dans la bonne société. Nous n'avons pas hésité un seul instant à rejeter et les uns et les autres. Nous nous devons à nous-même et aux fonctions dont nous sommes chargé, de ne jamais écrire un seul mot qui puisse être soupçonné de porter atteinte à la morale et à la religion.

Il nous resterait maintenant à parler de notre traduction ; nous n'en dirons qu'une chose : nous avons tâché de la rendre fidèle. Les personnes qui connaissent les dialectes vulgaires du midi de la France, apprécieront, nous en sommes certain, les difficultés que nous avons dû rencontrer.

LE
TROUBADOUR MODERNE.

DIX-SEPTIÈME SIÈCLE.

> Plaz mi ..
> Lou cantar prouvençales.
>
> Frédéric I.*er*, empereur d'Allem.

STANCES SUR LA MORT D'HENRI IV.

Gentils petits bergers, qui, à l'ombre du feuillage, sentez diminuer peu à peu la chaleur brûlante du jour, pendant que les oiseaux gazouillent mille petites chansons amoureuses ; ruisseaux, dont l'onde transparente s'égare mollement çà et là ; prairies qui, dans la saison de la verdure et des fleurs, répandez sur les paupières appesanties par le plaisir une douce langueur qui invite au sommeil ; écoutez les accents plaintifs d'une nymphe toulousaine.

Quand la nuée épaisse du malheur, enveloppant la France entière, eut obscurci l'éclat de mon astre le plus brillant ; quand la mort, avec le tranchant d'un couteau, eut biffé le grand nom de Henri du livre de la nature ; mon ame, hérissée par les rouces de la douleur, ne put supporter l'aspect de la chevelure dorée du grand soleil des cieux : elle se retira dans la solitude, et là, d'œil et de cœur, elle versa des larmes abondantes sur la belle fleur qui venait de disparaître du parterre de la France.

Aujourd'hui, j'essaie de nouveau d'enfler ma musette ; j'essaie une chanson en l'honneur de ce roi à jamais regretté. Les accords de ma muse rejailliront sur son fils, le vaillant Louis ; car, c'est au raisin que revient toujours l'honneur de la treille qui l'a produit.

Qu'on ne nous vienne plus bourdonner aux oreilles ni les exploits de César, ni ceux de ce Grec, qui mourut frappé au talon. Les merveilles de Henri, répétées dans tout l'univers, laissent bien loin de lui les princes les plus célèbres par leur valeur.

Les rois sages, dont le monde révère la mémoire avec un respect religieux, ressemblent à une rose de rubis, au milieu de laquelle, comme un diamant dont l'éclat éclaire et embellit tout ce qui l'entoure, brille le vaillant Henri, Henri si intrépide et si bon !

Frappée de terreur au bruit de ses armées, la terre le proclamait le plus grand de ses rois. Le ciel, pour le placer au temple de la gloire, avait formé son ame d'un tissu de vertus, qu'il avait choisies, une à une, chez les plus sages des mortels.

Soit pendant la paix, soit pendant la guerre, la justice, la force, la bonté et tous les dons les plus rares du ciel se réunissaient dans son cœur, comme l'eau dans le bassin des mers.

Aussitôt que la couronne fut placée sur son front, la crainte fut noyée dans le fleuve de l'oubli, et l'arbre de la paix, greffé sur le laurier de Bellone, poussa des tiges fécondes.

Ses mille vertus, richesse précieuse, gagnaient le cœur et l'affection de tous ses sujets, et son ame, éclairée par la sagesse de son intelligence, laissait apercevoir un ciel de perfections.

C'est lui qui mettait en équilibre la balance de la justice, lorsque la raison se plaignait d'une injure! C'est lui qui, saisissant fortement la tête de la fortune, la clouait sur le sceptre de France!

A la foire des coups, c'est là qu'il fallait le voir, lorsque la foudre de son bras brisait le fer, faisait ruisseler un orage de sang et rejaillir une grêle de têtes ennemies!

En vain on se réunit de toutes parts pour lui arracher le trône qu'il tient du droit de sa naissance; mais lui, c'est l'Atlas qui soutient le monde sur ses épaules, l'Hercule qui écrase tout ce qui s'oppose à ses projets.

Comme le son du cor frappe au fond des bois l'oreille de la biche épouvantée, ainsi, au seul nom de Henri, l'ennemi chargé de frayeur et vide de courage, cherche à se dérober à sa valeur. Frappé dans le côté, l'un voit son sang jaillir à gros bouillons; terrassé sous ses coups, l'autre voit son corps mutilé s'en aller en lambeaux.

Tel, dans une bergerie, un lion s'élance sur les chiens, les bergers, les agneaux; ses dents, sa queue, ses griffes, ses yeux effraient, meurtrissent, déchirent, dévorent tout ce qu'ils rencontrent.

Heureux alors celui qui est à la maraude ou qui a jeté bas les armes pour fuir avec plus de vitesse! son salut est dans la fuite et non dans la résistance. Il faut imiter le cerf timide, et non le vaillant Briarée.

Jamais roi n'a fait une telle litière de cadavres ennemis; jamais Caron n'a trouvé sur sa rive fangeuse une si grande foule de guerriers mutilés.

Tigre cruel! il fallait que les filles de l'enfer se fussent bien emparées de toi, pour que ta main iscariote osât s'armer d'un couteau sacrilége! et contre qui ô mon Dieu! contre un roi qui avait ramené l'âge d'or parmi nous!

Mais, qui donna donc tant d'assurance à ton bras, pour ne pas faiblir au moment de commettre un crime si affreux? Sans doute, c'est l'esprit de la nuit, qui cherchait à éteindre dans le deuil le soleil de la France?

Tu voulais troubler le calme de la paix par les orages d'une guerre civile ; mais, en un instant tes coups furent dissipés par la naissance d'un prince que Dieu changea en Neptune.

Malédiction sur le scélérat dont la main profane vient de briser l'autel de la vertu ! Son action infâme surpasse celle de cet autre misérable, qui réduisit en cendres le temple de Diane.

La lumière est éteinte ; le beau vase que la terre était heureuse et fière de posséder, est brisé ; la mort, la pâle mort, d'un seul coup enferme dans la tombe le villageois et le grand seigneur.

Le monde est une mer sur laquelle l'homme, comme un navire, éprouve tous les jours quelque vent d'affliction ; mais notre roi, pavois de toutes les vertus, heureux hôte du ciel, foule sous ses pieds les étoiles brillantes du firmament.

(Goudouli.)

CHANT ROYAL.

La bergère Liris, de grand matin, couvre sa tête d'un béret léger, et attache les anneaux de son corset, au moment où, pliant son bonnet de nuit, le soleil peigne sur la cîme des monts sa chevelure dorée. Elle dirige sa promenade du côté de son jardin ; examine si les graines qu'elle a semées commencent à sortir de terre ; arrache les mauvaises herbes d'un carré entouré d'une bordure de buis où s'épanouissent la pensée, le souci et le muguet; mais, parmi toutes ces fleurs, celle qu'elle préfère, celle dont elle respire avec le plus de plaisir le suave parfum, c'est la violette de mars qui nous ramène le printemps.

Plus fière qu'une reine, elle attire, au milieu de ses compagnes, les regards des jeunes bergers, qui, la houlette garnie de feuillage, prennent leurs ébats dans la commune prairie. Bientôt elle sort de sa maison; bientôt, elle se pare avec orgueil de l'amoureuse fleur qu'elle a honorée de ses baisers. Un troupeau de moutons la suit tranquillement, pendant que Janotti, inquiet, tourmenté par son amour, attend Liris avec impatience, Liris qui montre à son berger, comme une chose nouvelle, la violette de mars qui nous ramène le printemps.

O gentille bergère, dit-il, que tu me fais désirer la lumière de tes jolis yeux, ces deux petits soleils que le ciel jaloux envie à la terre! Viens près de moi! viens! Mon ruban bleu, mes fleurs, mon pain blanc comme la neige, mon lait caillé, tout est à toi. Viens, approche de mes yeux enchantés ce joli petit minois où l'amour aux aguets a tant de peine à rester tranquille, et laisse-moi sentir sur ton sein parfumé la violette de mars qui ramène le printemps.

Souvent les deux amants gardent leurs troupeaux, tête à tête, en chantant maintes chansons. Parfois, assis l'un devant l'autre, ils essaient une coiffure nouvelle, ou folâtrent sur les fleurs, au son du flageolet. Mais, un jour, ils ont tant sauté, tant couru, qu'une abeille en courroux s'envole de leurs pieds en bourdonnant, et va les piquer de son dard; mais, à la vue de Liris, elle s'apaise et dépose sans bruit un doux baiser sur la violette de mars qui ramène le printemps.

Le charme qui embellit ta jolie petite fleur excite le chant des oiseaux par l'excès du plaisir dont elle les enivre. Le serin en célèbre l'éclat par ses gazouillements, tandis qu'au milieu du feuillage le rossignol, par ses cadences harmonieuses, réjouit la déesse des fleurs et celle des forêts. Un zéphyr folâtre se joue en liberté dans le cristal d'une fontaine, tant la nature se plaît à embellir le lieu où Liris a porté la violette de mars qui ramène le printemps!

Allégorie.

Liris, c'est la France, l'ornement et l'honneur de la terre habitée. Le printemps, c'est la paix qui de toutes parts réunit les cœurs par les liens de l'amitié. Et le grand roi Louis qu'anime le dieu de la guerre, et sous lequel le pays commence à fleurir de nouveau, c'est la violette de mars qui ramène le printemps. (*Idem.*)

CHANT ROYAL.

Quand le ciel se couvre de nuages, les vents du nord et du midi se livrent des combats. Effrayé d'une si violente tempête, le bétail court s'accroupir dans l'endroit le plus caché de l'étable; la mouche se blottit sous une tuile; mais à peine est-elle en sûreté, que l'araignée sort furtivement de son trou, lui brise les pieds, lui ronge la tête. Tiens ferme, mouche, tiens ferme, et tu verras bientôt le petit morceau de bois qui arrachera l'araignée de son trou!

Toi qui fais sentinelle auprès de tes filets pour surprendre et mouches et cousins, je conduis cette fois une troupe bourdonnante de gros frelons qui parviendront à t'arracher quelque partie de ton corps hideux, avant que tu puisses te retirer dans ton trou. Courage, gros frelons; quittez vos demeures, empêchez-la de s'évader, et moi j'irai promptement chercher le petit morceau de bois qui arrache l'araignée de son trou.

Comme un loup cruel, excité par l'odeur du carnage, s'élancerait dans la bergerie pour dévorer les agneaux, si le berger, vigoureux et intrépide, ne faisait pleuvoir sur lui une grêle de coups; ainsi, si, fatigués d'attendre, nous abandonnions le lieu où l'araignée a fixé sa retraite, elle finirait par en descendre, afin de nous crever les yeux, courir sur nos mains, et nous mettre en danger de périr, malgré le morceau de bois qui arrache l'araignée de son trou.

Mais la pauvre araignée, poussée par sa mauvaise tête et son esprit capricieux, osa comparer son travail au tissu admirable de Pallas. Eh bien! que lui arriva-t-il? rien, si ce n'est que, suspendue dans les airs, de jeune fille qu'elle était, elle fut changée en bête dégoûtante. Depuis ce moment, elle se cache dans la crainte de quelque malheur, et fuit constamment le petit morceau de bois qui l'arrache de son trou.

Cependant, ne croyez pas que ce petit morceau de bois puisse servir à enfiler des champignons, à tendre des filets, à jouer au coin du feu, ou même à marquer les points des joueurs; il sert encore moins à pousser les raisins dans la cuve, à attirer la mèche d'une lanterne, à chercher des épingles rouillées dans les égouts, ni même à retourner la paille du lit des malheureux. Moi, je chante, d'une voix inspirée par mon cœur, le petit morceau de bois qui arrache l'araignée de son trou.

Allégorie.

La dégoûtante araignée, c'est Satan, lorsqu'il a fixé sa demeure dans un cœur coupable; et le petit morceau de bois qui arrache l'araignée de son trou, c'est la confession, qui force l'esprit malin à sortir, plus vite qu'il ne le voudrait, du cœur des pécheurs. (*Idem.*)

SONNET.

Hier, pendant que le chat-huant, le hibou et la chevêche s'entretenaient de leurs petites affaires dans l'obscurité, et que la triste nuit, pour faire briller l'étoile du matin, cachait le grand luminaire des cieux, un jeune berger disait : Oh! que j'ai fait une grande sottise, en donnant mon cœur à qui ne veut pas le recevoir, à la belle Liris, dont l'ame glacée rend mes soins et mes peines inutiles!

Dès que son troupeau paraît dans la prairie, je cours l'entretenir de ma souffrance ; mais aussitôt elle s'enfuit vers les autres bergères. Ah! soleil de mes yeux, si jamais je puis prendre sur ta joue deux baisers à mon aise, je les ménagerai si bien, si bien, qu'ils dureront trois heures! (*Id.*)

SONNET.

La bergère Liris est si jolie, si gentille, qu'il est impossible d'en trouver une pareille sous la voûte des cieux. Elle chante avec tant de grâce, que la sirène des mers elle-même en serait ravie. Sa parole a je ne sais quoi d'aimable et de touchant ; ses cheveux descendent en boucles ondoyantes sur ses épaules ; l'éclair amoureux qui jaillit de son œil brillant, répand sur toute sa personne une grâce infinie; son vêtement est simple, mais élégant; cette simplicité me plaît, elle la rend plus gentille et plus gracieuse encore.

Aussi, plus porté pour la nature que pour l'art, dès que je l'aperçois au milieu de ses compagnes, oh! je brûle du désir d'admirer de plus près ces traits gracieux et purs, ce maintien noble et modeste, qu'elle ne doit qu'à la nature! (*Idem.*)

SONNET.

Sous ce roc immense est enseveli le squelette du fier Encelade, la gloire des géants; d'Encelade qui, pour chasser les premiers habitants des cieux, entassa Pélion sur la grande cîme d'Ossa.

Déjà le monstrueux colosse levait le pied pour s'élancer dans le séjour des dieux, quand Jupiter saisit la foudre, la lance, et le frappe avec un bruit horrible au milieu de la tête.

C'est donc au grand Jupiter qu'est due la conservation du ciel; car, pour Mars, si fier de sa valeur, il s'accroupit aux apprêts de ce grand assaut, il se cache, il s'enfuit, plus craintif qu'un lièvre timide, en voyant les Titans porter sur leurs épaules les montagnes les plus élevées. (*Id.*)

L'ARRIVÉE DE LA BELLE SAISON A VILLELOING.

SONNET.

Enfin, l'hiver nous montre les talons : Flore s'habille de feuillage ; le tailleur du printemps lui a pris mesure de ses nouveaux habits.

Oh ! quelle privation de ne plus voir les fleurs, dont la bigarrure charmante appesantit légèrement les yeux par une douce volupté ! Oh ! comme il me tardait d'entendre le chant harmonieux du rossignol, qui m'invite au sommeil à l'ombre des forêts !

Cependant les nymphes répandent une odeur délicieuse sur leurs doigts, en soufflant sur les boutons des *je vous y prends*. Les jardins luttent à qui étalera le plus de merveilles ; et l'Amour, charmé de cette demeure, qu'il ne quitte plus d'un instant, fait trente plongeons dans le cristal de la rivière, qui serpente à travers les mille beautés de *Fontaine-Monrabe*. (*Idem.*)

NOEL.

Enfants, de grands nouvelles ! En revenant de la ville, j'ai vu passer trois rois d'une tournure noble et gracieuse, qui demandaient partout où était la maison bénie que le roi d'Israël a choisie pour son palais. Quelqu'un a découvert qu'ils apportaient pour étrennes trois coffres remplis d'or, d'encens et de myrrhe, qu'ils vont lui offrir avec humilité, pour prouver qu'à leurs yeux il est homme, il est roi, il est dieu. Je présume qu'il s'agit de l'aimable petit enfant que nous avons trouvé dans l'étable, et à qui le petit Pierre a donné un joli petit agneau, et moi une tasse de lait. Dieu veuille donc qu'une si belle ambassade trouve le joli poupon! Dieu veuille que nous le trouvions aussi, lorsque, à notre dernière heure, nous le prierons de sauver notre ame, quand notre corps tombera en poussière ! (*Idem.*)

REGRETS DE TIRCIS SUR LA MORT DE SON AMI PIERRE GOUDOULI.

A mort! muses, à mort! il faut changer de place, il faut prendre le grand deuil; il faut couvrir l'Hélicon de crêpes funèbres. Sonnez! muses, sonnez! tirez des accents de douleur de vos instruments; votre beau nourrisson n'est plus! Jeunes filles, pleurez, sanglotez, maudissez la mort qui a tranché le fil de ses jours.

C'en est fait! c'en est fait! qu'on ne me parle plus de joie, ni d'amusements. Esprit de galanterie, retire-toi! le nuage qui couvrait mes yeux s'est dissipé. C'était un abus, il faut le détruire; et, pour mener désormais une vie toute sainte, je veux donner un coup de pied sur le nez à tous les plaisirs mondains.

Le monde est inconstant; il rit et pleure tour-à-tour. On ne peut avec lui goûter tranquillement une heure de bonheur. Ses amusements vous trahissent; il vous sourit et il vous trompe; il vous flatte et il se moque de vous; ses plaisirs s'évanouissent en un matin; sa joie n'a jamais vu la fin d'une année; des nuages d'affaires obscurcissent son existence; le malheur vous fait trébucher à chaque instant; et, pour un jour heureux, vous en trouvez cent qui vous chagrinent.

Qui peut mieux le savoir que l'ami dont je porte le deuil, que je pleure et qui me cause tant de tourments! Tant que le bonheur lui sourit, il fut adoré de tout le monde; mais ce monde maudit, traître plus que fou, lui tourna le dos dès qu'il fut malheureux.

Mais.... patience! n'oubliez pas que le monde est un charlatan. Sa gloire s'évanouit comme un songe. Rien ne résiste au bras de la mort : elle court, elle vole, elle se glisse partout, et, pour montrer sa puissance, elle roule pêle-mêle dans la tombe le riche et le mendiant.

Personne ne peut se garantir du tranchant de ses armes; les jeunes et les vieux, les piétons, les cavaliers, relèvent de ses droits, rien n'est sacré pour elle. Hélas! où êtes-vous, valeureux soldats qui faisiez trembler le monde? Alexandre,

César, qu'êtes-vous devenus? une poignée de poussière.

Si les princes pouvaient mourir par procureur, je crois qu'il en mourrait bien peu. Mais l'arrêt fatal n'excepte personne, et celui qui l'a porté, celui qui tient le monde dans sa main, celui qui donne la vie à tout ; celui là même a dû le subir pour laver le péché de nos premiers parents.

Pâris, quelle était ta folie de brûler Ilion pour posséder une beauté qui t'avait séduit, et qui te traînait après elle au gré de ses caprices! Dis-moi, que t'en revint-il après l'avoir possédée? Ah! si le ciel voulait te rendre à la vie, tu verrais que l'objet de tes amours n'est plus qu'un monceau de pourriture!

Hélas! Pierre n'est plus! Mes yeux le pleurent encore ; les beaux esprits le regrettent à chaque instant. Dieu soit loué!..... Ainsi, après avoir couru, nous sommes forcés de marcher à pas lents..... Et lui qui était si fort, si bien portant ; lui, il a été abattu en un clin-d'œil! et de tout ce qui était lui, il ne reste plus que fumée et poussière!

Au milieu de son humeur joyeuse, de ses saillies spirituelles, le malheureux s'est vu saisir et coudre dans un linceul. Ah! la traîtresse à l'esprit et à l'œil de travers, s'est montrée par trop rigoureuse, en enlevant subitement la gloire de la Gascogne et la fleur de Toulouse!

Ducs, comtes, grands seigneurs, jaloux de sa science, s'honoraient de passer quelques instants avec lui. Maintenant, ils se souviennent encore et de ses pensées spirituelles, et de ses traits malins. Non, je ne crois pas que jamais personne puisse l'égaler : ses vers, si beaux, entraînaient tous les cœurs, et ses reparties badines faisaient l'admiration de tous ceux qui le connaissaient.

Ennemi de la chicane et de toutes ses ruses, il abandonna le barreau pour courtiser les neuf Sœurs; aussi Apollon ne le quittait plus, et il était si ravi d'entendre ses vers, qu'il lui céda la conduite du char du soleil, et le gouvernement de la fontaine d'Hippocrène.

Quoique sans fortune, il avait tant de force de caractère, qu'il traita toujours l'amour comme un enfant : jamais il ne voulut de femme dans sa maison; et, pour dire en un mot son origine, son père était barbier, et lui fut le rasoir qui coupa le filet de la langue gasconne.

Son *petit Rameau toulousain*, que tout le monde vante, tant à cause de l'invention que de la richesse des rimes, a gravé son nom pour l'immortalité. Jamais, pendant toute sa carrière, il n'a fait un seul vers satyrique contre le respect que l'on doit à Dieu, à l'amour et à la vertu.

Tout le monde sait que dame *Clémence* lui fit cadeau d'une fleur de son joli jardin, en récompense de ses deux magnifiques chants royaux, qui ne cesseront jamais de fleurir ; car il n'y a personne qui n'ait conservé dans sa mémoire le *petit morceau de bois qui arrache l'araignée de son trou.*

Il a chanté d'une voix admirable le nom du grand Henri, ce foudre de guerre dont le monde admire les exploits. Ensuite, il a peint avec tant de chaleur les vertus de son fils Louis, que l'on chante en tous lieux *la violette de Mars qui nous ramène le printemps.*

Mais que n'a-t-il pas écrit? épigrammes, odes, élégies, vers amoureux de toutes les façons. Aussi, pour récompenser les travaux de sa muse charmante, la ville de Toulouse lui vota, sur la fin de ses jours, une rente de cent francs.

Je n'en finirais pas si je voulais décrire tous les ouvrages qui lui assurent l'immortalité. Mais, considérons un peu le changement extraordinaire qu'il a subi : sa gloire sera éternelle; son corps, jusqu'au jugement de tous les hommes, restera enfermé dans le tombeau, tandis que sa belle ame se sera déjà retirée auprès de Dieu, dans le ciel.

Enfin Goudouli, le bon Goudouli n'est plus. Avec lui sont morts les doux passe-temps, les délices, la joie, le prince de la poésie toulousaine, le père des bons enfants, l'honneur de cette ville et son plus bel ouvrage; avec lui sont mortes et ses vertus et son aménité; avec lui a disparu son esprit, cet esprit qui faisait la joie et le bonheur de tout un peuple!

Eh bien! compagnons, que faire maintenant? que faire? à moins d'être plus sot que l'animal stupide qui tourne la meule d'un moulin, il faut tourner le dos au plaisir et au péché, et puisque nous savons qu'un jour tout passe, tout s'évanouit, chantons dévotement ; chantons de cœur un *requiescat in pace* pour le pauvre Goudouli.

(GAUTIÉ.)

CONSOLATION DE TIRCIS SUR LA MORT DE GOUDOULI.

Ami, pourquoi verser des larmes sur un camarade qui repose tranquillement dans le tombeau; sur un camarade, la joie de ce monde, l'ornement de Toulouse, auprès duquel le doux passe-temps avait fixé son séjour?

Tu ne le verras plus, au milieu d'une réunion choisie, laisser échapper ces pensées fines et délicates, qui te faisaient tant plaisir; la mort, la mort terrible et veuve d'intelligence, l'a cloué impitoyablement dans sa prison, en lui coupant la langue. Moment terrible!.... mais tout est soumis à son empire; et quel est l'homme qui peut se garantir du revers de sa main? Ne plaignez donc pas celui dont l'ame est heureuse dans le ciel : la mort frappe également la jument et le poulain.

Pour nous, versons des larmes sur Toulouse, car jamais elle ne possédera un autre Goudouli!

(P. D. T.)

LES LARMES DU GRAVIER,

PROMENADE D'AGEN.

Gravier, que ta perte me cause de larmes! que je plains ton beau tapis vert! On voit la terre qui s'affaisse à l'endroit qui plaît le plus aux promeneurs. Tout s'éboule à la plus petite inondation : le pêcheur, dans sa nacelle, parcourt les lieux où les dames d'Agen faisaient leur promenade accoutumée, et l'agneau meurt maintenant de soif, où, dans moins de quatre années, les plus gros poissons plongeront en prenant leurs ébats.

Depuis la première attaque qui ravagea tous tes bords, cinquante ormes magnifiques ont fait le saut dans la rivière. L'onde qui arrive, creuse, creuse toujours plus avant : elle donne des craintes aux arbres les plus vigoureux; elle renverse et engloutit tout ce qu'elle rencontre. Hélas! on dirait que le fleuve est à moitié grossi par les larmes que nous répandons.

Montagnes, dont la cime s'élève jusque dans l'azur des cieux, hélas! que vous avons-nous fait, pour nous traiter ainsi? Pourquoi nous frapper si cruellement? pourquoi nous envoyer ces masses de neige fondue, tandis que nous pleurons nuit et jour les bords que la Garonne a dévastés pour y transporter son lit?

Battue sans cesse par les flots, la rive s'éloigne peu à peu, et nous prive d'un ornement comparable au magnifique trésor de Venise. Le courant furieux, son bonnet de travers sur la tête, se précipite sur les digues qui l'enchaînent et cause d'incalculables ravages. A cette vue, des larmes coulent de tous les yeux; mais si l'inondation, devenue plus terrible, se répand dans la campagne, oh! alors, les plaintes, les soupirs excitent un orage qui cause de plus grands maux encore.

O vous, dont la main est si ferme pour jouer au mail en ces lieux, vous êtes donc insensibles à tant de dégâts et à tant de malheurs! L'allée se détruit peu à peu; tous les ans elle se raccourcit; chacun la regrette, et personne ne lui apporte du secours; aussi, tôt ou tard, au lieu de cette promenade longue à perte de vue, il ne vous restera plus qu'une petite place pour jouer au billard.

En voyant ce désordre, en sentant la terre trembler sous leurs pieds, les ormes poussent de profonds soupirs; mais, hélas! nous ne les entendons pas; l'exemple de leurs camarades, qui, après avoir servi à attacher des chevaux fougueux, ont complètement disparu, leur fait craindre que le vent du sud, fondant la neige comme à *Couture,* ne ravage et n'entraîne tout dans l'abîme.

O Gravier, tu vas cesser de plaire! encore quelque temps, et l'on pourra dire *vogue la galère* sur le lieu où nous allions nous promener. Jusqu'à ce jour, montés sur un cheval de bois, nous pouvions encore courir la bague, qui plaît tant aux enfants de la noblesse; mais bientôt la bague sera un grand cheval de chêne, qui bondira sous vingt cavaliers.

Cependant, on peut voir encore de magnifiques équipages rouler facilement sur ta petite pelouse veloutée, qui n'a pas complètement disparu. Appuyé sur un double soutien, le goutteux marche comme sur du coton, sur l'herbe et les fleurs qui se fanent et se flétrissent entièrement; mais à la vue du dégel qui arrive, la tristesse le saisit, et l'on compte les larmes qui s'échappent de ses yeux.

Hélas! que feront les pauvres jeunes filles qui vont chercher de l'eau à la fontaine? L'œil de la nôtre se ferme; ses prunelles sont rouges comme du feu. Ah! quel malheur! diront-elles. O Gravier! puisse celle qui cause ta douleur perdre sa source et mourir de misère! Et vous, jeunes filles, qui veniez le visiter si souvent, ne vous semble-t-il pas, en comparaison de ce qu'il était autrefois, ne vous semble-t-il pas un pré de sept deniers?

Pauvre pré! rasé comme un moine; Gravier,

lieu des doux passe-temps, souviens-toi que dans peu tu te seras évanoui comme un songe. Les premières inondations achèveront certainement ta ruine ; à moins que tu ne trouves quelque secours contre le courant qui te ronge et te détruit. L'on te plaint beaucoup, il est vrai ; mais celui qui te croit assez fort pour résister seul à tes ennemis, peut bâiller là, toute la journée à loisir !

(Courtet de Prades.)

L'HOMME HEUREUX.

Qu'il est heureux celui qui ne se mêle de rien ! qui, content de diriger sa petite nacelle, ne sent jamais le besoin de s'inquiéter de ce qui se passe loin de lui ; qui, pour se réveiller, attend la bruyante aubade que, tous les matins, lui donnent ses jeunes enfants ; qui, dès le chant du coq, étendu dans son lit, voit bouillonner la marmite qui contient son dîner ; qui ne craint ni sergent, ni juge, ni procureur ; qui s'embarrasse peu des affaires du tribunal ; qui n'a pas de papier qui tourmente les gens et ne possède rien de personne.

Oh ! quel plaisir pour cet homme, de se sentir possesseur d'un beau bien qui entoure sa demeure, et qui, sans rien devoir à son seigneur, trace des sillons avec des bœufs qui sont à lui!

Quel plaisir d'écouter dans la prairie le murmure de la naïade qui se plaint des petits cailloux qui osent lui rider le front!

Il entend les petits oiseaux lutter avec Zéphyre, qui fredonne mille chansons amoureuses pour plaire à son amante, à son amante qui, entraînée par son amour, lui dresse un lit de fleurs en récompense de ses chants.

Cependant le soleil plie ses brillants atours et court se reposer dans sa pâle couchette. Le manœuvre suspend son travail, et chacun attend le lendemain.

Les grands ne goûtent pas le plaisir de la vie. Au milieu de tant d'affaires, la joie disparaît; l'envie, les inquiétudes, l'ambition et l'amour la chassent des palais dorés.

Pour moi, j'en ai eu ma part! pauvre poète! j'y fus pris comme un enfant, qui se laisse tromper par le brillant éclat d'un verre de couleur. Oh! que j'aime bien mieux la demeure de mon heureux mortel!

Ici, le grand bruit n'assourdit pas les oreilles; ici, l'on ne craint rien pour l'honneur de sa fille chérie; ici, l'on redoute plus le ravage des loups que la main des voleurs.

Enfin, c'est ici qu'habite le repos; c'est ici qu'on trouve le plaisir vrai, le plaisir pur; ici, sans avoir peur des faux voisins, l'on dort tranquillement, quoique sans oreiller trop moelleux.

(Joseph Pasturel,
chantre de l'église de Montferrand.)

POÉME.

Le bras du Seigneur est un bras fort et qui atteint de loin. Celui des princes de la terre n'est rien en comparaison du sien. Les rois ne se montrent si fiers envers leurs sujets que pour inspirer la crainte et l'effroi; et cependant, si le Seigneur, qui tient la victoire dans sa main, ne leur prête son appui, ils tombent et s'abîment dans le néant. C'est du plus haut des cieux, où commença la guerre entre les esprits célestes, que Dieu précipita le démon sur la terre.

Dès-lors, Lucifer, ce monstre infernal, osa attaquer Dieu et s'égaler à lui. Il osa attaquer Dieu, ce Dieu en trois personnes infinies en bonté. L'une d'elles se fit homme, et voilà pourquoi l'homme a vu parmi nous l'Homme-Dieu qui a sauvé la créature coupable. Poussé par son amour immense, l'Homme-Dieu revêtit notre nature, naquit dans une crèche et mourut sur une croix, entre deux voleurs, pour le salut de tous les mortels. Par ce sacrifice consommé sur le Calvaire pour nous laver du péché, voyez ce que ce grand

Dieu a fait pour nous! Le maître de la vie est devenu l'esclave de la mort. Oh! que chaque mortel, avant de mourir, rentre donc en lui-même et s'humilie en voyant comment naquit le Dieu de l'univers! Son amour le fit transformer en un pain céleste, en un pain de vie ; et cet amour excessif trouva le secret de se donner lui-même entièrement à nous. Les rois de la terre donnent bien parfois des trésors à leurs favoris ; mais nous n'en avons pas vu un seul qui ait donné son propre corps, comme le Sauveur. Oui, le jeudi-saint, veille de sa Passion, il donna sa chair, son sang et choisit pour tabernacle le corps du pécheur. Et voyez jusqu'où va l'amour et la bonté de ce divin Sauveur! il se donne même à celui qui allait le trahir et le vendre. Mais, hélas! comment profita-t-il de tant de bontés? en devenant l'esclave de Satan.

Grand Dieu! pour terminer l'œuvre de votre fils, ne permettez jamais que je fasse un si indigne usage de votre chair et de votre sang précieux, de ce sang qui nous montre que vous êtes le Dieu des Dieux, le Dieu qui a fait le soleil, la lune et les étoiles, et toutes ces pierreries brillantes qui étincellent au firmament; le Dieu qui a bâti le ciel, séjour des bienheureux, sans pierres et sans matériaux.

O homme! c'est en vain que tu lâches la bride à toute ta science ; c'est en vain que tu réfléchis sur la majesté infinie d'un Dieu, si tu ne t'appuies sur la foi, ton esprit se confond et ta raison se perd! O homme! est-il en ton pouvoir, malgré ton génie, d'embrasser par la pensée ce Dieu plus grand que des millions de mondes, ce Dieu qui a tout fait d'un seul mot, ce Dieu qui n'a ni commencement ni fin, et qui plie et courbe sous sa volonté tout ce qui vit et se remue? Aucun monarque sur la terre ne lui refuse le droit de suprématie. Il est le souverain de l'univers; il aime la paix, déteste la guerre; et si nous n'avons pas un instant de repos, c'est un malheur qui vient de nous. Infortunés que nous sommes! nous ne pensons que de temps en temps à ce Dieu qui a fait toutes les causes, qui a tiré du chaos le monde sur lequel il a jeté l'homme et une foule d'êtres de toutes espèces, qui a produit les sources, les rivières, les fleuves et les ruisseaux, un automne, un hiver, un été, un printemps, saisons que, dans sa sagesse profonde, ce Dieu a réglées de toute éternité.

Il y a plus de cinq mille ans que sa bonté s'occupe de nous, et que sa providence remplit l'univers de ses travaux infinis. Il donne la nourriture aux reptiles et aux plus petits animaux. Il a soin de toutes ses pauvres petites créatures. L'agneau, il le nourrit de lait; la brebis, d'herbe tendre; et l'homme, qui a besoin de nourriture, de l'épi qui croît dans les champs. C'est pour l'homme qu'il a fait jaillir le vin de la vigne, et la cire et le miel de l'abeille. C'est lui qui revêt les petits oiseaux d'un habit bien simple, d'une robe sans couture, quoique composée d'une foule de petits morceaux. (DAUBASSE [1].)

IMPROMPTU.

Un jour que notre poète se promenait avec le duc de Biron, qui l'aimait beaucoup, un garde-chasse amena au maréchal un pauvre paysan qui avait volé un fagot; Daubasse, qui vit que ce vol était un vol de nécessité, entreprit de parler en faveur de ce malheureux, et improvisa les vers suivants :

Monseigneur, vous voyez à la mine de cet homme que c'est un paysan bien malheureux. Examinez-le par devant, par derrière, vous ne voyez qu'habits en haillons; sa tête n'a pas de chapeau, ses jambes point de bas. La pauvreté le ronge plus qu'un ver affamé. Je ne vous demande pas de grâce pour ce malheureux, monseigneur; au contraire, pour l'exemple, il faut qu'il soit puni, à condition pourtant que le bois qu'il a volé aura le même poids que les lauriers que vous avez cueillis. (*Idem.*)

[1] Daubasse, fabricant de peignes, a composé des poésies patoises très estimées, et des poésies françaises purement écrites; et cependant il ne savait ni lire ni écrire.

AU ROI LOUIS-LE-JUSTE,

ROI DE FRANCE ET DE NAVARRE,

à son entrée dans la ville d'Aix.

Grand prince, digne fils de Mars, qui récemment, parmi tant de dangers, avez cueilli, au milieu des hasards de la guerre, les palmes de la victoire; le ciel vous a prédestiné à rendre le calme aux tempêtes publiques.

Vaillant Hercule, mignon du ciel, vous avez dompté une seconde fois les monstres indociles de la France; et les avez tellement malmenés, qu'ils ont perdu pour toujours l'espoir de recevoir de nouveau l'encens des plus vils flatteurs.

La bonté et le courage ont fixé leur séjour dans votre cœur, ce qui fait que le monde vous craint et vous aime également.

Les poëtes ont placé des milliers de rois au temple de mémoire, en conjurant la postérité de joindre son souvenir à leurs vertus et à leurs exploits.

Ressuscité naguère, pour surpasser l'antiquité, je viens chanter dans mes vers la bienveillance et le courage du plus grand roi du monde.

Puisse le Rédempteur céleste qui protège les rois de France, donner de la force à votre bras, afin que la foi chrétienne obtienne en Palestine toute l'autorité qu'elle doit avoir!

(BRUYEIS, *Jardin des Muses provençales.*)

A UNE BELLE DEMOISELLE DE MARSEILLE.

Depuis que vous avez quitté la ville d'Aix, je n'ai senti, je vous l'assure, qu'un long et douloureux martyre. L'esprit d'un pauvre damné ne souffre pas le tiers de ce que j'ai souffert, depuis que je suis privé du bonheur de vous voir ; et si je n'avais la consolation de me représenter par la pensée votre image si belle et si gracieuse, je serais mort, cent fois mort depuis long-temps.

Vous qui avez tant d'esprit et de raison, vous pouvez vous imaginer combien ma peine est grande, puisque rien ne me plaît lorsque je suis loin de vous.

Mais on m'a dit, Mademoiselle, que votre beauté augmentait tous les jours ; cela m'étonne, car vous étiez la plus aimable, la plus déliée et la plus étonnante personne que mes yeux eussent jamais aperçue : comment donc le ciel pourrait-il embellir encore une jeune fille parfaite, et qui ne laisse rien à désirer sur aucun point ?

S'il en est ainsi, vous êtes une divinité, digne, non pas d'être aimée, mais adorée avec dévotion.

Je ne suis donc pas surpris que vous ayez inspiré de l'amour au vaillant et beau personnage qui a résolu de vous aimer avec fureur et fidélité jusqu'à la fin de ses jours, tant il vous trouve bonne et belle !

Il me semble que vous devez vivre heureuse et

contente, puisque les hommes les plus courageux font le serment de vous servir, de vous rendre heureuse et de vous aimer toujours.

Faites, Mademoiselle, que la cruauté n'ait aucune place dans votre ame, car on dit qu'une beauté cruelle n'est digne que d'un homme d'argent. Croyez-moi, faites que l'amitié et la douceur vous accompagnent sans cesse, afin que personne ne se plaigne, ni ne dise du mal de vous ! Ainsi, toujours entourée d'estime et d'amour, vous serez recherchée et honorée de tous ceux qui vous connaîtront. . (*Idem.*)

L'HOMME HEUREUX.

SONNET.

Être issu d'une illustre famille ; vivre long-temps, sans maux, sans peines et sans soucis ; être honnête homme, riche, réussir dans tout, sans accident, sans procès, sans tracas ; avoir une femme, deux garçons, une fille, tous frais, tous bien portants ; n'avoir jamais de querelles ni de discussions ; invoquer toujours le secours de Dieu dans toutes ses entreprises ; ne ressentir ni froid ni chaud en hiver et en été ; passer ses jours dans un printemps et un automne continuels ; mourir tout doucement, comme lorsqu'on se laisse aller au sommeil, et sentir son ame s'envoler en droite ligne en paradis ; je vous le demande, y a-t-il jamais une pareille félicité?

(SAGE, de Marseille.)

L'HOMME MALHEUREUX.

SONNET.

Le jour, être accablé d'affaires malheureuses ; combattre à chaque instant quelque esprit endiablé ; se sentir inquiet de mille déplaisirs ; voir de fâcheux contre-temps s'opposer sans cesse à notre repos ; n'éprouver que des tracas, des rencontres désagréables : le soir, sortir seul, tout tremblant ; avoir peu de blé, peu de vin, peu d'amis, et pas du tout de ce métal qui joue un si grand rôle dans le monde : la nuit, rêver sans cesse à de si grands malheurs ; et, par dessus tout cela, dormir moins qu'on ne saurait le dire ; ah! si ce n'est pas là endurer le martyre, c'est du moins bien souffrir, et bien porter sa croix!

(*Idem.*)

MÉPRIS DE L'HOMME.

Comme une barque légère, semblable à un trait rapide, glisse sans laisser aucune empreinte sur la surface des flots; comme l'éclair brille et disparaît en un instant; comme l'homme gorgé de richesses tombe et meurt avec elles; comme un torrent furieux renverse, détruit et noie dans ses ondes écumantes les arbres, les moissons, et ne laisse sur son passage que des objets de pitié et de deuil; comme une prairie émaillée de fleurs le matin, tombe sous le tranchant de la faulx avant la fin du jour; comme le vent mugit sans qu'on puisse l'apercevoir; comme on voit la foudre voler dans l'espace, et éclater dans les airs; comme un trait lancé par une main habile, part et s'éloigne avec une vitesse extrême; ainsi disparaît l'homme et sa folle vanité; et quand on réfléchit bien sur la destinée humaine, on voit que, faible par sa nature, l'homme passe encore plus vite que tout cela. (*Idem.*)

L'AMOUREUX TRANSI.

DIALECTE DE CAHORS.

Je passe les nuits entières sans pouvoir dormir un seul instant. Debout devant la porte de sa demeure, je pousse des soupirs depuis le lever de l'aurore jusqu'au coucher du soleil. Ceux qui m'ont aperçu une seule fois ne passent plus le soir dans ce lieu qu'en tremblant; car mes yeux, mon regard, ma voix, tout en moi sent le cadavre.

Les voisins, qui m'entendent de leurs lits, se disent : De quoi se plaint-il donc ? pourquoi frapper chez sa voisine toutes les nuits? tout cela présage quelque malheur.

Ame vivante ne me connaît. Maigre, desséché, mon corps tourne et voltige au moindre vent. J'ai besoin d'un bâton pour chasser les oiseaux, qui, en me voyant si sec et si décharné, me prennent pour un squelette.

A travers ma chemise, on peut compter mes os; je suis une véritable pièce d'anatomie, que personne ne vient voir. Au milieu des carrefours, je supplie les passants de me guérir ou bien de me tuer par pitié.

Mais si je rencontre par hasard quelqu'un sur mon chemin, effrayé de se trouver si près de moi, il me dit : Va, que le bon Dieu te bénisse !

Les jeunes filles qui, l'an dernier, me serraient les doigts et me prenaient les cheveux pour me donner des baisers, sans pouvoir m'en dédire; maintenant, si elles m'aperçoivent de loin, me disent de leurs regards : Retire-toi.

Je n'ai aucun parent qui ne s'étonne d'avoir dans sa famille une si chétive créature : et ma mère elle-même, ma mère! a honte de m'avoir mis au monde, et regrette de n'avoir pas mieux employé sa vie en entrant dans un couvent.

Enfin, que me reste-t-il après toutes mes plaintes et tous mes soupirs? rien; si ce n'est une bouche béante, un front triste et ridé, un teint flétri, un nez bourgeonné, des cheveux hérissés, des yeux pâles et enfoncés, et la barbe en désordre.

Laissez-moi donc, je vous en prie; à quoi bon m'envoyer des pâtes et des parfums pour me redonner des forces? je m'éteins peu à peu. Les médecins me disent : Vous vivrez encore un jour tout entier; mais je ne crois pas à leurs paroles, à moins qu'Isabelle ne me présente les remèdes de sa propre main [1].

(BOREL, *Trésor des Recherches et Antiquités gauloises.*)

LE PAPILLON.

Petit coquin de papillon, vole, vole, je vais t'attraper... Et poudre d'or sur la tête, bigarré de mille couleurs, un papillon, dans une prairie, voltigeait sur la violette et sur la marguerite.

---

[1] J'ignore à quel siècle appartient cette pièce; mais elle est, je crois, antérieure au dix-septième siècle.

Un enfant, beau comme un amour, les joues rondes comme une orange, courait après lui, demi-nu... et puis... ne pouvait le saisir...

Le vent soulevait sa chemise et montrait ses petits membres roses et délicats... Petit coquin de papillon, vole, vole, je vais t'attraper...

Enfin, le papillon s'arrête sur un bouton d'or printanier...

Aussitôt, par derrière, le bel enfant s'avance doucement, bien doucement... et puis, leste! l'attrape et l'enferme dans ses petites mains. Alors il l'emporte dans sa petite cabane, en le couvrant de baisers; mais, hélas! en ouvrant sa prison, il ne trouve dans ses mains que la poudre d'or de ses ailes.

Petit coquin de papillon, vole, vole, je vais t'attraper.

LE RANZ DES VACHES.

Ranz, en langue romane, veut dire une suite d'objets qui sont à la file. *Rank*, en celtique; *Reihen*, en allemand, ont la même signification. *Ranz des Vaches*, c'est donc la Marche des Vaches; comme en anglais, *Sailar's rant*, Marche du Matelot. On l'appelle en allemand, *Kühreilhen*. L'air du Ranz des Vaches est très ancien; les paroles sont plus modernes et varient d'un canton à un autre; mais le fond en est le même. En voici la traduction littérale :

Les bergers des Colombettes se sont levés de bon matin; ah! ah! ah! vaches! vaches! pour vous traire. Venez toutes, blanches et noires, rouges et marquées au front; jeunes et vieilles, venez toutes sous un chêne, où je vous trais; ou sous un tremble, où je tranche le lait, vaches, vaches, pour vous traire.

Quand sont venus aux Eaux-Basses, ils n'ont pas pu passer. Pauvre Pierre, que faisons-nous ici? Nous voilà pas mal empêtrés; te faut aller frapper à la porte du curé. — Et que voulez-vous que je dise à notre bon curé? — Qu'il faut qu'il nous dise une messe pour que nous puissions passer. — Il est allé frapper à la porte, et a dit au bon curé : Il faut que vous disiez une messe pour que nous puissions passer. — Le curé lui a fait cette réponse : Pauvre Pierre, si tu veux passer, il faut me donner un petit fromage; mais il ne faut pas l'écrêmer. Retourne-t-en, mon pauvre Pierre, je dirai un *Ave Maria* pour toi. Je vous souhaite beaucoup de fromages; mais venez souvent me trouver. — Pierre retourne aux Eaux-Basses, et à l'instant ils ont pu passer; alors, ils ont mis la présure à la chaudière avant d'avoir trait à moitié.

J'ignore à quelle époque le *Ranz des Vaches* a été composé : il est en langue provençale.

DIX-HUITIÈME SIÈCLE.

BOUQUET

A Madame L........

L'Aurore commençait à peine à déclarer la guerre aux ombres de la nuit, en les forçant à disparaître pour faire place au Dieu qui éclaire l'univers, quand tout à coup, me réveillant en sursaut, l'idée m'est venue que c'était votre fête aujourd'hui. Je me frotte les yeux, je m'éveille, et je cours promptement vers un jardin toujours rempli des plus belles fleurs et même d'immortelles. J'arrive et je frappe : un enfant charmant m'ouvre et me dit d'un air gracieux: Ami, quelle affaire importante vous amène si matin? — Je suis, lui dis-je, l'ami d'une bergère; c'est sa fête aujourd'hui, et je viens tout exprès pour cueillir un bouquet que je veux lui offrir, en lui faisant mon compliment. Je ne pense pas que cela vous contrarie? — Au contraire, votre zèle me plaît : entrez. — Dieux! quel spectacle s'offre à mes regards! Je vois le jardin rempli de petits enfants couverts de fleurs. L'un entoure de feuillage un flambeau allumé; l'autre fait une couronne, celui-ci une guirlande, celui-là un bouquet; l'air en est embaumé; je demeure ébahi: quand, du milieu d'un groupe qui le suit, s'avance un petit garçon qui, joignant celui qui m'avait ouvert la porte, se dirige vers moi et me dit : Rassurez-vous ; je suis l'Hymen ; celui-ci, c'est l'Amour. Quelquefois nous nous unissons pour attacher deux cœurs par les liens les plus forts, en leur faisant goûter les plaisirs les plus doux. Aujourd'hui, nous allons rendre heureux deux amants qui, en notre présence, vont se donner leur foi pour toujours. C'est pour eux que nous cueillons ces fleurs. Nous n'admettons dans notre compagnie que les plaisirs, les jeux et les amours; nous bannissons la froide indifférence, la noire jalousie, les soupçons, l'inconstance et l'infidélité, qui troubleraient la douce union qui doit ne les abandonner jamais. Mais vous, ne pourriez-vous pas nous apprendre à qui vous destinez les fleurs que vous venez cueillir? — A l'aimable Chloris! — Ah! que viens-je d'entendre, me dit l'Amour; pour Chloris, la femme du joli Corydon! — Justement... — Je suis heureux d'apprendre que c'est sa fête. Un jour, d'accord comme nous le sommes aujourd'hui, l'Amour et moi, nous les avons unis par les lois de l'hyménée. Tout ce que vous nous demanderez en leur nom vous sera accordé.

Depuis cet heureux jour, vous voyez comme une même flamme brûle leurs cœurs et les unit. Chaque jour, pour eux, paraît être le premier de leur heureuse destinée; et pour prouver à Chloris qu'elle est toujours l'objet chéri de l'Hymen et de l'Amour, nous vous donnons chacun une fleur que vous placerez dans le bouquet que vous faites pour elle.

Chloris, ce dépôt me flatte et me fait espérer qu'en sa faveur, vous recevrez avec plaisir et mon bouquet et mon hommage.

(Gros, de Marseille.)

AUTRE BOUQUET.

Ce matin, avant le lever de l'aurore, caché sur les bords d'un ruisseau limpide, je me délectais à voir les naïades se baigner, sauter, nager et folâtrer avec les dryades, leurs sœurs, lorsque j'entends dans l'air un grand bruit, semblable à celui d'une volée de canards. Etonné, je regarde et je vois descendre sur la rive un essaim d'enfants charmants, chacun un bouquet à la main, qui, d'un air tendre et ingénu, disaient aux nymphes : Bonjour, rares beautés! que faites-vous ici?... oh! ne craignez rien... ne fuyez pas... apprenez plutôt le motif qui nous fait arrêter un instant. Nous sommes les Grâces, les Jeux, les Plaisirs et l'Amour, qui venons embellir la fête que vous célébrez aujourd'hui. Au lieu de suivre l'Hymen et Vénus, qui sont partis tout exprès de Cythère, nous nous sommes arrêtés un instant au jardin, à courir, à nous balancer sur l'escarpolette, à jouer à pigeon vole, à petit bonhomme vit encore : et puis nous avons poursuivi notre route ; mais vous ayant aperçues, en passant, belles blondes, nous nous sommes arrêtés pour vous faire un petit doigt de cour.

— Jolis petits Dieux, nous sommes bien reconnaissantes, répondent les naïades ; mais nous voudrions bien savoir pour qui sont ces fleurs que vous avez cueillies ? — Avec plaisir, vous serez satisfaites : nous les portons à deux jeunes époux que nous avons choisis et destinés à se chérir, s'estimer et se complaire toujours. Tout le monde les aime. Ils sont aimables, bons, affectueux ; ils ont la douceur, la beauté en partage. Les Dieux, en les formant, furent si charmés de leur ouvrage, qu'ils leur accordèrent tous un présent : l'un, leur donna l'esprit ; un autre la sagesse ; celui-ci remplit leurs discours de force et de grandeur. La Vérité, la Vertu, la Prudence leur promirent d'être d'accord avec eux en tous lieux. Oh! nous n'en finirions pas si nous vous racontions tout le bien qu'ils méritent : jamais couple plus accompli. Quoi! vous riez ; vous le connaissez donc? — Si je le connais! Certes, à votre portrait, qui ne reconnaîtrait Philémon et sa femme! Nous les voyons souvent venir se promener sur nos ondes ; nous en sommes charmées, et même, en leur faveur, nous adoucissons le cours de nos flots agités, afin de prendre soin de leurs jours si précieux... Offrez-leur bien nos vœux et nos hommages... — Les miens aussi, les miens aussi, s'écrie avec transport toute la troupe, en me désignant du doigt sur la rive ; et, comme des grenouilles effrayées par les pas d'un promeneur, plongent dans les marais, ainsi les nymphes s'élancent aussitôt, et se fraient un passage à travers les ondes. Les petits enfants me demandent d'abord qui je suis ; je leur réponds en riant : Race aimable et chérie, ne vous mettez pas en peine de moi. Je suis et je serai toujours l'ami le plus fidèle et le plus respectueux des époux à qui vous destinez ces fleurs ; et si, par hasard, il vous en restait quelques-unes, présentez-les-leur en mon nom ; car je suis heureux d'apprendre que c'est leur fête aujourd'hui. — Comptez-y.... — Et d'une aile rapide, ils s'envolent et traversent les airs. Je me flatte donc, couple aimable, qu'en faveur de cette belle couvée, vous recevrez avec bienveillance et mon zèle et mon petit présent.

(Idem.)

EGLOGUE.

Fatigante raison, en vain tu veux m'alarmer : suis-je ton esclave, pour t'obéir sans cesse? Chacun a sa folie, la mienne est de faire des vers, et tous les conseils ne sauraient m'en distraire. Je connais ma témérité; je sais que mon audace est grande, de vouloir escalader le Parnasse : mais qu'importe; quand je saurais d'être précipité du haut de la divine colline, je veux suivre les traces des fameux troubadours. O Apollon! si le feu qui m'agite n'est qu'une étincelle mourante, de grâce, je t'en prie, fais-moi trébucher dès le premier pas; mais si c'est toi qui as mis dans mon sein l'ardeur qui me domine, oh! pour ton honneur et pour mon repos, conduis-moi par la main jusque sur la montagne sacrée, ou prête-moi, pour quelques instants, ton cheval rapide comme les oiseaux du ciel. Non que je veuille me donner la gloire de chanter dans mes vers le grand roi Louis, ses combats, ses vertus, ni l'histoire et l'origine des braves Phocéens. Je ne prétends pas recevoir non plus, sur mon front, une double couronne de laurier des quarante immortels. Mon ambition est plus modeste; mon vol ne monte pas si haut, je laisse tous ces grands projets aux chantres de l'Euvone, et je n'exerce ma verve poétique que sur des sujets moins importants (1). Voulant faire briller l'innocente malice d'un trait léger, je présente à l'esprit un aimable badinage, en définissant une chose dont je cache le mot avec soin. Tantôt je fais une chanson, tantôt j'emprunte le langage d'un pauvre laboureur; et puis, dans une autre circonstance, l'amour me sert de jeu, comme le prouve ce que je vais raconter.

De tout temps chacun a senti le besoin d'aimer. Le berger comme le monarque a placé son bonheur dans l'amour; et à peine sommes-nous désabusés de lui, que notre cœur brûle du désir d'aimer encore.

Le berger Corydon, jeune, tendre, amoureux, était de tout le village celui qui ressentait avec le plus de violence les tourments de l'amour; rien ne lui faisait plaisir : sa musette, son chien, ses moutons, le bocage, qui autrefois le rendaient si heureux, ne pouvaient plus dissiper ses ennuis. Inquiet, chagrin, taciturne, il ne se plaisait que dans la rêverie, les larmes et les soupirs : d'où venait un si grand changement? des charmes de Chloris. Chloris était dans la fleur de l'âge, belle, bien faite et blanche comme un lis; mais elle était fière, et se faisait une gloire de ne jamais se mêler aux jeux des heureux habitants du hameau, et de mépriser le triomphe que ses beaux yeux remportaient sur les cœurs des jeunes bergers. Jugez, après cela, si le pauvre Corydon avait tort de se tourmenter sans cesse, lui qui faisait tout pour lui plaire! lui qui donnait à sa belle tant de gages de sa constance et de son amour! Il la suivait partout, au bois, au village, en lui faisant toujours quelque petit présent : tantôt c'était un fruit nouveau, tantôt un nid de tourterelles; souvent une fleur fraîchement épanouie. Le nom de Chloris, il l'avait tracé sur tous les arbres de la forêt. Si quelquefois il la trouvait seule, assise sur le gazon, il lui chantait ces paroles, en s'accompagnant de sa douce musette.

« Quel plaisir puis-je goûter depuis que mon cœur est à toi, bergère? tes rigueurs me rendent bien malheureux! mais, malgré tous tes mépris, l'amour m'est encore préférable à tous les plaisirs réunis. »

Enfin, jusqu'à son chien, pour attendrir la cruelle, s'empressait d'aller la caresser d'aussi loin qu'il l'apercevait; mais tous ces hommages, toutes ces flatteries, capables d'attendrir le cœur le plus rebelle, étaient impuissants sur le sien : elle les recevait en s'en moquant, et le pauvre berger souffrait tout et continuait à l'aimer encore.

Un matin, qu'il sortait de la cabane avant que les premiers rayons du soleil eussent doré l'horizon, chemin faisant, il aperçoit un pigeon qui voltigeait dans la prairie. Il s'en approche, lui lance une pierre avec sa fronde, et l'abat aussitôt. Charmé de son adresse et content de sa chasse, il continue sa route en l'examinant; mais, ô surprise! il trouve sous son aile un petit papier avec ces mots :

« Dans ce vallon solitaire où s'élève un rocher escarpé, sous un saule isolé, auprès d'une onde pure, qui d'ordinaire n'est fréquentée que par les oiseaux amoureux, charmant berger, Philis te donne un rendez-vous. »

Philis était une bergère qui habitait un village éloigné : elle aimait Lycas, voisin de Corydon. Lycas lui avait donné son cœur. Jamais on n'avait vu une tendresse plus pure : jamais l'amour n'avait placé son bandeau sur les yeux d'un couple si joli. Comme les deux amants désiraient être seuls témoins de leur tendresse, le dieu malin, pour favoriser leurs feux, leur avait inspiré d'élever un pigeon, que tous les matins, en cachette, ils s'envoyaient tour à tour, avec un billet portant l'heure et le lieu qu'ils avaient choisis pour goûter leurs innocents plaisirs. Corydon reconnaît l'écriture de Philis, et, sans chercher à pénétrer le fond d'une telle aventure, il ne songe qu'à en profiter, en employant la ruse que voici. Il retourne auprès de Chloris, plein d'espoir et de courage, la trouve seule ; et, après un moment de silence, lui dit ces paroles : Quelle sagesse extravagante vous défend de vous livrer à l'amour comme à un mal dangereux? Si nous sommes nés pour le bonheur, le bonheur n'est-il pas dans la tendresse? Dans tous les âges de la vie, l'amour remplit les cœurs d'une joie délicieuse, et la nature et la raison vous prouvent qu'il est le principe et la fin véritable de la vie; et cependant, vous qui êtes faite à son image, vous le méprisez! Vous le méprisez, vous, que j'aime, que j'adore comme une divinité! vous enfin!... Mais vous ne m'écoutez pas! vous ne répondez pas; vous détournez vos regards! — Berger, je n'ai rien à répondre à un tel langage, sinon que vous me fatiguez! Je vous plains, sans doute; mais vous perdez votre temps et vos peines. Juste ciel! malheureux que je suis! Eh bien! ingrate, eh bien! puisque vous me forcez à devenir inconstant, je vais à l'instant même donner mon cœur à Philis, mon cœur qui vous appartenait jusqu'au delà du tombeau! Vous la connaissez, Philis; elle est belle, elle m'aime, et sa vive tendresse m'engage tous les jours de vive voix et par écrit, à aller goûter auprès d'elle un sort plus doux que celui que vous me faites souffrir. J'y vais, et si vous en doutez, tenez, cruelle, lisez (il lui montre le billet en le baisant), et de ce pas, enflammé d'une nouvelle ardeur, je vous oublie, et je cours jurer à ses pieds un amour qui ne doit pas finir. Il dit, et s'enfuit aussitôt. Chloris, plus fière que jamais, le laisse partir sans montrer aucune émotion; seulement elle le suit de loin, en cachette, pour s'assurer de la vérité de ses paroles. Elle gagne le vallon par un sentier détourné, et s'avançant sans bruit, elle examine avec soin si elle découvre son berger; mais tout à coup elle aperçoit aux genoux de Philis le rusé Corydon, qui, d'un air respectueux et tendre, la supplie de lui pardonner d'avoir tué (bien innocemment) son fidèle pigeon : il le lui montre, la prie de l'accepter, avec promesse, avec serment de garder toujours le secret contenu dans le billet qu'il vient de lui rendre. Philis lui présente la main, qu'il couvre de ses baisers. A cette vue, Chloris étonnée, croit qu'il l'aime. Loin de s'en moquer comme à son ordinaire, elle devient inquiète et se trouble. L'enfant malin qui se joue des cœurs comme le chat de la souris, n'attendait que ce moment pour désarmer la belle, et vaincre sa coupable fierté. Il lui inspire des regrets sur la perte d'un berger jeune, amoureux, charmant : il lui souffle une haine mortelle contre Philis; il agite son cœur par des tourments affreux. Étonnée du spectacle qui frappe ses regards, Chloris est saisie d'un accès de la plus cruelle jalousie : en vain elle veut la combattre, elle n'y résiste plus. Sur le point de succomber, sur le point de montrer toute sa faiblesse aux yeux de sa rivale, elle part, hors d'elle-même, se trompe de chemin, et court attendre son berger, qu'elle aime maintenant avec fureur.

A peine est-elle arrivée, que son amant se présente. Celui-ci l'aperçoit, et se doutant bien que sa ruse avait porté ses fruits, il l'aborde d'un air gai et tranquille. Chacun joue son rôle; l'un ne fait semblant de rien, l'autre emprunte le langage de la plus parfaite indifférence, et dit : Corydon, vous venez d'un rendez-vous; je vois sur votre visage que l'aimable Philis vous a rendu bien heureux! Sans doute, vous l'aimez déjà à la folie : je vous en félicite, et suis charmée de votre bon goût. Corydon pousse un gros soupir, et répond d'un air langoureux : Il est vrai, je viens d'un rendez-vous; et il est impossible, à moins de l'avoir vu, d'exprimer avec quelle grâce, avec quelle bonté elle a reçu mes vœux et mes hommages! — J'ai tout vu, j'ai tout vu : vous étiez à ses genoux; vous lui prodiguiez les serments de votre ame volage. Oui, j'ai vu avec quel transport vous lui baisiez la main et lui faisiez un présent. Je vous ai vu, hors de vous, lui jurer qu'elle serait toujours la bien-aimée de votre cœur. — Bergère, tout cela est vrai; et je vous dirai bien plus, c'est que si je ne l'avais pas fait, je serais prêt à le faire encore. D'ailleurs, il vous importe fort peu que nous ayons le bonheur de nous aimer. — Et qui vous l'a dit? oui, il m'importe! est-ce bien de la part de Philis, qui connaît votre tendresse pour moi, de chercher à m'éloigner de vous, pour devenir votre maîtresse? Non, jamais je ne lui pardonnerai; elle s'en repentira. Quant à vous, j'aurais cru que votre cœur serait moins facile à s'enflammer pour d'autres que pour moi; mais je vois que vous êtes un traître, un parjure. Ingrat!

qu'a-t-elle donc de si beau, cette Philis, pour me la préférer? — Chloris, vous m'accablez d'outrages injustement, reprit Corydon : vous oubliez que, malgré ma constance, ce sont vos mépris qui sont cause de ce changement; mais si vous le voulez, tout n'est pas encore perdu, et si vous me promettez de garder le silence, et sur ce que je vous ai dit, et sur ce que vous avez vu; si vous voulez traiter Philis avec bonté, mettre votre cœur sous ma loi, et vous repentir de m'avoir maltraité, eh bien! je me déciderai à vous donner la préférence de mon cœur. Parlez, voyez, cela vous convient-il? — Quoi! vous me faites donc la loi; cela vous sied bien! moi qui,... — Oh! si vous avez la moindre répugnance, je n'ai plus rien à dire... je m'en vais, adieu. — Corydon,... Corydon, .. Quoi? — hélas! — eh bien, hélas! — Le temps presse, achevez... — Laissez-moi respirer un instant. — Je vous l'ai dit, si vous le voulez, je jure ici, en votre présence, par ce que nous avons de plus cher, de plus sacré, que jamais on ne me reverra avec Philis. Je jure que, pendant le reste de ma vie, je n'aurai des yeux que pour vous, et que seule, vous serez toujours l'objet de mes plus tendres amours. — Si cela est ainsi, tout m'engage à faire le même serment. Berger, je vous promets tout; êtes-vous satisfait?

L'amour a toujours triomphé, chacun lui doit

obéissance; et tel qui se glorifie de le mépriser, qui dans peu se laissera prendre. (*Idem.*)

FABLES.

Le Coq à qui l'on a arraché les plumes.

Oh! qu'il fait bon rosser un fanfaron! Il garde les coups qu'il reçoit sans s'émouvoir, tandis qu'en secret la fureur le consume.

Un réveille-matin, courtisan assidu de l'aurore, beau, fier, d'un port majestueux, disposait selon ses caprices d'un essaim de gentilles poulettes qui, toutes, l'aimaient à qui mieux mieux. Il en avait de toutes les façons, de grandes, de petites; enfin, c'était un vrai sérail. Un jour, notre sultan s'amouracha d'une poule africaine qui faisait la joie et le bonheur d'un pauvre coq, qui n'avait qu'elle pour ses plaisirs. Son amour et sa vanité n'en demandaient pas davantage. Notre galant présomptueux croit qu'il n'a qu'à se présenter pour obtenir les faveurs de la belle. Les orgueilleux pensent toujours ainsi. Il se rend auprès d'elle avant le lever de l'aurore, s'en approche et la réveillant, il lui caquette quelques mots à l'oreille, frappe du pied avec fierté, étend ses ailes, se rengorge; enfin, fait tant et tant, qu'il éveille son rival, qui d'abord lui déclare la guerre, l'attaque avec fureur, le déchire et lui rabat son caquet. Plumes volent dans l'air, lambeaux de crête tombent par terre. Quel revers pour notre galant! Honteux, égratigné, sanglant, il retourne chez lui, suffoqué de fureur. Le jour arrive, poules courent aux champs; de coq, néant! où est-il? on l'ignore. Enfin, on l'aperçoit, dans ce triste équipage, retiré en un coin et feignant une gaîté parfaite. Voici ce qu'il leur dit : Avez-vous senti cette nuit les piqûres des poux, nos mortels ennemis? Oh! la maudite engeance! j'ai failli en devenir fou; à force de me peigner, de me gratter, j'ai arraché mes plumes; tenez, j'en ai la fièvre encore!

Je l'ai dit une fois, je le répéterai toujours: Oh! qu'il fait bon rosser un fanfaron (2)! (*Idem.*)

La Chienne et son petit.

La nature inspire aux animaux le soin de leurs petits; ils leur veulent du bien; ils les aiment tous également. On ne les voit jamais, comme nous, par un sentiment exclusif et contraire à la nature, préférer le joli ou le laid, le cadet ou l'aîné ; leur tendresse est égale pour tous. Cependant une chienne, à son instinct contraire, avait fait un mauvais garnement de son dernier petit. Elle l'écoutait comme un oracle, cédait à toutes ses volontés ; enfin, elle le rendit tellement absolu, qu'elle voulait d'avance tout ce qu'il voulait. Jamais on n'avait vu une si grande faiblesse de caractère. A l'entendre, c'était le plus beau de la portée. Elle le léchait, elle l'appelait : « Mon amour, mon ange, mon bijou. » En un mot, elle en faisait son dieu. C'était un monstre, un squelette, un spectre dégoûtant. Ses pauvres jeunes frères se ressentaient de cette complaisance extrême. Il leur donnait tantôt un coup de griffe, tantôt un coup de dent, sans qu'ils osassent le lui rendre, ni même avoir l'air de s'en plaindre. Au contraire, il fallait recevoir tout cela en riant. Enfin, fatigués de souffrir, et voyant leur triste position, un beau matin, ils décampèrent. Que devinrent-ils ? je n'en sais rien : mais ce que je sais, c'est que notre enfant gâté ne tarda pas à faire repentir sa mère d'avoir supporté tous ses caprices. D'abord, dès qu'il se voit le plus fort, sans respect, sans aucune honte, il la méprise, lui cherche noise, jappe contre elle, lui montre les dents. En vain la pauvre mère pleure, se lamente, se jette à ses pieds d'un air suppliant, rien ne peut adoucir le cœur de cet ingrat. Il ne la connaît plus, il ne veut plus la voir. Enfin, chose incroyable, il la chasse de la maison, pauvre et accablée d'années!

Belle leçon pour ceux qui gâtent leurs enfants!

(*Idem.*)

Le Derviche et le Grand-Visir.

Un bédouin, qui n'était pas hâbleur, me racontait, pendant que j'habitais le Caire, qu'un bey de ce pays engagea un certain derviche à se charger d'un coffre rempli de diamants, de perles et de rubis d'une valeur immense, à condition cependant qu'il en ferait cadeau à l'homme le plus fou qu'il pourrait rencontrer. Monsieur l'ermite turc, qui était un homme de tête, se mit aussitôt en campagne pour chercher celui qui serait digne de posséder un si grand trésor. Jugez s'il eut des chalands! Partout, sur ses pas, il ne voyait que cervelles détraquées; il en venait de tout sexe, de tout âge, de toute condition; car, dans tous les pays, les fous ne manquent pas; il n'y a personne qui n'ait un petit grain de folie dans la tête: plus ou moins, nous sommes tous fêlés; et le monde n'est qu'une grande volière de fous.

Aussi, au rebours d'un philosophe ancien, il pouvait à toute heure du jour trouver l'homme en question. Mais quelque chose qui nous dirige en secret semblait lui dire de ne pas se presser. Enfin, après avoir voyagé pendant long-temps, il arrive à Byzance, où Sa Hautesse ottomane avait en moins d'un an, expédié d'un coup de pouce trois grands visirs vers Mahomet. A peine a-t-il appris cette nouvelle, qu'il se hâte d'apporter le coffre au ministre nouveau, qui, enchanté de son zèle et de son magnifique présent, le comble d'amitié, puis réfléchit, s'étonne et lui demande d'où viennent ces bijoux et pourquoi il les lui a donnés. Seigneur, dit alors le derviche avec franchise, je les ai reçus d'un bey du Caire, qui m'a chargé de les remettre à l'homme le plus fou que je trouverais; c'est toi. Ta conduite me prouve que je n'ai pas besoin de chercher davantage. Quoi! en peu de jours, tu as vu la triste destinée de tes prédécesseurs, et, malgré cet exemple, ton ame avide de richesses et de grandeurs, a l'ambition et l'audace insensées d'accepter ce poste glissant! Non! jamais de la vie folie n'a été pareille à la tienne ! (*Idem.*)

Les deux petits Rats et le Flacon.

Deux petits rats, bons amis, se promenant un jour dans le lieu ordinaire de leurs plaisirs, c'est-à-dire dans les greniers, les dressoirs, les armoires, trouvèrent un petit flacon, bien bouché, dont l'odeur délicieuse leur fit pressentir qu'il contenait de l'huile la plus douce et la plus pure. Les voilà aussitôt en fête! Ils se délectent, font mille tours et songent déjà à le mettre en pièces. Le plus jeune des deux saute sur la petite bouteille, réunit toutes ses forces et la pousse à grands coups d'épaule; l'autre prend la petite corde qui est attachée au bouchon, la tire violemment et fait tout ce qu'il peut pour l'arracher; mais c'est en vain, hélas! tous leurs efforts deviennent inutiles. Fatigués, harassés, ils reprennent haleine, quand l'un des deux furets dit à l'autre : Compère, nous ne faisons pas attention que nous sommes des imbécilles. Une bonne idée me vient: rongeons le bouchon, plongeons notre queue dans la petite bouteille, et puis suçons-la. L'avis est approuvé. Ils rongent, ils rongent tant, que le flacon est enfin débouché; ils y plongent leur queue et ils la lèchent; et ils la plongent, et ils la lèchent, et ils la lèchent; enfin, ils la lèchent tant, que bientôt il ne reste plus une goutte d'huile.

A qui sait bien s'y prendre, l'adresse l'emporte toujours sur la force. *(Idem.)*

CHANTS BÉARNAIS.

I.

Là-haut, sur la montagne, un berger malheureux, assis au pied d'un hêtre, et noyé dans les larmes, songeait à l'inconstance de son amante.

« Cœur léger, cœur volage, disait l'infortuné; est-ce par ma tendresse et mon amour que j'ai mérité les dédains que tu me fais souffrir?

« Depuis que tu fréquentes les gens de condition; depuis que tu as pris un vol si élevé, ma maison n'est pas assez vaste pour te recevoir.

« Tes brebis ne daignent plus se mêler à mes brebis, et tes moutons orgueilleux ne s'approchent des miens que pour les maltraiter.

« Je me passe de richesses, de titres et d'honneurs; je ne suis qu'un pauvre berger, mais personne n'a un cœur plus aimant que le mien.

« Quoique pauvre, dans mon humble position, j'aime mieux mon béret tout déchiré que le plus magnifique chapeau orné de rubans.

« Les plus grandes richesses du monde ne causent que des chagrins, et le plus grand seigneur, avec son argent, ne vaut pas le pauvre berger qui vit tranquille et heureux.

« Adieu, cœur de tigresse, bergère sans amour, tu peux changer de serviteur; mais tu n'en trouveras jamais un comme moi! » (Despourrins.)

II.

Un jeune berger quittait son pays et ses amours en chantant ainsi ses peines et ses douleurs :
« Adieu, modeste cabane qui m'as vu naître ; je vais habiter la plaine jusqu'à la prochaine saison.

« Adieu donc, ma bergère, bergère mon bonheur, je quitte la prairie où nous faisions l'amour. Le soin de mes brebis m'appelle vers Bordeaux ; adieu nos amourettes, bientôt je serai de retour.

« Rossignol qui gazouilles près de ce petit ruisseau, dans ce bosquet, témoin de mes amours ; toi qui, après avoir été témoin de ma tendresse, vois maintenant ma douleur ; dis à mon amante de ne me m'oublier jamais.

« Ramier, quel est ton bonheur de rester auprès de mon Annette ! Tu garderas les brebis avec elle, et moi, sur les bords de la rivière, je vais languir et bientôt mourir de douleur. »

Le malheureux berger finit ainsi sa chanson. Sa plainte touchante émeut celle qui était tout son bonheur ; mais hélas ! la volage changea bientôt ses amours. (*Idem.*)

III.

Je suis tout à toi, Mariette ; tu m'as charmé par ta douceur. Dès le premier moment que je t'ai aperçue, tu m'as lié, et si doucement et si tendrement, que j'en suis encore tout agité! Aussi, que tu le veuilles ou que tu ne le veuilles pas, je t'aimerai jusqu'à la mort.

Jamais je ne sens de plus grand plaisir que celui que je goûte en te voyant; et quand j'aperçois tes yeux si aimables, si doux, si gracieux, je meurs d'amour pour toi; mais quand j'entends tes douces causeries, oh! alors, tu achèves de me percer le cœur.

Je ne t'offre pas un palais magnifique, mais une simple chaumière. Tu n'y trouveras pas d'appartements somptueux, de riches étoffes, mais de bonnes gens, pauvres et laborieux, force plaisir et beaucoup d'amour.

Et quoi! ne peut-on être heureux qu'en vivant comme des grands seigneurs? La vie des bergers est bien plus tranquille; ils gardent leurs moutons, et, toujours gais, ils n'ont pas de tourments; lorsque leur troupeau est enfermé, adieu les soucis!

Ah! que mon sort serait doux si tu voulais agréer mon amour! Ah! si tu le voulais, plus heureux qu'un roi, je t'obéirais, je t'aimerais, et je ferais tant, qu'à force de te plaire et de te caresser, tu ne pourrais pas te dispenser de m'aimer (3).

(*Idem.*)

IV.

Petit rossignol qui, au milieu du feuillage, ravis par tes accords ta compagne chérie ; hélas ! moi, je pars, je quitte mon amante, le cœur déchiré de regrets.

J'avais bien pressenti ce jour cruel du départ. Mon cœur se mourait de voir sa souffrance. D'une voix langoureuse elle me dit, en me serrant la main : Oh ! je serai bien malheureuse ! il faut nous séparer !

Ma belle, moi, je vous promets de vous aimer toujours. Ma parole est pure, elle est sincère ; fiez-vous à moi, et soyez assurée que, loin de vos jolis yeux, je souffrirai encore plus que vous ne souffrirez.

L'eau la plus limpide, les plus magnifiques ruisseaux, n'égalent pas les larmes de mon cœur, qui se fond dans les ennuis. Sort cruel, sort terrible, hélas ! rien ne pourrait décrire mes tourments.

Semblable à la tourterelle qui se sépare de sa compagne, mon cœur, toujours constant, songe sans cesse à mon amour. Objet chéri de ma tendresse, au nom de l'amitié, plaignez celui qui vous fait son dernier adieu !   (*Idem.*)

V.

La Bergère malade.

Monsieur, vous qui êtes un grand médecin, guérissez ma maladie ; le jour j'ai du malaise, de l'abattement, et la nuit je ne puis pas dormir. Oh! quoi qu'il en soit, dites-moi ce qui cause ma douleur?

— C'est le mal d'amour.

— Je ne trouve plus aucun plaisir à conduire mes brebis dans la prairie ; et souvent, sans savoir pourquoi, je pleure comme un enfant; mais ce qui me tourmente, c'est que je sens que mes joues perdent leur vermillon.....

— C'est le mal d'amour.

— Il faut que je vous confie d'où peut venir mon mal. Un berger de ma connaissance m'a dit qu'il était fou de moi. Si le mal se gagne à force de plaindre quelqu'un, peut-être que c'est de lui que j'ai gagné le mal d'amour.

— Ecoute bien l'ordonnance qui doit guérir ton mal. Le berger qui t'a rendue malade sera ton médecin. Qu'un doux mariage vous unisse donc tous deux : c'est le souverain remède pour le mal d'amour. (E. V.)

VI.

Cessez votre ramage, aimables petits oiseaux; quittez le bosquet témoin de mes amours. Ah! laissez-moi seulette, pleurer l'ami que j'ai perdu. Malheureuse! je vais mourir, s'il n'est pas bientôt auprès de moi.

Ta voix tendre et doucette, charmant petit rossignol, ne charme plus Annette depuis qu'il est parti. Avec quel plaisir nous écoutions tes airs mélodieux, quand tous les trois nous célébrions nos premières amours!

Pauvre petite tourterelle, à demi-morte de chagrin, tu fais entendre tes gémissements dans le feuillage. Je ne puis que m'attendrir à ta voix languissante, tu es malheureuse comme moi, comme moi, il faut mourir! (DESPOURRINS.)

VII.

Le Retour du Berger.

Déjà l'hiver n'est plus : le berger est de retour. Mais, arrivé au village, oh! qu'il trouve de changement : hélas! qui aurait dit qu'Annette aurait trahi son berger?

Comment exprimer le chagrin de Guillaume?

Parents, amis, troupeau, le malheureux abandonne tout et va porter sa peine et sa douleur sur le sommet des rochers d'Ouessant.

Là, soir et matin, on l'entend gémir; plusieurs bergères s'approchent de lui pour le consoler, mais elles ne parviennent jamais à le guérir de son amour.

Un jour, vers la fin de l'été, nous le trouvâmes étendu sans connaissance sur les bords d'un ruisseau. Le lendemain, il avait fini tous ses tourments, il ne souffrait plus.

Nous l'emportons dans sa cabane; chacun le pleure, et nous écrivons sur sa tombe ces mots:
« Ici repose un berger qui mourut d'amour. »

La bergère qui causa tant de malheurs, fut punie de son inconstance; son mari, franc libertin, lui fit souffrir bien des maux; elle fut malheureuse, et regretta toujours son premier amant.

(E. V.)

VIII.

Cantique entonné par Jeanne d'Albret en accouchant d'Henri IV.

Notre-Dame-de-la-Tête-du-Pont, aidez-moi à cette heure : priez le Dieu du ciel qu'il veuille me délivrer promptement et me donner un garçon.

Tous les Béarnais, jusqu'à ceux qui habitent le sommet des plus hautes montagnes, implorent votre fils. Notre-Dame-de-la-Tête-du-Pont, aidez-moi à cette heure. *(Idem.)*

INSCRIPTIONS POUR LA STATUE D'HENRI IV, A PAU.

Il est l'honneur des rois, l'ami du peuple; c'est le bon, le grand, enfin, c'est notre Henri.

(P. G. B,)

Autre.

Devine quel est ce roi dont tu vois la statue ? Il était grand, généreux, l'ami de son peuple... On l'aima par toute la terre... Il fut pleuré à la ville et à la campagne... Parbleu! c'est notre Henri.

(E. V.)

Autre.

L'étranger admire sa gloire; le Français chérit son souvenir. Celui-ci aime ses reparties, celui-là sa bonté, un autre son courage; partout il est l'amour des peuples et des grands... Mais nulle part comme nous on n'aime notre Henri.

(Idem.)

NOEL.

Dialogue entre saint Joseph et un Hôtelier.

Saint Joseph. —Holà! maître, maîtresse, valets, servantes, où êtes-vous? il y a une heure que je frappe, et personne n'arrive! quelle politesse!

L'Hôtelier. — Je me suis déjà levé trois fois : si cela continue encore, je ne dormirai pas beaucoup. Qui frappe là-bas? quel est tout ce tapage? Qui êtes-vous? que voulez-vous? qu'y a-t-il pour votre service?

Saint Joseph. — Mon bon ami, prenez la peine de descendre; nous voudrions loger dans votre maison; nous ne sommes que deux, ma femme et moi.

L'Hôtelier. — Vous êtes des trouble-repos, des batteurs de grands chemins, qui ne songez qu'à faire le mal. Ma porte est fermée, bonsoir.

Saint Joseph. — Nazareth est ma patrie; je ne suis pas ce que vous croyez : je suis charpentier de mon état : je m'appelle Joseph, et ma femme Marie.

L'Hôtelier —J'ai assez de gens ici, je n'en veux plus; Dieu vous donne meilleure chance ailleurs; si vous m'en croyez, vous demanderez où est le logis de la Lune.

Saint Joseph. —Donnez-nous l'hospitalité coûte que coûte; logez-nous dans un galetas : nous payerons notre nourriture comme si nous étions à table d'hôte.

L'Hôtelier. — Votre souper ne sera pas cuit à point : je crois que vous ferez maigre chère, car pour sûr vous passerez la nuit dans la rue.

Marie. — Oh! ne nous traitez pas ainsi! Hélas! voyez quel horrible temps, ouvrez-nous! Si vous tardez encore, vous nous trouverez morts sur le seuil de votre maison.

L'Hôtelier. — Votre femme m'inspire de la pitié; elle me rend plus affable : eh bien! je vous logerai par compassion dans ma petite écurie.

(Saboly.)

NOEL.

O Adam! que ton sort était heureux dans le Paradis terrestre! La main de ton Créateur t'avait formé selon ses désirs : tu ne souffrais aucun mal; tu ignorais et le froid et le chaud, et tes jours, pleins d'allégresse, coulaient en repos sans craindre les injures du temps.

Rien ne manquait aux plaisirs de tes sens : sous un ciel toujours pur, tu goûtais les délices d'un printemps éternel; les roses de Damas exhalaient pour toi leurs parfums les plus doux, et s'épanouissaient sous tes pas.

De tous côtés, tes yeux étaient dans l'enchantement : la nature n'offrait que des beautés à la pureté de tes regards. La plume des oiseaux, le cristal d'une onde limpide, la clarté des étoiles, formaient un tableau charmant qui te ravissait sans cesse.

Sans craindre les frimas, les arbres, toujours couverts de verdure, te donnaient en abondance toutes sortes de fruits délicieux; et pendant toute l'année, la terre, sans le travail du laboureur, produisait d'abondantes moissons.

Ton oreille pouvait jouir tranquillement du ramage du rossignol, dont le chant mélodieux cause tant de plaisir : ses cadences, tour à tour tendres et légères, formaient dans les bois un concert champêtre que n'égaleront jamais les sons des plus harmonieux instruments.

Mais depuis ton fatal péché, qui a souillé tout le genre humain, la famine, la peste, la guerre, les malheurs les plus affreux sont venus fondre sur nous; et sans le Dieu qui naît aujourd'hui afin de nous sauver, nous serions encore dans l'esclavage, en attendant que l'enfer vînt nous engloutir pour toujours. (*Idem.*)

L'AMANT PROFANE.

CANTATE.

Muses, venez mêler vos chants à ma lyre : secondez mes transports par vos divins accents. L'amour me possède et m'inspire les plus tendres accords. Célébrez avec moi la beauté qui m'enchante. Que d'attraits! Quel éclat dans ses simples atours! elle enlève tous les cœurs par sa douceur, sa grâce, sa bonté; et jamais la déesse de Cythère et de Paphos n'a paru si brillante au milieu des nymphes de sa cour.

L'aimable jeunesse embellit ses attraits, et la sagesse, avec son air calme et sévère, vole sans cesse sur ses traces.

La raison inflexible dirige toutes ses actions, et Dieu lui-même révère les trésors de ses chastes appas.

La vertu lui donna sa simplicité touchante, et Vesta tressa une couronne pour son inébranlable fidélité.

Divinité mortelle, oh! quitte pour un moment cet habit divin et ce bandeau sacré : laisse à d'autres mains le soin du feu qui doit brûler toujours. Revêts un autre éclat; brûle d'une flamme nouvelle; songe à rendre hommage au fils de Vénus qui te fait entendre sa voix; et tourne tes regards bienveillants vers les jeux, les grâces et les plaisirs qui, charmés de ta beauté parfaite, viennent de toutes parts au gré de tes caprices, t'offrir les esclaves que tu as faits.

O beauté ensevelie vivante dans ce séjour qui te paraît si doux, que ton sort serait heureux si tu avais suivi les inspirations de l'amour !

Quand la force ou le caprice veulent borner nos désirs, jamais il ne faut leur sacrifier un cœur né pour les jouissances du monde.

O ! beauté ensevelie, etc.

Puissant amour ! protége un amour sans égal ! Je vais, je cours au temple enlever ma divinité. Mais.... quel trouble s'empare de mon ame!... j'erre de toutes parts.... Quel est ce bruit qui m'épouvante? Les vents et le tonnerre s'attaquent à moi.... sous mes pas, je sens trembler la terre... je suis transporté dans les abîmes du Tartare... Que d'horreurs ! que de cris ! Cruelles Euménides ! ah ! suspendez vos coups furieux !... Mes criminelles amours me font souffrir assez de tourments ... les dieux n'ont plus rien à punir !...

Aveugle auteur du désespoir de mon ame, cruel amour ! quel plaisir peux-tu goûter en embrâsant mon cœur d'un sentiment fatal qui ne peut être payé de retour ? Ah ! si quelque mortel peut parvenir à éviter les coups de tes traits redoutables, fais du moins que jamais les dieux dignes de nos respects n'en deviennent jaloux !

Aveugle auteur, etc. (Gros.)

LA DANSE DU CHEVALET.

CHANSON.

En août 1721, pendant la convalescence de Louis XV, la danse du chevalet fut exécutée devant lui par des danseurs de Montpellier. Sa Majesté, dit *le Mercure de France*, parut satisfaite et entendit avec plaisir la chanson suivante en patois de Montpellier, dont voici la traduction *mot à mot*.

1.ᵉʳ COUPLET.

Rions, dansons, chantons,
Ayons le cœur content,
Notre bon roi se porte bien :
Dans notre langage,
Aux yeux de la cour
Montrons-lui notre amour.
Ah ! quel dommage !
Que serions-nous devenus
Si nous l'avions perdu !

II.ᵉ COUPLET.

Notre chevalet
Danse le triolet,
Bondit de joie tout seulet.
Jusqu'à la vieillesse,
Chacun saute et dit :
Vive le roi Louis.
Redisons sans cesse :
Dansons et chantons :
Notre bon roi se porte bien.

III.e COUPLET.

Prince si aimé,
Ayez à votre gré
Ce plat de notre cœur.
Nous voudrions bien, hélas !
Faire quelque chose de plus
Beau et de plus gai :
Mais que pouvons-nous faire,
Que donner notre cœur?
Et vous aimer jusqu'à la mort.

L'origine de la danse du chevalet remonte au XIII.e siècle, à la naissance du roi Jacques, fils de Pierre II, roi d'Aragon, et de Marie de Montpellier, sa femme. Pierre et Marie étaient brouillés depuis long-temps. Après de longues discussions, le roi alla la visiter à Mirevaux; et ne voulant pas la laisser en cet endroit, il la prit en croupe sur son palefroi et la ramena ainsi à Montpellier. Le peuple courut en foule au-devant du roi et de la reine pour leur témoigner sa joie d'une union qu'il avait si vivement désirée. Le 2 février 1208 la reine mit au monde un fils; et c'est pour perpétuer le souvenir de cette réconciliation, à laquelle le cheval du roi Jacques avait pris une si grande part, qu'on imagina la danse du chevalet, qui est encore en usage à Béziers et à Montpellier. Voici comment on s'y prend. Elle est exécutée par plusieurs danseurs dont les principaux sont : l'homme, le cheval et le donneur d'avoine. Le premier a le corps passé à travers un cheval de carton drapé de manière à cacher les jambes de l'homme. La perfection de son rôle consiste dans l'agilité avec laquelle il envoie des ruades au second personnage qui, de son côté, doit toujours se trouver devant la tête du cheval pour lui présenter un tambourin sensé rempli d'avoine, en chantant ces paroles : Donnez de l'avoine au pauvre chevalet; faites-le boire quand il a soif (4).

PRÉDICTION DE LA MUSE DE SÉGOLA,

SUR LE MARIAGE DE M. DE SAINT-ROME, FILS DE M. DE GALI.

Muse, dépêche-toi! cours quitter ton habit de bure : prends ta jaquette neuve, une chemise fine, tes petits sabots luisants et le joli tablier que tu mets au plus grands jours de fête. Va dans la prairie voisine cueillir la violette, le souci, la jonquille et la petite marguerite. Tu verras sous tes pieds une foule de fleurs qui se hâtent d'éclore au retour du printemps.

Maintenant que le zéphyr a chassé les frimas qui couvraient la nature de deuil, Flore fait bourgeonner à nos yeux ses plus agréables dons. Couvre ton sein de ses plus doux présents, attache ton bonnet avec ce ruban cerise que tu portais à la noce de Lisette ton amie : penche-toi au bord d'un ruisseau et donne ton coup d'œil pour voir si rien ne manque à ta toilette. Mais je t'en prie... point de vanité; il ne s'agit pas ici de faire la coquette; il faut être pimpante, propre, blanche, soignée, mais sans affectation : il faut, selon ton état, mettre tout ce que tu as de plus beau; mais, je te le répète, point de folies : il ne faut pas oublier que tu n'es qu'une bergère; si tu me dis : pourquoi tant de toilette? pourquoi me parer de mes plus beaux habits? je te répondrai que Milhau a vu un grand mariage, et qu'il est de ton devoir d'aller à Milhau.

Tu connais le fils du généreux Lycas, qui ne se lasse jamais de nous faire du bien : tu sais, ce beau Monsieur qui semble né pour plaire, joli comme Cupidon, dont il a l'air et la fraîcheur. Vénus elle-même un jour s'y trompa, dit-on, et l'appela son fils; et cependant il n'avait pas sur ses épaules le carquois redoutable qui cause la ruine des cœurs les plus audacieux. Eh bien! c'est le mari de la belle Philis, sage comme Pallas, belle comme Vénus. Cours donc! ne perds pas de temps : il est déjà grand jour. L'épouse de Titon a déserté sa couche ; et l'oiseau aux plumes de diverses couleurs a déjà fait entendre son bruyant ramage. Oh! tu ne seras pas la première à lui faire ton compliment...

Ce beau couple loge dans la grand'rue; tu le trouveras là, dans une belle maison ; d'abord tu frapperas doucement à la porte d'entrée : quand on t'aura ouvert, tu demanderas audience; tu feras une grande révérence à la société ; aussitôt la rougeur couvrira ton front et montrera la naïveté de ton ame pure et modeste. Quelqu'un dira peut-être : Oh mon Dieu! qu'elle est niaise! Sans doute cette bergère arrive de Larsac? Que ce mot ne t'effraie pas : réponds sans te troubler : Pardonnez-moi, Monsieur, je suis de *Ségola*, mais c'est la même chose : je n'ai pas l'habitude de me trouver en si belle compagnie. Là-haut, sur la montagne, en gardant nos troupeaux, nous ne voyons que du thym, du genêt et quelques petits bergers; nous n'entendons pas comme ici les violons, les trompettes, mais des cornemuses, des fifres, des musettes! Ce n'est pas sous un toit tout doré que se tiennent nos bals, mais dans une prairie. Tout cela m'étourdit tant, que je ne sais que dire. Alors tout le monde va rire de ta simplicité.

Mais Lycas, qui verra ton embarras, viendra aussitôt à ton secours, te prendra par la main et ira te placer, non pas sur un petit siége, mais dans un beau fauteuil, comme une demoiselle; et même, s'il le faut, il te dira mille douceurs. Tu reprendras courage, et d'un air content tu tireras cet horoscope aux jeunes mariés : Votre destinée est si heureuse, que le temps qui galoppe pour tout le monde, pour vous seuls marchera à pas lents, afin de rendre votre félicité plus longue. Ensemble vous vivrez cent ans, et votre douce union ne sera jamais troublée par le moindre souci. La Parque, qui ne joue que de vilains tours, filera votre vie entière avec de la soie et de l'or. En moins d'un an, Philis, dont la taille est si fine et si déliée, prendra de l'embonpoint et appellera Lucine qui mettra fin à ses tourments en lui rendant sa grâce et sa beauté. Heureuse et devenue mère, Philis couvrira de baisers son fils qui ressemblera à son père. Après ces paroles, tu leur offriras, sans façon, en présent, le légume qui croît au Rupeyrou.

Mais si, après l'horoscope ou la bonne aventure, quelqu'un te jette au nez que *tu en as menti*; tu lui diras : excusez-moi, Monsieur, je le tiens d'un lutin; il ne peut pas mentir, car c'est un vrai sorcier. Oh! si vous l'aviez vu il y a quelques jours, comme il était heureux de votre hyménée! Il en parle sans cesse! Il rend sourds les échos de tout le *Ségola*. Vous auriez tort d'en douter, car c'est lui qui m'envoie pour vous certifier qu'il nage dans le contentement.

(PEYROT . prieur de Pradinas.)

LE SIÉGE DE CADAROUSSE.

Poème héroï-comique en trois chants, par l'abbé FABRE, curé de Cellanove.

Ce poème remarquable est un chef-d'œuvre de plaisanterie, de finesse et de gaîté. Il nous paraît bien supérieur à la *Secchia rapita* de Tassoni, et nous oserions même le comparer au *Lutrin* de Boileau, si le respect que nous portons au législateur de notre Parnasse, ne nous interdisait toute comparaison entre ce poète et un pauvre curé de village, inconnu de la plupart de nos écrivains. Toutefois nous aurions bien désiré l'insérer en entier dans notre recueil; mais cela ayant été impossible à cause de sa longueur, nous nous contenterons d'en donner des extraits, que nous ferons précéder d'une analyse rapide, afin d'en faire connaître le sujet et le plan.

Analyse.

PREMIER CHANT.

Avignon était dans la disette : les habitants commençaient à y mourir de faim ; les rats et les chats s'y vendaient extrêmement cher, lorsque Doria, vice-légat du pape, apprend par un moine quêteur que Cadarousse nage dans l'abondance. Aussitôt il envoie une brigade de vingt hommes pour demander du blé. La brigade n'est pas reçue dans la ville. Le maréchal ferrant Lafeuillade est envoyé en parlementaire auprès des Avignonnais : les deux partis n'ayant pu parvenir à s'entendre, les habitants de Cadarousse tombent sur les assiégeants, qui prennent la fuite.

DEUXIÈME CHANT.

La brigade étant retournée à Avignon, raconte à Doria la réception qui lui a été faite. Doria entre en fureur, et assemble tous les ordres religieux pour prendre leur avis. La guerre est déclarée. Chaque corporation se réunit sous sa bannière, on passe les troupes en revue et on part sous la conduite du général Pantalon. Arrivés à Carpentras, ils trouvent les portes fermées, se jettent sur les villages voisins qu'ils pillent, et se présentent devant Cadarousse.

TROISIÈME CHANT.

Pantalon assemble un conseil de guerre : on discute pour savoir quel est le meilleur parti à prendre pour s'emparer de la ville ;

Pantalon propose de l'entourer de toutes parts et de la détruire : cet avis est adopté. Les armées en viennent aux mains ; les deux chefs font des prodiges de valeur et se couvrent de gloire ; mais la guerre n'était pas près de finir, lorsqu'au milieu de la mêlée apparaît une jeune fille, la fille du général Lafeuillade, qui, par ses charmes, touche le cœur de l'illustre Pantalon. Pantalon la suit dans Cadarousse, l'épouse ; et la prenant en croupe sur son palefroi, il la conduit à la tête de ses troupes jusque dans Avignon, avec une grande quantité de blé que les habitants de Cadarousse lui ont remis, pour preuve de leurs pacifiques intentions.

Extrait du premier Chant.

La brigade fut bientôt prête à partir. Ils partent, fifre en tête, chacun son fusil sur l'épaule, et muni d'un grand parasol. A la première halte ils n'eurent que du fromage ; mais le soir, à Carpentras, ils furent mieux traités au souper. Le lendemain, à peine l'aurore eut-elle passé sa belle robe du matin pour saluer le dieu de la lumière, qui venait de faire sa course accoutumée, qu'ils donnent l'alerte à Cadarousse. Le fifre, en sifflant un air, met toute la ville en émoi : un des habitants qui aperçoit l'escouade, s'écrie : Juste ciel ! quelle armée innombrable est campée devant nos remparts ! Oh ! c'en est fait de nous cette fois ; sainte peur, délivre Cadarousse des ennemis dont elle est menacée ! A ces paroles, tout le monde s'effraie, et l'on parle de se rendre avant d'avoir songé à résister un seul instant.

Je crois, pardieu, que vous êtes fous! Quoi! quelques parasols forceront une ville à se rendre! s'écrie un vieillard bilieux et acariâtre : informez-vous au moins à qui en veulent ces gens-là! — Mais ils ont sifflé!... — Eh bien! quoiqu'on siffle, en est-on plus terrible pour cela? Si vous voulez me charger d'aller voir ce qu'ils demandent... — Oui, oui, maître Lafeuillade, dit tout le peuple; vous qui n'avez pas peur, allez voir le motif de tous ces sifflets. Allez, nous sommes des gaillards qui ne vous laisserons pas dans l'embarras; à la moindre frayeur, au moindre signe que vous ferez, notre bourgeoisie entonnera le chant du combat.

Le vieux maréchal, enchanté d'être choisi ambassadeur, embrasse sa femme Louise, change de veste, de chemise, prend son bonnet, son tablier blanc, et sort par la grande porte de la ville.

« Messieurs, dit-il à la brigade, Cadarousse est plus qu'étonnée de tout ce remue-ménage. Où est votre général? c'est lui et moi que ça regarde. »

L'un d'entre eux qui avait gagné la hallebarde en servant, pendant quinze années, la messe aux pénitents blancs, se présente, et dit : « C'est moi... à votre service!... — Eh bien! tant mieux, lui répond l'ambassadeur : Monseigneur, touchez là, fort... bien fort;... c'est très bien. Ah! ça, je viens voir ce que doit penser Cadarousse de votre présence sous nos remparts. Parlez-moi en ami, et dissipez toutes nos craintes : venez-vous pour nous chercher noise? si cela est ainsi, vous pourriez avoir sur le nez. Le sergent lui répond ; — Gros papa, pas tant de colère, je vous prie ; car morbleu, si vous l'ignorez, nous sommes des malins, qui aimons la paix et la tranquillité ; nous avons appris, dans notre catéchisme que chercher noise est un péché mortel : notre faible à nous, c'est la charité. Monsieur le vice-légat vous prie, par ordonnance, puisque vous regorgez de tout, de faire faire, au moins, réveillon à notre ville affamée. Hélas! la disette est si grande, que lui-même est à la diète : il demande donc que vous lui envoyiez quatre mille sacs de blé. Je ne pense pas que Cadarousse les refuse ; mais si elle les refusait, songez-y bien, elle s'en repentirait. Voici la lettre, ouvrez-la.

Le maréchal met ses lunettes ; mais sans doute qu'elles n'étaient pas bien propres, car, prenant le papier à l'envers, il lit ce qui n'y est pas. Après ce trait d'importance, il salue l'assemblée, se gratte d'un air d'ambassadeur, et part.

A son retour à Cadarousse, on court, on se presse, on se pousse pour entendre ce qu'il va raconter. — Ah! messieurs, dit-il, que Dieu vous assiste !.... je viens de faire une ambassade qui ne serait pas payée sa valeur, quand même vous me donneriez un écu. Voyez, je sue comme un possédé : j'étais dans un précipice effroyable ; mais je m'en suis tiré comme un démon. Tout âne que je suis, tout âne que vous me connaissez, j'ai été forcé de lire un tas de papiers qui m'ont donné plus de tracas que tout le train de ma boutique; et cependant, d'après ce qu'ils m'ont dit, voici ce que j'ai deviné dans tout ce que j'ai lu : les Avignonnais font maigre chère, et M. le vice-légat, qui, par malheur a découvert que vous viviez dans l'abondance, a humblement ordonné que vous lui donniez quatre mille sacs de blé. — Miséricorde! quatre mille, s'écrient tous les habitants à la fois : il veut donc que, pour lui fournir des vivres, nous mourions tous de faim, ici? Et combien donne-t-il du sétier? — Ma foi, répond Lafeuillade, je n'ai pas lu, dans le papier, ce qu'il offre ; mais je crois bien qu'il se contente d'un je vous remercie. — D'un je vous remercie!... la peste le crève! cria tout le peuple ; et n'a-t-il pas dit aussi qu'il le payait trop cher, et qu'il l'aurait trouvé meilleur marché ailleurs?

— Doucement, dit un de la foule qui venait de manger la soupe ; n'allons pas trop vite ; moi je serais d'avis d'accepter leur je vous remercie. La ville d'Avignon est fort grande, et si tous les habitants se soulèvent, ce qui pourrait bien arriver, il est certain qu'ils avaleront tout et nous mettront dans la disette; il vaudrait donc beaucoup mieux leur donner leur portion, et ne faire aucun profit.

Un autre qui était très-opiniâtre, lui répond : —

Oh! ma foi, ceux qui m'ont vendu le blé que je possède, me l'ont fait payer neuf francs le setier, et plus encore ; quand on devrait m'écorcher tout vif, j'en veux douze sans marchander. Si Avignon meurt de faim, qu'il meure ; que le vice-légat dise ce qu'il voudra, ils ne l'auront pas à un liard de moins. Chacun est bien maître chez soi, je pense ?

— Sans doute, chacun est maître chez soi, répond un nommé Campestre ; et puisque les gens d'Avignon se trouvent dans le besoin, il serait juste, je crois, de les rançonner un peu, et de le leur vendre vingt francs.

— Et pourquoi pas vingt-deux? reprend un autre faiseur de pauvres ; sans doute il ne faut pas être avare ; d'ailleurs, Avignon n'est pas riche ; mais il peut bien, dans cette circonstance, délier les cordons de la bourse. — Pour moi, j'en veux vingt-quatre, répond un autre polisson, et si vous me voyez en retrancher un denier, traitez-moi comme un homme de rien.

Chacun énumérait avec complaisance le blé qu'il avait chez lui, et le prix allait toujours en augmentant. Mais, voulant les faire taire, Lafeuillade s'écrie : « Du silence : ce que je vais dire est
« très important ; j'ai dans ma poche un décret
« que m'a remis le général-sergent des troupes
« ennemies. Je l'ai mal lu ; mais n'importe : le susdit
« décret veut que vous payerez tout de suite le
« moindre refus que vous ferez. »

Ces pauvres gens, en entendant ces paroles, commencèrent à trembler de tous leurs membres. Vous auriez dit, en les voyant, qu'on leur donnait la discipline. Ils chantèrent le *libera,* le *parce nobis, Domine,* et semblaient recevoir les étrivières dans toutes les rues.

Le maréchal voyant cela, leur dit : Qu'est-ce donc? Quoi! vous perdez la tête pour une bagatelle! et que feriez-vous donc si vous étiez réellement en péril? Venez, je veux vous faire rire en finissant.

Vous me voyez bien vieux, bien maigre; eh bien! je voudrais mettre dans un sac tous ces gens qui sont à notre porte, et les suspendre à une romaine, persuadé qu'ils n'en feraient pas remuer le bouton. Ce sont des gens sans nerf, sans courage : leurs fusils n'ont pas de mèche; et lors même qu'ils sauraient les charger, ils sont incapables de les mettre en joue. Dites-moi donc si ces pauvres diables peuvent nous inspirer quelque crainte? Et cependant, ou je me trompe fort, ou c'est ce qu'Avignon a de plus aguerri; car vous savez que dans les moments critiques on n'emploie pas le fretin, et je suis bien sûr qu'ils ont choisi ce qu'ils avaient de plus courageux et de plus imposant.

Voici donc ce qu'il faut faire pour nous tirer d'embarras. Il faut prendre chacun un bâton et leur graisser les épaules; puis, sans tambour ni trompette, les renvoyer, paille où vous savez, comme des cigales. — Avignon se fâchera... — Eh bien! qu'il se fâche. — Que nous fera-t-on? — la guerre; mais pour faire la guerre, il faut avoir un peu de souffle, et je jurerais que pas un de ces gaillards ne serait capable d'éteindre la lumière d'un lampion. Allons, enfants! vive la gloire! un jour on dira dans l'histoire que Cadarousse a étrillé les troupes du vice-légat... Tous répètent : vive la gloire! allons nous *ficher* dans l'histoire.

Chacun s'avance un bâton à la main. Le maréchal, qui marche en tête, aborde le sergent de garde, se jette sur lui et l'abat sur le coup ; ses amis, le voyant par terre, se laissent tomber de frayeur, et l'honneur de cette journée fut tout au général Lafeuillade. Nos Avignonnais s'en retournent tristes, en silence, chargés de coups et récitant leur chapelet.

Fragment du deuxième Chant.

Ils s'en retournent donc, tantôt priant tantôt jurant, et ce n'est qu'en entrant dans la ville qu'ils commencent les oraisons. Arrivés là, ils donnent un libre cours à leurs douleurs; ils pleurent, ils se lamentent tant, que tout Avignon, et le vice-légat lui-même, en sont attendris.

Eh bien! leur dit Doria, quelle nouvelle? Aurons-nous de bonne farine? Oh! ma foi, mon seigneur, néant, répondent-ils au milieu des sanglots.... Ils n'ont pas eu beaucoup de respect pour votre ordonnance, et c'est sur notre dos qu'ils ont écrit leur réponse! Et vous, monseigneur, attendu votre dignité, ils vous envoient humblement.... faire.... *fitre...*; *fitre*, répond Doria. O Cadarousse, tu me payeras cette affaire. Je comprends que pour l'appât du gain ils veuillent m'envoyer *faire sucre*; leur but est de vendre leur blé plus qu'il ne vaut : mais morbleu! avant que la semaine soit terminée, ils n'en posséderont plus un seul grain... Allez dire aux capucins, dominicains, bénédictins, carmes, enfin à toutes les confréries de bénéfice et de besace, de se rendre à l'instant chez moi. Je veux les consulter et savoir leur avis sur l'insulte que j'ai reçue. Un caporal court les avertir. Aussitôt les pelés et les barbus, les nu-pieds et les chaussés, ceux qui portent des capuchons, des chapeaux et des galoches, se rendirent de tous côtés au palais du vice-légat. Ils espéraient apprendre des nouvelles ; mais certes ils croyaient bien qu'elles seraient d'une autre nature que celles qui les attendaient, car ils accouraient avec joie comme les brebis vers le sel. Monseigneur, qui les guettait, riait à gorge déployée en les voyant, jeunes et vieux, se réunir en troupes comme des sansonnets. Quand ils furent arrivés devant sa porte, il leur parla en ces mots :

« Mes pères, si vous avez bon appétit, Dieu
« vous le conserve; mais tant pis pour vous : en
« disant tant pis pour vous, je dis aussi tant pis
« pour bien d'autres : car, moines, nobles et
« bourgeois, tous, nous sommes tous attrapés.
« Vous n'aurez contre la famine ni blé, ni viande,
« ni rien du tout, si j'en crois les paroles de vingt
« soldats que j'ai envoyés à Cadarousse. Je vous
« dirai de plus que cette ville, assez cruelle pour
« nous refuser du pain, vient d'étriller notre mi-
« lice, et que, pour comble de méchanceté, les
« consuls mêmes de la ville m'ont envoyé tout
« droit *faire sucre*. Cette insolence vous étonne,
« mes pères; oui, moi-même, en personne, les
« gaillards m'envoient faire directement le voyage
« que vous savez. Avant de tirer vengeance de cet
« affront, je veux savoir ce que pense votre pa-
« ternité sur cet outrage inconcevable ; mais, je
« vous en prie, que chacun s'explique d'un style
« clair et net; et sur-tout, n'allez pas vous que-
« reller, pour savoir qui va prendre la parole ; car,
« comme chef de police, je défends cette fâcheuse
« manie de discuter. »

Voyons, père lecteur des Cordeliers, que pensez-vous de l'insolence qu'ils ont lâchée contre mon excellence? Je dis, répond le lecteur, que ce mot ne sent pas très bon, qu'il est sale, et que, sans attendre plus long-temps, je vous conseille de le plier proprement dans un morceau de papier et de le faire parvenir aux consuls qui vous l'ont envoyé : car la morale nous enseigne qu'il faut éloigner de nous tout sujet de scandale, et, je consens à passer pour un imbécille, s'il y a quelque chose de pire que le mot que vous savez. Fort bien.... A vous, père Pancrace, faites-nous le plaisir aussi de nous faire connaître votre opinion? Oh! je m'expliquerai franchement, répond le père; voici le fait. Dans certaines circonstances, le mot *sucre* peut être pris en bonne part; si, par hasard, une dévote nous envoie fraises ou confitures, tourtes, biscuits et cannelle, enfin ce qui lui fait plaisir, on ne refuse pas la cassette, quelle que soit la quantité de sucre qu'elle ait employée; on sait alors que le mot *sucre* ne scandalise pas; mais quand sucre, dit en colère, veut dire *lanlire.... lanlère....* quand c'est un homme qui le prononce sans fraises, tourtes, ni biscuits ; oh! alors, rien ne peut empêcher que ce mot ne nous fâche, parce qu'il est trop malhonnête pour être pris en bonne part. Or, dans cette circonstance, Cadarousse n'a envoyé à votre Grandeur que du sucre de porte-faix; donc, puisque vous voulez que je parle franchement, ce peuple est un hérétique, digne d'excommunication, pour le scandale qu'il a donné.

Aimable comme feu Pilate, père Ambroise levant la main, s'écrie : Ah! où étais-je du temps que l'on fricassait les Albigeois? Je les aurais réduits en purée, ou mangés en galimafrée, si je m'étais senti l'appétit qui me dévore dans ce moment. C'est ainsi qu'on punit l'insolence de tout homme qui scandalise : et vous êtes un fou, Monseigneur, si vous souffrez l'injure de tous ces mutins. Pour venger votre gloire outragée, il faut prêcher une sainte croisade, armer Avignon contre eux, et aller leur demander compte de l'affront qu'ils vous ont fait subir. Un homme qu'on envoie faire.... *titre*, s'il le souffre, est un nigaud : je ne dis pas que vous le soyez, Monseigneur, mais nous craignons que vous puissiez le devenir.

Toute la bande monastique trouve ce discours admirable, sublime, et le soutient plutôt par des arguments de théologie que par des raisons évangéliques. A la vérité, la faim les talonnait, et Monseigneur n'était pas contraire à leur opinion : mais ils auraient tenu d'autres discours s'ils avaient eu mangé tout leur appétit. Quand l'estomac baisse, l'esprit ne prend conseil que de la bouche, et alors, personne ne consulte ni Scott, ni Lombard, ni Thomas : et c'est ainsi que la guerre fut résolue par une assemblée qui mourait de faim.

Le lendemain, au moment où l'aurore commençait à montrer le bout de son nez, le tambour battit le rappel. Alors, chacun se lève, s'habille, se dépêche pour courir au palais du vice-légat : le pauvre homme les attendait déjà, hélas! en déjeûnant. A cette vue, la faim aiguillonne les Avignonnais. Oh! comme chacun voudrait être à sa place! Tous le dévorent des yeux et disent : Ah! quand pourrons-nous en faire autant!

Fragment du troisième Chant.

Enfants, s'écrie Lafeuillade, que faites-vous? Pourquoi fuyez-vous? L'armée qui est devant nos murailles est-elle si nombreuse que nous ne puissions l'étriller, comme l'autre jour? Ah! vous connaissez bien peu la famine qui la tourmente et l'affaiblit! Je vous jure que nous l'écraserons en l'attaquant au-delà des remparts. A la vérité, elle est armée de canules, de seringues, de ciseaux, de trépieds, de tranchets, de marteaux et de tout ce que vous voudrez. D'accord : mais où est l'énergie? N'avez-vous pas honte de craindre des gens de cette espèce, vous, des gaillards si gras, si bien portants, qu'il suffirait de la graisse d'un de vous, pour habiller une vingtaine de ces meurt-de-faim! Venez, ouvrez les portes; et, avant qu'ils aient fait un trou aux murailles, tapons sur l'oreille de saint Crépin et de sainte Luce. A ces mots, les Cadaroussins, en s'écriant, tapons saint Crépin et sainte Luce, s'élancent, ouvrent les portes et sortent de la ville. D'abord, les Avignonnais furent surpris de voir au-delà des remparts, Lafeuillade et sa troupe ; et, si, dans ce moment, ils n'eussent pas montré de l'indécision, ils seraient entrés dans la ville. Mais les femmes, qui n'étaient pas sorties, leur fermèrent, ma foi, la porte au nez ; et le maréchal, tout honteux, fut contraint de rester dehors. Force donc fut à lui de se battre. Chacun des siens en valait bien quatre ; mais enfin, mauvaises gens sont toujours trop nombreux.

Du premier coup, Lafeuillade frappe un frater sur la tête et le fait tomber sur le dos. Celui-ci se relève, en disant : Allons, bon ! il me manque une dent. Morbleu ! je la regrette, c'est dommage, elle me fera défaut quelque jour.

Un certain Antoine Espinas, soufflette un grand gaillard qui, ne sachant où s'échapper, saute dans un ruisseau fangeux, la tête la première. Un autre, en cherchant son tranchet, attrape un soufflet appliqué par le même Antoine. Un compositeur d'onguent gris s'approche, l'espatule à la main ; mais à peine levait-il le bras, que ledit Antoine le déchire d'un coup de griffe sur l'oreille. Oh ! cet Antoine était partout : tantôt vous le voyiez d'un côté, tantôt d'un autre, et sa fureur était la gloire de la patrie.

Un certain Pierre le boiteux, suivi de Jacques

Gautarel, courut se saisir de la bannière des menuisiers. Le porte-étendard reçut deux tapes pour son compte, et un bon soufflet sur la joue, pour avoir un peu regimbé. Mon Dieu, dit-il en se frottant, tiens le voilà, ne frappe pas si fort; mais toute la compagnie s'attache à la bannière : tire d'un côté, tire de l'autre, s'échauffe et fait tant enfin, qu'elle déchire le drapeau. Pierre en emporte un chiffon, en place de la moitié de l'oreille qu'il avait perdue. Jacques, au plus fort de la bataille, devint borgne, sauva sa gloire et chanta son triomphe, quoique sans culotte : mais il retourna au combat, comme un furieux, quand il ne se vit plus qu'un œil. Un nommé Pierre Labrousse, l'homme le plus ventru de Cadarousse, s'escrimait contre un tailleur : il l'aurait écrasé, mais, malheureusement, il alla heurter contre une borne et roula comme une barrique. N'importe : en roulant il renversa tous les tailleurs qu'il rencontra sur son passage; la foule, en lui faisant place, disait : *gare! gare! à la grosse bête.*

Mais il fallait voir le tapage que faisait un autre mutin, appelé Guillaume Labute. Il n'aimait que les querelles et les discussions. Mon Dieu! le méchant garnement! il attaquait qui que ce fût dans l'armée, officiers, manœuvres, sergents, charrons, cordonniers, tailleurs et jusqu'aux aumôniers. Dans sa colère, il saisit un capucin par la barbe et le traîna sur la poussière; de telle sorte que, si le poil avait tenu bon, poil et menton, tout aurait suivi. Mais heureusement la sainte crinière était d'une étoffe étrangère. Furieux d'avoir manqué son coup, le mauvais sujet prend sa course, tape le fifre sur la joue, renverse le tambour sur sa caisse, brise les règles des maçons sur les épaules des charpentiers, et revient tout couvert d'alènes qui s'étaient attachées à sa peau.

Non moins terrible et plus brutal, un certain Nicolas Barreau était d'une humeur si farouche qu'il fit pis que la grêle et la peste. D'un coup de pied, il renverse de son âne un marchand fripier; saisit un orfèvre au collet, et le guérit de la fièvre d'un coup de poing dans l'estomac, qui lui fit vider sa besace. De-là, il se jette dans la mêlée, frappe l'un, renverse l'autre, égratigne celui-ci, mord celui-là, emporte le morceau qu'il touche, rend vingt soufflets pour une tape, et dans tout cela, ne perd que les cheveux, les dents et le nez.

Mais qui pourrait compter les exploits, les traits de vaillance du maréchal Lafeuillade, au milieu de la mêlée! C'est lui qui se distinguait! A la manière dont il frappait, vous auriez dit que les plus braves n'étaient que ses apprentis. Il tombe à coups redoublés sur les apothicaires (on sait que la jalousie irrite les gens du métier); passe au travers de cent canules, renverse mortiers et canons; donne tant de tapes aux maîtres

et aux ouvriers, que dans la campagne, on ne voit qu'apothicaires renversés et presque morts de frayeur. . . . .
, ... , ...

Le registre était ouvert sur la table; le notaire prenant la parole, demande au grand Pantalon ce qu'il veut faire de Françon? — Je veux la faire, dit-il, comtesse, marquise, duchesse, princesse. — Bon! mais où est votre comté? — Il est à *Voureasse*, dans une prairie.... — Votre marquisat? — Dans la bergerie où loge mon garde-chasse... — Bon! c'est écrit.... et le duché? — Il est placé sous un pêcher... — Bon! encore une demande: la principauté est-elle considérable? — Oh! pour celle-là, mon ami, je la tiens enveloppée dans un parchemin, et n'en connais pas l'étendue, car je ne l'ai pas encore lu une seule fois.

— Bon, bon, trinquons et signez... — Oui, oui, trinquons et signons... A vous, madame la comtesse; signez hardiment, Françon, princesse, marquise, duchesse, et femme du grand Pantalon (5).

. . . .
. . . .

Pantalon célébra la fête de son mariage en homme qui a perdu la raison. Le soir, il fut si hébété, qu'il se coucha sans se déshabiller.

Le lendemain matin, sa chère épouse lui demanda tout en riant : Eh bien! que faites-vous? que dites-vous? Mon mari, dormez-vous encore? —

Votre mari, Mademoiselle? quel conte me contez-vous là, répond monseigneur irrité...— Oui, mon mari, et par contrat encore! cela ne m'amuserait pas du tout si vous pensiez vous en dédire; il vaut mieux, comme c'est votre devoir, vivre en paix avec votre princesse; car, sinon, dans une heure vous êtes mort!... — Oh! doucement ma mie; et depuis quand je jouis de tant de bonheur? — Depuis hier au soir, Monseigneur. — Eh bien! je prie Dieu que cela dure encore une centaine d'années. Allons, touche la patte et déjeûnons. Tu dis que la sottise est faite; eh bien! tant mieux; pendu soit celui qui s'en fâchera; maintenant il nous reste à faire la paix, à relâcher les prisonniers, à prendre le blé que demande le vice-légat qui nous envoie, et à farcir mes soldats jusqu'à ventre déboutonné; et, quand nous aurons bien bu, bien mangé, nous danserons, et demain nous nous en irons. Pourvu qu'Avignon ait de la farine, soit certaine que, content de moi, il me recevra comme un César, et fera sur ma victoire des vers dignes de la postérité. Toi, ma chère petite femme, toi qu'on appelle ici Vénus, tu seras appelée pour le moins déesse, afin de rimer avec duchesse; ils feront aussi rimer Junon avec Françon. Va, va, tu verras quelle fête tu auras à notre arrivée.

Pour le moment, il faut délivrer tes compatriotes qui sont en prison, afin qu'ils emmènent à leur cuisine, nos soldats à moitié morts de faim.

LE SAVETIER BEL-ESPRIT,
OU SUZETTE ET TRIBORD.

Comédie en deux actes et en vers provençaux.

Personnages : MANICLE, savetier; — SUZETTE, fille de Manicle; — MAROTTE, fille de service et amie de Suzette; — TRIBORD, matelot et amant de Suzette; — TROTTOIR, marchand et rival de Tribord.

Fragments.

SCÈNE PREMIÈRE.

MANICLE, *seul.*

Il n'est pas encore jour; quand j'ai quelques affaires, dès que je suis au lit, je me tourne et me retourne de tous côtés; si, en me retournant, je parviens à m'endormir un peu, alors je ne fais que m'étendre et me lever en sursaut. J'ai eu tant d'ouvrage depuis quelques jours, que je n'ai guère le cœur au travail! Mon père me disait, il y a plus d'un an de cela : « Manicle, viens ici, écoute-« moi, mon enfant; l'état de savetier, certes, est « honorable; mais il est bien gênant, plein de « contrariétés. Si vous voulez un peu vous diver-« tir, si vous laissez le travail un seul jour, le

« public en souffre ; arrive le tiers, le quart, vous
« êtes accablé de besogne; et, quand vous êtes
« sorti, s'ils ne vous trouvent pas chez vous, ils
« ne manquent pas de dire... C'est un ivrogne, il
« faut qu'il soit interdit... Comme s'ils ne savaient
« pas que les affaires se traitent toujours mieux
« en buvant. »

L'autre matin, j'étais au cabaret avec des amis;
nous mangions une omelette ; et, pour nous aider à noyer nos soucis, nous buvions de temps
en temps quelques verres de vin. Entre un marchand qui s'avance vers moi ; nous nous étions
connus dans notre tour de France. Eh bien! comment cela va-t-il?... Il prend la bouteille, boit :
en le reconnaissant, j'ai vu que c'était lui. Mais
ce n'est pas tout, dit-il, je veux que tu me donnes
ta fille ; j'ai pris des informations, elle est charmante. . Mon état te va-t-il?... J'ai de l'argent
comptant, et si tu veux... Je lui dis : Tape là ;
viens me trouver demain, je demeure à Gavège;
viens dans la matinée. — Ma fille ne paraît pas,
elle n'est pas encore éveillée. Suzette! (*Suzette
répond dans la maison.*)—Que voulez-vous?—Habille-toi, mon enfant : vite, dépêche-toi; tu dormiras demain. — J'y vais. — Elle ne s'attend pas
à ce que je vais lui dire, car depuis quelque temps
elle ne rit pas beaucoup ; elle est triste, chagrine
depuis le matin jusqu'au soir ; je crois que c'est
l'amour qui lui serre le cœur. Elle aime Tribord,

je le sais; c'est son bon ami : sa mère et moi, nous le lui avions promis en mariage; pauvre Anne Manicle! elle criait bien un peu; que Dieu ait son corps et son ame en repos! Nous avions bien décidé qu'au retour du voyage de Tribord, nous les marierions sans attendre plus long-temps. Quand Tribord s'embarqua, tout était convenu; mais depuis qu'il est parti, j'ai été nommé syndic des cordonniers; et je vous laisse à penser, quand un homme est en place, s'il peut admettre un matelot dans sa famille! Non, cela n'est pas convenable..... il faut garder son rang; et, pour me distinguer, je veux un marchand pour gendre.

SCÈNE II.

MANICLE et SUZETTE.

SUZETTE.

Vous sortez bien matin, seriez-vous en goguette?

MANICLE.

Tu crois que je vais me divertir tous les jours? Maintenant je veux travailler; regarde, il est grand jour. Allons, dépêche-toi, prépare les affaires.

SUZETTE.

Je crois qu'il en serait temps, vous avez assez d'occupation!

MANICLE, *à part*.

Si je lui dis mon secret, elle perdra courage;

non, je ne veux pas l'étonner; peut-être quand elle l'aura vu, et qu'elle saura ce qu'il est...

SUZETTE.

Voilà vos outils. Tenez, voyez, que de savates ! Tout cet ouvrage doit être prêt pour samedi, et depuis quelques jours, les bras ne doivent pas vous faire mal.

MANICLE.

Après trois jours de fête, il faut un jour de repos; mais cela semble fait exprès : O Dieu! que de besogne. A qui est ce soulier?

SUZETTE.

A Marie Lugne; elle rompit le talon l'autre jour en glissant.

MANICLE.

Il est dans un bel état... le tirant n'y est plus; elle ne l'a pas brisé en se balançant sur l'escarpolette.

SUZETTE.

Il faut le raccommoder promptement, car elle est de noce demain; sa mère l'ignore.

MANICLE.

Et ceux-ci?

SUZETTE.

Ils sont d'une chambrière qui vient ici tous les jours; j'ai oublié son nom : nous y mettrons une bordure.

MANICLE.

Je sais ce qu'il leur faut; ils ont besoin d'être

remontés : elle ne marchande pas, paye bien la façon, j'y mettrai une empeigne... Et ceux-ci?

SUZETTE.

Lesquels? ceux-là?.., ah! ils sont à un plaideur. O Dieu, si vous le voyiez, il fait pitié le pauvre! il a l'air d'être malade, et n'en a qu'une paire.

MANICLE.

Eh bien! s'il veut sortir, il risque d'aller nupieds : et pourquoi plaide-t-il? ah! bah! ce n'est pas en plaidant qu'on peut faire fortune : n'aie jamais d'affaires avec les procureurs, car.... Mais si je disais tout, je ne finirais pas d'aujourd'hui. Laissons-les où ils sont... Ceux-là, d'où viennent-ils?

SUZETTE.

Vous savez bien, de cette comédienne qui passa l'autre jour : on dit qu'elle est habile; qu'elle joue assez bien tous les rôles.

MANICLE.

Elle a gâté les bouts. Oh! s'il fallait lui fournir tous ceux dont elle a besoin, tout le cuir de Beaucaire ne suffirait pas : où trouver des ouvriers qui voulussent toujours... j'abandonnerais le métier. Et ceux-ci?

SUZETTE.

De cette grande fille.

MANICLE.

Ce sera bientôt fait; il leur faut quelques clous.

SUZETTE.

En voilà une paire d'un clerc de procureur, ce sont les seuls qu'il a pour mettre tous les jours. Aujourd'hui, pour sortir, il a loué des bottes. Si vous ne vous dépêchez pas...

MANICLE.

Je vois bien qu'il le faut. Je vais acheter de la poix pour cirer le fil, ou pour mieux dire, un peu de cire grasse. Toi, pendant ce temps, époussette mon siége.

SUZETTE.

Et vous sortez déjà?

MANICLE.

Tu vois bien que je suis à jeun; si je restais, quelqu'un pourrait venir, et dire : Ah! vous êtes là, venez boire la goutte. Cela vous dérange; tu sais bien, quand j'y suis, qu'il y en a pour longtemps. Écoute, à mon retour, je te dirai quelque chose qui te fera plaisir; il s'agit d'un mariage! ne bouge pas de là.

SCÈNE V.

MANICLE et SUZETTE.

MANICLE.

Que te disait Marotte?

SUZETTE.

Nous parlions de Tribord. Je lui disais que je

m'ennuyais de son absence, et elle m'a répondu, pour me consoler, fais comme moi. Mais vous êtes resté bien long-temps; vous avez fait la causette. Je croyais que vous ne viendriez plus.

MANICLE.

Oh! non, tu t'es trompée; j'ai bu le petit-verre avec maître Négron, dont le fils est marchand.

SUZETTE.

Eh bien! tant mieux pour lui. A propos, vous m'avez dit, sans doute pour plaisanter, qu'à votre retour vous me parleriez de mon mariage. Est-ce que Tribord vous a écrit qu'il allait arriver?

MANICLE.

Tribord n'arrive pas encore, il part pour l'Amérique.

SUZETTE.

Et qui vous a dit cela?

MANICLE.

C'est maître Dominique; il a reçu une lettre de son fils, qui lui annonce qu'il va naviguer encore pendant trois ans.

SUZETTE.

Ceux qui vous ont dit cela, ont dit une plaisanterie. Quand a-t-il écrit?

MANICLE.

La semaine dernière; et même il n'y avait pas de lettre pour toi. Si je ne l'avais pas lu, jamais je n'aurais pu le croire. Enfin, console-toi, ton martyre est fini.

SUZETTE.

Je le vois, Tribord est mort !... Vous n'osez pas me le dire.

MANICLE, *à part.*

Allons, ceci va bien, le pauvre petit agneau sera bientôt décidé à prendre le marchand.

SUZETTE.

Vous parlez tout seul : ah ! mon Dieu, je suis perdue ! mon bon Tribord, jamais plus je ne te reverrai !

MANICLE, *à part.*

Je savais bien que la douleur lui serrerait le cœur. (*Haut.*) Écoute, mon enfant, je ne te dis pas qu'il est mort : Tribord était malade ; et ce qu'il y a de pis, c'est qu'il est resté long-temps dans le délire ; tu vois qu'il a voulu plaider contre la mort ; dans ce moment-ci il a perdu ou gagné.

SUZETTE.

Eh bien ! puisqu'il en est ainsi, puisque vous avez osé me dire, à mon retour je te parlerai de mariage, ah ! mon parti est pris ; afin de ne plus souffrir, puisque Tribord est mort, je veux mourir aussi : avant d'être à demain, vous n'aurez plus de fille.

MANICLE.

Ah! bah! tu parles comme une tragédie. Quand le mari est mort, la femme veut se jeter dans le feu, ou se précipiter dans un puits; mais nous ne sommes plus au temps de toutes ces sornettes; veuves aujourd'hui, demain elles sont consolées. Si quand elles ont perdu un mari, elles cherchaient à mourir, je crois bien que le nombre serait bientôt diminué. Mais laissons tout cela : écoute-moi, ma fille; afin de l'oublier, je t'en offre un qui est dans une position brillante.

SUZETTE.

Qu'osez-vous me proposer dans l'état où je suis! je n'ai plus qu'à mourir!

MANICLE.

Écoute-moi, te dis-je! j'ai pour toi un magnifique parti; un homme de bon-sens, un état honorable; pas jeune, cela est vrai; mais il est si bon enfant! il est riche, enfin. C'est un marchand; tu seras une femme comme il faut, adorée comme une reine : crois-tu que cela ne vaut pas mieux que d'être à l'autre monde?

SUZETTE.

Vous me parlez d'un marchand; est-ce que vous croyez qu'il voudrait épouser la fille d'un savetier? Je le vois, vous voulez m'attraper par ces belles paroles. Non, je ne croirai jamais cela; je n'ai pas tant d'orgueil...

MANICLE.

La fille d'un savetier qui est syndic du corps, n'est pas faite, vois-tu, pour épouser le premier venu! et beaucoup d'hommes riches (car tu es assez gentille) se tiendraient pour honorés d'entrer dans notre maison. Tu crois, toi, qu'un syndic est un homme commun, qui sait peu raisonner... Va, je ne crains personne ; dernièrement, j'ai eu à estimer un ouvrage assez mal fait, qui n'avait pas duré du tout. Si quelque autre avait eu cette affaire, il restait sur les dents ; moi, au premier coup-d'œil, je dis : cela ne vaut rien. Et savez-vous que pour juger une pareille matière, il ne faut pas être un sot ; car on vous ferait honte. L'autre jour, dans la confrérie, nous fîmes un emprunt ; nous ne trouvions personne pour nous prêter de l'argent : là, devant tous les confrères, je rédige un écrit ; j'y mets au bas mon nom : *Marc-Antoine Manicle.* Ainsi, tu vois que si un marchand cherche à t'épouser, il ne déroge pas.

SUZETTE.

Oh ! vous m'en direz tant, que vous me le ferez croire.

MANICLE.

Le marchand va venir ; bientôt tu le verras. Ne te chagrine plus ; allons, console-toi, et sois bien assurée que tu auras un bon mari. Dans tout ce que j'ai dit, il n'y a pas de sornettes, et d'abord que tu l'auras vu, tu diras.... [1]

(Le citoyen PELABON.)

---

[1] Cette comédie est de la fin du dix-huitième siècle ou du commencement du dix-neuvième.

DIX-NEUVIÈME SIÈCLE.

JASMIN, COIFFEUR.

LES PAPILLOTES.

Dédicace à M. Ch. Nodier, qui le premier défendit notre langue gasconne.

> Ces dialectes de la patrie ont aussi leur intérêt.
>
> Ch. Nodier.

Quand autrefois je chantais les chansons du jeune âge, personne ne les écrivait; et, si ce n'est quelques amis de notre vieille langue, seul, l'air de mon pays les recueillait. Mais, quand je vis une foule de jeunes élégants parcourir les montagnes et les vallées, pour déterrer de vieilles tombes, de vieux ponts, de vieilles murailles; quand je les vis peindre sur leurs albums des colonnes mutilées, des pierres noircies, fendues, qui n'avaient rien d'agréable à l'œil, je me dis : « puisque les savants regardent avec tant d'admi- « ration tout ce qui est vieux, de vieux mots sont « bien préférables à des pierres antiques! O ma

« langue, j'en ai la conviction profonde, je lan-
« cerai une étoile brillante sur ton front obscurci
« par la douleur!! »

Et aussitôt de vieux mots résonnèrent harmonieusement sur le papier ; et ma langue fit plaisir ; elle fut fêtée partout ; l'étoile brillante étincela pour jamais sur son front ; ici on l'aima mieux encore ; et moi, j'étais au troisième ciel : on est si fier de faire quelque chose pour sa mère!!

Cependant, à travers la brume, des voix s'écriaient : « Poète ! ne chante plus ! nous ne vou-
« lons qu'une langue ; et les quarante immortels
« qui, là-haut, font de si beaux ouvrages, brise-
« ront ta plume s'ils t'entendent souffler un seul
« mot!! »

J'eus peur, mais je n'en continuai pas moins à chanter ; et lorsque, dans mes voyages, je recevais des applaudissements de toutes parts, je craignais que les immortels, dont la tête est entourée d'une auréole lumineuse, ne se tournassent vers moi. Un seul se tourna cependant, mais il n'était pas en colère ; au contraire, il donna des éloges à la langue de mon enfance, la fit connaître ; et quand il l'eut près de lui, il changea son étoile en un soleil brillant.

C'est vous, Monsieur. Oui, enfermé dans ma petite chambre, j'en ai pleuré de bonheur!... Aussi, combien il m'est doux de vous offrir aujourd'hui, en son nom, en forme de bouquet, quelques chansons nouvelles, fredonnées au son de ma musette! Oh! avec quel plaisir, avec quel soin pour vous je les peigne, je les papillotte! Votre nom si aimé, je le place à leur tête; il me semble qu'inspiré par un nom si grand, j'aurais fait de bien jolies choses aujourd'hui; mais je suis des bords de la Garonne, et nous n'osons plus chanter ceux à qui nous devons de la reconnaissance!

L'AVEUGLE DE CASTEL-CUILLÉ.

ÉPITRE DÉDICATOIRE

A madame Coralie Pailhès de Beaumont.

Sur le point de lancer mon Aveugle dans le monde, je tressaillais de crainte; mais un jour que je vous la lisais, je vous vis rire quand je riais, je vous vis pleurer quand je pleurais... C'est assez: ma crainte disparaît. Pour ma muse qui vous connaît, votre suffrage vaut mieux qu'un bouquet d'immortelles; car votre suffrage est pour moi l'astre brillant du soir qui promet à mon ciel nébuleux une immensité d'étoiles!!

I.

Du pied de cette haute montagne, sur laquelle est perché Castel-Cuillé; dans la saison où le pommier, le prunier, l'amandier commencent à blanchir dans les champs, voici le refrain qu'on entendit un mercredi matin, veille de saint Joseph :

« Les chemins devraient se couvrir de fleurs à
« l'approche d'une si jolie fiancée : ils devraient
« se couvrir de fleurs, ils devraient se couvrir de
« fruits sous les pas d'une si belle fiancée (6). »

Et le vieux *Te Deum* des mariages du peuple semblait descendre des nuées ; quand, tout à coup, un essaim de jeunes filles, fraîches, propres comme la prunelle de l'œil, chacune au bras de son amant, arrivent au sommet de la montagne et entonnent le même refrain. Là, si voisines du ciel, elles ressemblent à des anges folâtres envoyés par une aimable divinité, afin de nous inspirer la joie et le contentement. Bientôt elles prennent leur essor, descendent, glissent sur le sentier étroit et rapide, forment une chaîne, et se dirigent vers Saint-Amant. Joyeuses, évaporées, elles courent çà et là en chantant toujours :

« Les chemins devraient se couvrir de fleurs à
« l'approche d'une si jolie fiancée ; ils devraient
« se couvrir de fleurs, ils devraient se couvrir de
« fruits sous les pas d'une si belle fiancée. »

C'était Baptiste et son amante qui allaient chercher la jonchée[1]. Le ciel était bleu, sans nuages. Un beau soleil de mars dardait ses rayons

---

[1] Feuillage qu'on étend devant la porte des personnes qui sont invitées à la noce.

brûlants, tandis qu'une brise légère répandait dans l'air son haleine embaumée. Une noce du peuple au moment où les champs se couvrent de verdure! Quel charmant tableau! Au bruit de mille chansons badines qui vous chatouillent tendrement le cœur, une foule de jeunes garçons joyeux et de jeunes filles sémillantes s'embrassent, se caressent, se pressent les mains et se livrent avec transport à toutes sortes d'amusements, tandis que la jeune fiancée qui partage leurs jeux, s'éloigne en criant : « Celles qui m'attraperont « se marieront dans l'année. » Et toutes de courir après elle, et toutes de l'attraper aussitôt, et toutes de s'empresser de toucher sa belle robe neuve et son beau tablier.

D'où vient cependant qu'au milieu de cette troupe de jeunes filles, si rieuses et si folâtres, Baptiste silencieux pousse de si gros soupirs? La fiancée est jolie pourtant. Est-ce que saint Joseph voudrait nous donner à entendre qu'un amour trop violent n'a plus rien à donner? Oh non! Fille qui a commis une faute ne porte pas son front si haut. Quels fiancés! ils ne se font pas une seule caresse : à les voir si froids, si indifférents, on les prendrait pour des gens du grand monde. Qu'a donc Baptiste ce soir? Quel chagrin le tourmente?

Oh! c'est qu'au milieu du coteau, dans cette petite maison où vous apercevez un petit hangar, demeure une orpheline, aveugle et fille d'un vieux soldat. Il y a encore un an que la jeune et belle marguerite était la plus jolie du hameau : Baptiste était son amant. L'amour les ensorcelait; ils étaient heureux ; l'autel se préparait ; mais un jour, un fléau produit par la chaleur de l'été, un mal à qui rien ne résiste, la petite vérole ravit la vue à la belle fiancée. Alors tout changea à la voix d'un père sévère et dur. L'amour resta avec eux, mais non pas le bonheur. Tourmenté, persécuté, Baptiste ne tarda pas à partir; et maintenant, de retour depuis trois jours, séduit, entraîné par un peu d'or, le jeune homme épouse Angèle, en songeant toujours à Marguerite.

Tout à coup la donzelle s'écrie : Anne, Thérèse, Marie, Catherine, voilà Jeanne la boiteuse! Alors, auprès d'une fontaine entourée de deux mûriers, paraît une femme blanchie par les ans. Toutes les jeunes filles volent auprès d'elle avec la rapidité de l'oiseau ; c'est que Jeanne la boiteuse est une aimable devineresse. Elle dit la bonne aventure et contente tout le monde. A l'une elle promet un amoureux, à l'autre un heureux mariage, aux fiancés un joli enfant; tout ce qu'elle prédit arrive, jamais elle n'a trompé personne.

Mais, dans ce moment, la sorcière prend une figure sévère et baisse ses sourcils grisonnants. Ses yeux, semblables à des éclairs, se dirigent

sur le fiancé qui, immobile comme une statue, devient de mille couleurs, lorsque la vieille, prenant la main de la jeune fille, fait une croix et dit : « Dieu veuille que demain, folâtre Angèle,
« ton union avec l'infidèle Baptiste ne creuse pas
« un tombeau ! » Elle dit : et les jeunes filles voient deux grosses larmes s'échapper de ses yeux. Mais que peuvent quelques gouttes d'eau trouble dans un ruisseau pur et transparent !!!

La noce, un moment attristée, s'égaie bientôt, reprend ses ébats et redouble ses jeux. Seule la fiancée est pâle comme la mort ; mais les folâtres jeunes filles courent joyeuses à travers les sentiers en criant plus fort :

« Les chemins devraient se couvrir de fleurs à
« l'approche d'une si jolie fiancée ; ils devraient
« se couvrir de fleurs, ils devraient se couvrir de
« fruits sous les pas d'une si belle fiancée. »

II.

Maigrie par la souffrance, mais belle comme un petit ange, Marguerite, seule dans sa petite maison, se plaint en ces mots : « Il est de retour,
« je dois le croire ; Jeanne, depuis trois jours, ne
« me parle plus de lui. Il est de retour, et il ne
« vient pas me voir ! et il sait qu'il est l'étoile,
« le soleil qui luit dans l'obscurité qui m'envi-
« ronne ; que, depuis six mois qu'il m'a quittée,

« ici, seule, je compte les instants! Oh! qu'il
« vienne accomplir ce qu'il me promettait, afin
« que je puisse tenir toutes les promesses que je
« lui ai faites! car sans lui ici-bas, que fais-je?
« Quel plaisir puis-je goûter? Le malheur broie
« ma vie et me la rend affreuse. Les autres jouis-
« sent de la clarté du jour; mais pour moi mal-
« heureuse, la nuit, toujours la nuit! Quelle
« obscurité profonde loin de lui!.... Oh! que
« mon ame est affligée! que je souffre! O mon
« Dieu! Quand viendra donc Baptiste? Lorsqu'il
« est près de moi, je ne songe plus à la lumière!
« Qu'est-ce que le jour? un ciel bleu! mais les
« yeux de Baptiste sont bleus! C'est un ciel d'azur
« qui pour moi s'illumine : un ciel plein de bon-
« heur comme celui qui est sur nos têtes. Plus de
« chagrin! plus de tristesse! J'oublie tout, so-
« leil, ciel, terre, prés, moutons, quand Baptiste
« me fait trois ou quatre baisers. Mais, seule,
« tout me revient bientôt à la pensée. Que fait
« donc Baptiste? N'entend-il plus quand je l'ap-
« pelle? Tige de lierre, je rampe mourante sur le
« gazon, cherchant le souffle qui me rappelle à la
« vie! Oh! par pitié! qu'il vienne alléger ma
« chaîne! On dit qu'on aime beaucoup plus
« quand on est malheureux, et quand on est
« aveugle donc!!... Mais, qui sait? peut-être il
« m'a quittée!!... Malheureuse! qu'ai-je dit? il
« faudra donc mourir! Mon Dieu quelle pensée

« affreuse! elle me fait peur, chassons-la!!.. Baptiste reviendra! oui il viendra, je n'ai rien à craindre; il m'en a fait le serment sur la croix du Sauveur : il n'a pas pu arriver sitôt, il est fatigué, il est bien malade, peut-être! Peut-être qu'à l'instant même son cœur me prépare quelque agréable surprise. Mais j'entends quelqu'un! oh! plus de douleur! mon cœur ne me trompe-t-il pas? C'est lui! mon amant!... »

Et la porte s'ouvre en criant, et la pauvre Marguerite se lève, étend les bras, fait deux pas en avant... Mais Paul, son jeune frère, entre et lui dit : Angèle la fiancée vient de passer : j'ai vu sa noce; dis, ma sœur, pourquoi n'as-tu pas été invitée? Il n'y a que nous qui n'y soyons pas! — Angèle mariée! Paul, l'as-tu vue? Quel secret! personne n'en a dit mot! Oh Paul! quel est son fiancé? Eh, ma sœur, ton ami Baptiste!... L'aveugle pousse un cri et se tait. Son visage devient blanc comme la neige. Les paroles de son frère, comme un glas funèbre, tombent froides sur son cœur, et en suspendent les battements pendant quelques instants. La jeune fille, à côté de l'enfant qui pleure, ressemble à une vierge de cire habillée en bergère.

Enfin le refrain nuptial la livre de nouveau à ses noirs chagrins. Tiens! les airs en retentissent! Les entends-tu chanter, ma sœur? Mon Dieu! comme ils sont dans la joie! Si du moins ils ve-

naient t'inviter; je mettrais mon plus bel habit.
Qui sait? peut-être viendront-ils : ce n'est qu'à
sept heures du matin qu'ils se marient. Bien!...
je le sais, dit Marguerite, que la pensée affreuse
domine tout à coup et enlace de ses bras de fer.
Paul, console-toi! nous sommes de fête : demain
matin, tu prendras tes beaux habits. Mais laisse-
moi seule quelques instants. Paul sort en jouant.
A peine est-il sorti qu'on voit entrer Jeanne la
boiteuse.

Sainte Vierge, quelle chaleur! j'étouffe; je suis
fatiguée, harassée. Mais toi, tu as froid, tu es
glacée, ma petite amie, tu souffres! Qu'as-tu? Oh
rien! Ils chantent en l'honneur de la nouvelle
mariée, et moi je les écoutais : tout entière à
mon bonheur, je songeais que mon tour viendrait
bientôt aussi, à Pâques, tu sais bien! tes cartes
ne sont pas trompeuses; elles m'ont prédit tant
d'événements de ma vie!.. Que ta science sera
vantée quand on le verra à côté de moi! Et Baptiste, qu'en dis-tu? Tu crois qu'il doit bien lui
tarder! il me semble le voir! Jeanne lui prend la
main en tremblant. Ma fille, tu l'aimes trop : tu
as tort. Il ne faut pas tant s'habituer à croire au
bonheur. Va, crois-moi, prie Dieu de ne pas tant
l'aimer. — Jeanne, plus je prie et plus je l'aime.
Ce n'est pas un péché? il est toujours à moi....
Jeanne ne répond plus, tout est dit, c'est assez.

L'espoir est entièrement banni de son cœur.

Pour tromper la vieille, Marguerite prend un air joyeux. Elle lui parle de la pluie, du beau temps; elle rit à tout, la pauvre jeune fille! La vieille sorcière se laisse prendre à ces dehors trompeurs; de telle sorte qu'en quittant la maison, sur la brune, elle dit : Elle ne sait rien, je la sauverai. Pauvre Jeanne! malgré toi maintenant ta science est en défaut; et peut-être que ce matin, lorsque ton cœur était plein de noirs pressentiments, tu prédisais l'avenir sans le vouloir.

III.

Enfin le tintement de la cloche se fait entendre; et l'aube blanchissante, arrivant avec lenteur, aperçoit dans deux maisons deux jeunes filles qui soupirent après elle, pour des motifs bien différents. L'une, reine d'un jour, s'entoure de flatteurs, met sa croix et sa couronne, orne son sein d'un bouquet de fleurs, se pare, s'embellit et se mire avec contentement.

L'autre, aveugle, retirée dans sa petite chambre, n'a ni couronne ni bouquet; mais, à la place de ces ornements, elle prend, à tâtons, au fond d'un tiroir, un petit objet qu'elle cache sous son corset et qu'elle presse, en frémissant, sur son cœur. Celle-là, gracieuse, légère, distraite par le bruit des baisers et des chansons de vingt amants, oublie de faire sa prière : celle-ci, le front mouillé

8

d'une sueur froide, joint ses mains, se met à genoux et dit tout bas, pendant que son frère tire le verrou de la porte : O mon Dieu! pardonne-le moi! Et elle part.

La jeune orpheline, que son frère conduit par la main, se dirige vers l'église d'un air calme et tranquille. Souvent une odeur de laurier qui l'enveloppe de toutes parts, la fait tressaillir. Les premiers rayons de l'aurore ne paraissent pas encore; le temps s'est obscurci, il commence à pleuvoir.

Tout près de ce joli château, dont le nom est si gracieux et qui réunit tant de fragments de vieille architecture à tant de beautés naturelles, est assise sur un roc, une église presque nue, fière d'élever au-dessus de *la garenne* jalouse sa nef, balayée par le vent du nord, et la flèche de son clocher couvert de mousse, retraite ordinaire de l'orfraie.

Paul, finis, laisse là ta crécelle, dit la jeune fille ; où sommes-nous? On dirait que nous montons. Et ne vois-tu pas que nous arrivons? N'entends-tu pas le chant de l'orfraie? Oh! le vilain oiseau! Ses chants portent malheur, n'est-ce pas?
—T'en souviens-tu, ma sœur, quand notre pauvre père disait, la nuit que nous étions à le veiller: « Petite, je suis bien malade! Aie bien soin de « Paul, au moins; car je sens que je m'en vais! » Tu pleurais, il pleurait, je pleurais aussi, nous pleurions tous! Eh bien! alors sur le toit de la

maison, l'orfraie chanta, et notre père mourut ; et c'est ici, tiens, qu'il fut porté. Oh! tu m'embrasses trop fort, tu m'étouffes, Marguerite. Entre! la noce va venir.... Mais tu trembles! oh! mon Dieu! tu vas t'évanouir. En effet, l'aveugle n'en peut plus, elle est épuisée ; il lui semble qu'une voix crie du fond du tombeau : Ma fille que vas-tu faire?... Elle frémit, et tout à coup elle recule tremblante, épouvantée. Paul l'entraîne quelques pas en avant; mais quand la jeune fille s'aperçoit qu'elle froisse sous ses pieds le laurier placé devant la maison du Seigneur, qu'elle touche de sa tête la couronne de filigrane, suspendue sous le vestibule du temple; alors elle ne se connaît plus, rien ne l'arrête ; elle entre comme si elle allait à une fête, et tous deux se glissent dans la vieille église, et disparaissent.

Enfin, la cloche en frémissant lance dans les airs ses coups redoublés, dont le tintement nuptial se fait entendre sur le roc et dans la plaine. Le jour paraît, le soleil luit, et cependant il pleut. Personne ne se fait attendre, la noce arrive bientôt, tout le village la suit.

Il faut bien que la tromperie soit un obstacle au bonheur, puisque Baptiste, au milieu d'un triomphe si doux, triste, muet, ne songe qu'aux terribles paroles de la sorcière. Angèle, au contraire, ne pense qu'à ses ornements. Être la mariée, c'est tout pour elle ; et l'imprudente sent dilater son cœur de contentement, lorsqu'elle entend dire de toutes parts : Oh! qu'elle est jolie! qu'elle est jolie!

Cependant, il faut maîtriser sa joie, car la messe commence. Le prêtre est à la sainte table, l'anneau est bénit, et Baptiste le tient. Avant de le placer au doigt de sa fiancée, il doit prononcer une parole.... elle est dite. Aussitôt, à côté du jeune homme, une voix qui lui est bien connue, s'écrie : C'est lui!! Tout à coup, en présence de la noce étonnée, le confessionnal s'ouvre, et l'aveugle s'avance. Tiens, Baptiste, dit-elle, puisque tu as voulu ma mort, qu'à ton mariage mon sang te serve d'eau bénite! et intrépide, elle tire un couteau. Sans doute que son ange gardien la couvrit de ses ailes, car sa douleur fut si forte, qu'au moment de se frapper, elle tombe et meurt.

Et le soir, au lieu de chansons, on disait le *De profundis.* Un cercueil couvert de fleurs était porté au cimetière; de jeunes filles vêtues de blanc l'accompagnaient en pleurant. Personne ne pensait plus au plaisir; au contraire, chacun semblait alors répéter :

« Les chemins devraient gémir, une si jolie fille
« n'est plus! Ils devraient gémir, ils devraient
« pleurer, le cortége funèbre d'une si jolie fille va
« passer!! »

A un riche Agriculteur de Toulouse, qui, sans cesse m'écrivait d'aller m'établir à Paris où je ferais fortune.

Et vous aussi, Monsieur, sans craindre de troubler mes jours et mes nuits, vous m'écrivez de prendre ma guitare et mon peigne, et de les porter dans la grande ville des rois! Là, dites-vous, mes goûts poétiques et mes vers déjà connus, feront pleuvoir dans ma boutique des torrents de richesses. Oh! Monsieur, vantez-moi tant que vous voudrez toutes les richesses du monde; criez-moi, si cela vous plaît, « l'honneur n'est que fumée, la gloire n'est que la gloire! et l'argent, c'est de l'argent!!! » Allez, je ne vous dirai pas merci! l'argent!... est-ce que c'est quelque chose pour un homme qui sent pétiller dans son cœur l'étincelle de poésie?

Non, non, Monsieur; mon œil est constamment fixé sur un laurier touffu, dont les branches, souvent brisées, laisseront, je l'espère, pencher quelques-uns de leurs rameaux pour moi. Oh! si je pouvais y atteindre! tous les diamants que la terre produit, tout l'or que l'état dévore, ne seraient rien en comparaison de ce trésor!

D'ailleurs, l'or, je ne pourrais pas le conserver long-temps. Les petites pièces même s'échappent de mes mains. Pour tripler mes revenus, je ne saurais pas, comme vous, défricher mes champs, tracer d'immenses sillons avec cinquante paires de génisses ; couvrir le pays de moissons, de taillis ; cultiver la vigne, exprimer des ruisseaux de sucre du tronçon de la betterave ; faire plier les pommiers sous le poids de leurs fruits ; faire tourner cent moulins par le souffle des vents ; et enrichir cent maisons en m'enrichissant moi-même!

Non! je voudrais imiter les parvenus : je deviendrais peut-être fier, orgueilleux ; je singerais les belles manières des grands seigneurs. Étendu dans un char élégant, je me pavanerais; au milieu du grand monde, je renierais et mes parents et mes amis, et ferais si bien, qu'après avoir dévoré tout ce que je possède, qu'après avoir été riche, fier, orgueilleux, je deviendrais pauvre et méprisé.

Laissez-moi donc comme je suis, dans ma petite ville, où tout le monde est occupé! L'été, plus content qu'un roi, je glane ma petite provision de l'hiver ; puis, à l'ombre d'un peuplier ou d'un frêne, je chante comme un pinçon, trop heureux de grisonner dans le pays qui m'a donné le jour!

Aussitôt qu'on entend le joli refrain des cigales sautillantes, le passereau s'échappe et déserte le nid qui vit pousser ses premières plumes. L'homme sage n'est pas ainsi, il aime toujours la vieille maison où il a été bercé dans son enfance; devenu homme, il aime, au retour du printemps, à rêver sur le gazon doux et fleuri qu'il a foulé dès ses plus jeunes ans!

Je reste donc ici; ici tout me convient! terre, ciel, air, tout est nécessaire à mon existence! D'ailleurs, je ne suis pas un homme de science comme ces beaux messieurs, qui, pour écrire sur nos pères, grands-pères, arrière-grands-pères, se perchent sur des palais Moi, j'ai abandonné la guitare pour le simple flageolet; et, lorsque je veux fredonner quelques chansons, je ne cours pas de châteaux en châteaux, comme les poètes du jour. Jamais on ne verra dans mes doigts ces crayons élégants qui dessinent de grands seigneurs, bardés de fer, montés sur des chevaux fougueux, qui piaffent et se cabrent sous leurs cavaliers; ni de grandes dames d'honneur qui parlent comme un livre. Non! plus simple dans mes vers, je chante l'amour tendre de la jeune bergère, qui donne autant de bonheur que l'amour d'une grande dame; car ce n'est pas, comme dit ma mère, celle qui parle le mieux, qui sait le mieux aimer!

Voilà mes sentiments! afin que vous puissiez y croire, j'enlève de mon cœur l'enveloppe de verre qui couvre l'aiguille qui marque toutes mes pensées! Regardez-les! vous verrez que rien ne manque à mon ame tendre et aimante; vous verrez que pour bien chanter la pauvreté joyeuse, il faut être pauvre et content!

Je reste donc pauvre et joyeux, avec mon pain de seigle et l'eau pure de ma fontaine. L'on bâille dans un salon! l'ont rit sous les ombrages! et moi, je m'amuse de tout : rien ne peut plus m'attrister; j'ai pleuré trop long-temps, je veux prendre ma revanche. Plus sage qu'aux jours de ma jeunesse, je commence à comprendre que, dans ce monde bouffi d'orgueil, qui fuit avec tant de rapidité, contentement passe richesse !!!

A M. Dumon, *député, qui venait de condamner notre langue gasconne.*

Monsieur,

La plus grande affliction qui frappe l'homme ici-bas, est celle que nous éprouvons lorsque notre vieille mère, faible, abattue, se courbe vers la terre, et se couche, condamnée par le médecin Placés au chevet de son lit, que nous ne quittons plus, notre œil fixé sur le sien, sa main placée dans la nôtre, nous parvenons, parfois, à ranimer sa vie pour quelques jours encore; mais, hélas! elle vit aujourd'hui, elle s'éteindra demain.

Il n'en est pas ainsi, Monsieur, de cette langue mélodieuse, enchanteresse, notre seconde mère. Depuis trois cents ans, des savants du grand monde la condamnent à mort, et pourtant elle

vit! et pourtant ses mots résonnent à nos oreilles!
Devant elle les saisons passent, sonnent, tintent,
et passeront, sonneront, tinteront mille millions
d'années encore !

Et pourquoi ? parce que le peuple aime ses
chansonnettes ; parce que, tant qu'il sera peuple,
il ne l'oubliera jamais. Mère de tous, elle rappelle
à chacun l'autre mère, un frère, une sœur, des
amis, des amies, et une foule de petites choses,
qui, le soir, au coin du feu, pendant nos rêveries,
font couler dans nos cœurs un ruisseau de miel,
où notre ame se baigne avec délices. Cette langue
est celle du travail; à la ville, à la campagne, on
l'entend résonner dans toutes les habitations : elle
épouse l'homme à l'entrée de la vie, et l'accompagne jusqu'à la tombe. O Monsieur, une telle
langue ne s'efface pas de long-temps! et cependant on travaille à la faire disparaître! Et vous,
Monsieur, qui dans ses prairies où naît la paquerette, avez sucé son lait, marché sur ses gazons
fleuris, dormi dans ses bras, reçu ses baisers,
dansé à ses rondeaux, poussé des cris de joie à ses
chansons; vous, Monsieur, vous ne criez pas! vous
ne demandez pas avec instance qu'on épargne ses
vieux ans! Non, vous la reniez! sa vieillesse vous
gêne ; le grand mouvement social vous entraîne
dans les rangs de ses ennemis ; moi-même, vous
me blâmez de lui rester fidèle.

Oh! mais moi, la vérité a dessillé mes yeux;

je n'ai pas vu l'eau pure coulant dans l'immense ruisseau de Paris. Triste, désenchanté, je reviens auprès de ma fontaine : maintenant, M. Dumon, la petite patrie me tient plus au cœur que la grande : et vous, qui éprouvez une douleur si profonde quand vous la voyez souffrir ; vous, assis là-haut au premier rang ; oh ! prenez bien garde d'augmenter son chagrin ! dissipez sa misère, et laissez-lui sa langue. Si vous la lui enlevez, vous la tuez en voulant la guérir ! car, pour nous, nous aimons à chanter, même dans la tristesse ; que voulez-vous, il nous semble qu'en chantant, le fiel de la douleur s'apaise et s'adoucit. Et quel serait le remède à nos maux ? la langue de ces messieurs, cette petite maîtresse ? mais elle est trop précieuse, cette déguenillée en rabat, qui couvre sa nudité du clinquant de l'opulence ; elle serait laide en habit des champs ; les plaisirs de la prairie et de la garenne disparaîtraient à sa vue : elle n'aurait aucun refrain pour soulager les chagrins du pauvre et les fatigues du laboureur. Elle ! si mijaurée, aurait l'air d'une grande imbécille ; et quand il faudrait labourer, transporter quelque récolte, la nigaude, triste, maussade, resterait muette sous l'aiguillon, et laisserait le bouvier siffler son couplet, sans trouver un seul mot pour exciter l'ardeur de ses bœufs.

Cependant, puisque l'honneur du pays le veut, nous étudierons la langue française : c'est la nôtre aussi; nous sommes Français, nous en avons besoin. Instruisez le peuple, tout le peuple; employez-y s'il le faut, cinq, six années de sa vie! il aura deux langues, lui; il les prendra tour à tour; l'une pour le *sans façon,* l'autre pour la *cérémonie.* Il fera comme vous, gens du monde, qui vous habillez de deux manières différentes; mais voilà tout : fils, neveux, petits-fils, petites-filles, en resteront là, nous en sommes certains; s'il en était autrement, au lieu d'une volée de rossignols, nous n'aurions qu'une troupe de buses. Que des pâtres vous singent là-haut, qu'ils parlent français à chaque instant; qu'ils le déchirent, qu'ils l'écorchent; qu'ils se fassent moquer d'eux, les habitants de notre pays resteront toujours poètes. — Tenez! les entendez-vous là-bas, ils chantent la mariée!

> « Mariée, ta mère pleure!
> « Et tu t'en vas!
> « Pleure, pleure, bergère!
> « Je ne peux pas...!

Tenez! entendez le métayer, fanant dans la prairie, qui crie aux jeunes bergers :

> « Enfants! enfermez les agneaux!
> « L'arc-en-ciel de la matinée
> « Chasse le bouvier du labourage. »

Tenez! voilà le tonnelier qui, sous un berceau touffu, chante au bruit de son marteau :

« Allons, campagnards, campagnardes,
« Frappons tinettes et tonneaux !
« Frappons ! car le bourgeon de mai
« Remplit la cave et le cellier. »

Oh! dans notre pays, c'est un ravissement continuel! et le peuple, qui aime à chanter, tresse à son insu de gros bouquets de poésie : aussi garde-t-il sa langue ; elle est faite à son allure. Vous autres, maintenant, messieurs, franchissez la barrière! venez! élevez un mur d'une triple épaisseur entre les lèvres de la nourrice et l'oreille du nourrisson ; faites claquer sur ses doigts les férules du maître d'école ; grondez, châtiez, plaidez pour votre idole ; fidèle à sa mère, le peuple sera gascon, toujours! mais partisan de la langue française, jamais !

D'ailleurs, Monsieur, qui sait ? vous avancez un peu dans la vie! on nous dit que l'homme redevient enfant en vieillissant, que nous avons du plaisir à aimer ce qui nous avait échappé de la mémoire ; s'il en est ainsi, vous reviendrez à votre vieille langue ; vous nous remercierez de vous l'avoir conservée. Alors peut-être, vous lui montrerez moins de froideur. Souvenez-vous de *Lacuée* et de *Lacépède!* quand ils furent vieux, au sein de la grandeur, ils n'étaient heureux qu'en parlant gascon. Peut-être ferez-vous ainsi ; peut-être même, dans peu de temps, fatigué, rassasié de ce monde trompeur, nous vous verrons un beau jour revenir dans nos prairies écouter la mésange, et demander comme une faveur, à notre vieille langue, un mot, une devise, un air, un souvenir.

M. Dumon, au milieu de notre promenade, tous ces vieux ormes qu'Agen a vus grandir, ressemblent par leurs branches entrelacées en voûte, à une file de géants qui se tiennent par la main. Eh bien! un jour d'orage, l'un d'eux fléchit, trembla, abaissa ses branches fatiguées; la symétrie disparut : aussitôt, nos gouvernants envoyèrent et pioches et piocheurs, pour l'arracher sans pitié; mais les piocheurs se fatiguèrent, les pioches se démanchèrent ; et l'arbre, demeurant debout, brava fièrement hommes, outils, gouvernants, tout! Oh! c'est que, malgré ses vieilles branches, ses racines étaient nombreuses et profondes.

Depuis, plus que jamais, son panache est couvert de verdure : les oiseaux qui ont fixé leur demeure sous son feuillage, y reviennent gazouiller leurs chansons; et tous, chaque été, de père en fils, pendant long-temps encore, feront entendre leurs ravissants concerts,

Il en sera ainsi, Monsieur, de cette langue mélodieuse, enchanteresse, notre seconde mère. Des savants du grand monde la condamnent à mort depuis trois cents ans, et pourtant elle vit; et pourtant ses mots résonnent à nos oreilles; chez elle, les saisons passent; sonnent, tintent, et passeront, sonneront, tinteront cent mille millions d'années encore!

LA CHARITÉ.

Aux musiciens de Tonneins, qui venaient de donner un grand concert pour les pauvres, avec moi.

En voyant de grandes maisons voyageuses glisser sur les flots tranquilles ou agités, qui emportent dans un autre hémisphère l'homme intrépide; en le voyant traverser les airs; en voyant des savants célèbres, illustrer par des découvertes sublimes, les siècles qui s'enfuient, l'homme crie sans cesse : Bon Dieu! que l'homme est grand! et moi je dis : Bon Dieu! qu'il est petit! S'il a du génie, qn'il apprenne que le génie n'est rien sans la bonté; que sans elle il n'y a pas de grandeur possible ici-bas! Seul, l'homme bienfaisant, quand il secourt son semblable, furtivement, en cachette, est grand en ne faisant que son devoir; il est grand comme le monde! grand comme l'immensité! grand comme Dieu!

La grandeur de Dieu ne brille de tout son éclat que dans sa bonté; c'est elle qui réchauffe de sa douce haleine la terre refroidie par les frimas, et étanche, par une rosée bienfaisante et sacrée, la soif brûlante de la canicule.

Que l'homme agisse ainsi : il y a des angoisses cruelles qui se cachent dans des réduits obscurs ; qu'il aille les déterrer dans ces étroites demeures, et qu'au lieu de compter les astres et les étoiles, il compte ici-bas le nombre des malheureux ! Il ne suffit pas, pour tuer la misère, de jeter en passant, d'un air dédaigneux, quelques sous au pauvre déguenillé, qui ouvre la bouche de faim ; qu'il aille l'hiver, pendant qu'il gèle et qu'il grêle, qu'il aille dans ces petites maisons encombrées de famille, et s'il aperçoit un ouvrier triste et rêveur, disant à ses enfants qui versent des larmes : « Ah ! petits, que le temps est dur ! » Oh ! alors, qu'il laisse tomber là, sans bruit, en cachette, oh ! qu'il laisse tomber les bienfaits de la charité ; car il est aussi amer de la recevoir, qu'agréable de la faire !

Vous donc, qui jouissez du bonheur de faire la charité, vous êtes ses apôtres aujourd'hui ; aussi votre concert n'en est que plus délicieux. Les sons harmonieux de vos instruments vont se changer, dans les airs, en une rosée de miel ; chaque pauvre malheureux en recevra quelques gouttes : plus de douleurs ! votre exemple sera imité partout. Sonnez ! sonnez, Messieurs ! On peut rire, chanter, quand le fruit de ce rire arrête les larmes des malheureux !!

MON VOYAGE A MARMANDE.

A un Monsieur de Bordeaux, qui m'écrivait qu'il était dégoûté de la vie à vingt-quatre ans.

O Monsieur, combien j'ai frémi avant de vous écrire! Quel étrange billet, hier, vous m'avez envoyé! Quoi! vous, gorgé de richesses, jeune, beau, vous êtes déjà dégoûté de la vie! Mais qu'avez-vous donc rêvé? de longs plaisirs, des peines passagères, de grandes aventures pleines de gloire, de poésie et d'amour! Que sais-je? et pour acquérir tous ces biens, l'immense univers n'a été pour vous qu'un salon, où vous vous êtes agité sans cesse; et quand, en murmurant, vous l'avez eu parcouru aux quatre coins et au milieu; quand toutes vos illusions ont été évanouies, vous êtes revenu vous asseoir sur le seuil, comme un ermite, triste, rêveur, désenchanté.

O Monsieur, levez-vous! et rentrez dans la vie, de peur que la pierre funèbre ne fasse la bascule!

Vos rêves tendent trop haut! Émondez-les! et aussitôt le bonheur vous reviendra à tire-d'aile. Le proverbe n'est pas menteur: « Grand rêve chasse le bonheur; petit rêve nous l'amène. » Jetez les yeux sur moi, dans Agen: le plus petit plaisir me paraît un événement. Suis-je invité à une fête? Si j'ai assez d'argent, je pars, vite, vite en voiture :

et dans ma petite gloriole, il me semble qu'aucun grand seigneur ne fait voler plus de poussière que moi. Dans la maison ou dans la cabane, tout me plaît, tout me divertit ; et souvent l'on m'attend là-bas, qu'un simple fil de laine me fait courir ailleurs.

Tenez! quelles que soient vos peines, vous allez rire, vous qui ne riez jamais. Écoutez le récit d'un de mes voyages :

De Toulouse à Bordeaux, on voit, comme vous le savez, des villes avec des clochers grands et petits, qui, s'élevant du tertre couvert de fleurs qui leur sert de base, semblent se baigner les pieds dans les eaux de la Garonne. Une d'elles se nomme le Mas. Eh bien! vous saurez qu'au Mas demeure un chanteur, un percepteur, comme il n'y en a guère, comme il n'y en a pas. Il aime les vers gascons, les retient à la volée, et les prend pour de l'argent comptant ; de telle sorte que si un chansonnier, en payant ses impositions, se trouve court de quelque chose, il n'a besoin de rien emprunter ; deux couplets lui suffisent pour faire son appoint.

Or, un jour il m'écrit : — « Grande noce de-
» main chez nos bons enfants ; poète, pars aujour-
« d'hui ! viens ! un cheval t'attendra toute la nuit
« à Farguerolles. »

Oh! jugez si, au son de ce coup de cloche, nos affaires furent vite bâclées. Cheveux, embrouillez-

9

vous! papillotes, tombez! je vais faire le *Monsieur* pendant une demi-semaine; samedi je serai de retour; adieu!!

Et le soir, à sept heures précises, encaqué entre quatre panneaux luisants comme des miroirs, nous brûlions le pavé pendant toute la route, sans faire attention ni aux montées ni aux descentes. La nuit était obscure ; mais, à la lueur de quelques éclairs qui sillonnaient l'horizon, je m'étais aperçu que nous étions six voyageurs, mais six muets, car personne ne disait mot.

Cependant un Monsieur (je crois que c'était un régent du collége) commença à parler d'Agen ; bientôt ils parlèrent tous des inondations, des lunes, du chanvre, des blés, des prunes, des vers, des chansons, enfin ils en vinrent à *Jasmin*. Je ne disais rien ; je retenais mon haleine comme un tailleur de vignes. Oh! ils n'étaient pas de mes amis, ou du moins ils ne l'étaient guère, car ils se moquaient des Gascons.

Ma muse, dans cette circonstance, ne reçut donc aucune caresse ; au contraire, parfois le régent pointilleux me lançait son coup d'épingle, et les autres riaient en me lardant aussi.

Pauvre poète! me disais-je à moi-même, où t'es-tu fourré avec tes vers patois ? dans un club de régents de Cahors ? Je me trompais : une voix de femme, une de ces voix qui secouent fortement le cœur, laissa tomber pour moi quelques mots si jolis, qu'ils changèrent en fleurs toutes les orties dont je me sentais piqué. Oh! comme elle faisait tinter harmonieusement mes vers, cette dame! elle les couvrait de miel; et lorsque, pour nous toucher, elle disait : *Il me faut mourir !* vous auriez cru, à l'expression, au feu de son débit, que l'orgue d'amour résonnait entre ses lèvres, ou que *sa bouche, pleine de petits oiseaux,* exprimait en chantant les accents de la douleur!

Je n'y suis plus. Femme! femme! avant que tu disparaisses, je veux, je veux me découvrir à toi: et j'allais prononcer mon nom ; mais la trompette sonne; les chevaux ébranlent le pavé de Tonneins; nous nous arrêtons une minute. Éclairé par la lumière d'un marchand de fruits, j'aperçois quelques amis à la portière; je leur serre la main; ils m'ont nommé : nous sommes partis.

Oh! s'il eût été jour, comme vous auriez vu le visage de mes compagnons se couvrir de différentes rougeurs! Leur humeur joyeuse avait disparu : la dame étaient honteuse de m'avoir donné tant de louanges ; et les messieurs étaient honteux de m'avoir lancé tant de traits malins. Pour moi, je n'éprouvais ni gloire, ni dépit; d'ailleurs, je commençais à remarquer que la critique allait devenir louangeuse, et que la louange allait prendre le rôle de la critique.

Ah! laissons tout comme cela est, m'écriai-je; c'est trop joli! il faut en rire, je ris; cela fut pris à la volée ; les messieurs rirent ; la dame sourit. Le sommeil n'approcha pas de mon siége : j'oubliai tout auprès d'eux.

Poète, une chanson sur cela! je la promets ; mais, régent, je n'ai qu'un couplet, et il en faut trois. Va! va! les autres viendront d'eux-mêmes. Aussitôt nous nous arrêtons : je vois du monde, une maison, des malles, un falot ; la noce me revient à la pensée, une porte s'ouvre ; je crie devant un bureau : « Nous sommes à Farguerolles, sans doute? — Pauvre monsieur, vous êtes à Marmande! — A Marmande! mon Dieu, qu'ai-je fait! quelle affaire! et mon percepteur! et mon cheval! »

Dans l'auberge, tous m'environnent, ricanent, me taquinent ; le régent me dit, en faisant une pirouette : « Poète, voilà de la matière pour ton second couplet! »

Je riais, mais cette fois mon rire mordait, car j'entendais la pluie qui tombait par torrents. Enfin, que faire? nous nous mettons à table, et toujours le régent, entre la poire et le vin blanc, me lorgne, me plaisante sans cesse sur mon cheval : infernal régent, j'enchaînerai ton rire!

Je réfléchissais, quand deux yeux semblèrent me dire : « Qui sait lire, sait écouter. » Poète, quelques vers avant de partir! et le malin régent qui l'avait devinée : — dis-lui donc quelque chose ; tu finiras ta chanson! Alors une pensée se présente à mon esprit, pensée d'un démon, pensée d'un Gascon.

Ils attendent tous le bateau à vapeur, me dis-je à moi-même.... Il est tard.... il fait mauvais temps.... point de pendule!.... Bon! je leur dirai des vers.... Deux mots à l'hôtesse, elle sourit; je rentre, je ferme la porte, et je commence mes *souvenirs.*

Doux *souvenirs, aveugle!* oh! comme je vous déclamais lentement! je traînais mon vers; je le chantais; *je l'allumais,* je faisais de tout; je riais, je pleurais; car pour mieux les enjôler, il fallait les faire rire et pleurer : et ils rirent, et ils pleurèrent, et ils me demandèrent encore d'autres vers!

Mon coup était fait; à quoi bon d'autres couplets? Pourquoi donc des chansons nouvelles? je voyais déjà que les chandelles n'avaient plus que de petits bouts!

Je frappe pour demander quelque chose; l'hôtesse se présente avec son air égrillard. A quelle heure part le bateau? Le gros régent reprend, oui, *le bateau à vapeur?* Jésus, mon Dieu! le bateau à vapeur : depuis trois quarts-d'heure il est parti...

Oh! quand le ruisseau du Permesse coulerait à pleins bords pour moi seul; quand les mots les plus recherchés naîtraient sur mes lèvres comme les boutons d'or dans les prairies; il me serait impossible d'exprimer la colère de ces messieurs, qui, dans leur impatience, renversaient, culbutaient, mettaient sens dessus dessous, tables, malles et paquets. Pour moi, ayant pris le mien sous le bras, et semblable au vent follet qui ricane en s'échappant, dès qu'il a fait tomber son homme dans un bourbier, je salue la jeune dame qui riait de mon *escampette;* et, content d'avoir obtenu mon pardon, je m'approche d'un monsieur qui, sérieux comme un pape, me dévorait des yeux en mettant son manteau, et je lui dis : Régent, le poëte gascon n'avait que deux couplets, maintenant il tient sa chanson!!

LES ORPHELINS DE L'HOPITAL.

A la mère Claire-Cécile, le jour de sa fête.

TOUS ENSEMBLE.

Si cette année nos chansons plaisent à Claire, nos cœurs, en les chantant, seront bien fiers, bien contents toute l'année !

UN SEUL.

On nous dit en chaire : La vie est amère pour qui vient sur la terre ; l'homme en ce monde est pauvre et malheureux. Nous sommes pauvres, il est vrai; mais, près de Claire, la vie a des charmes pour nous !

Si cette année nos chansons plaisent, etc.

Quand vient le printemps, l'hirondelle aimée porte la béquée à ses petits. Eh bien! nous, toute l'année, nous la recevons de Claire, notre bonne mère.

Si cette année nos chansons plaisent, etc.

L'agneau aime moins l'herbe tendre, l'oiseau le mois de mai, le poisson l'eau limpide, que nous n'aimons Claire, notre bonne mère : sans elle, sur la terre, partout nous serions malheureux : aussi nous pensons à Claire presque autant qu'au bon Dieu !

Si cette année nos chansons plaisent, etc.

Pour elle notre cœur palpite; mais quel bonheur si Dieu voulait retrancher quelques années de notre vie pour les greffer sur la sienne ! Nous prions Dieu qu'il en soit ainsi; car, pour sécher des pleurs, il faut qu'elle vive, il faut qu'elle vive pour soulager les pauvres malheureux !

Si cette année nos chansons plaisent, etc.

IMPROMPTU.

A Mademoiselle RHODES, *qui venait de me complimenter dans une fête.*

Demoiselle, pendant qu'un ange descendu du ciel, berçait vos jeunes années sur des bouquets de fleurs, un homme, embrasé du feu du génie, entraînait à sa suite les villes empressées, en faisant résonner des cordes attachées à un morceau de bois.

Ah! c'est que dans ce morceau de bois s'enfermait son ame tout entière; et quand ses doigts en pinçaient fortement les cordes harmonieuses, il nous bouleversait, en nous enivrant de plaisir!

Cet homme, qu'ici même la gloire illumina de ses rayons, fut votre père. Un matin, Dieu l'appela à lui pour entendre ses chants dans la grande chapelle des cieux : depuis ce jour, son instrument est muet sur la terre. Cependant il nous reste quelque chose de lui : son ame est descendue de nouveau parmi nous, et s'est placée au beau milieu de vos yeux, afin de produire des miracles nouveaux!

LE PATRE ET LE POÈTE GASCON.

Aux Bordelais, le jour de ma grande séance au Casino.

Dans un pays loin, bien loin, je ne sais où; avant que les accords de l'orgue et du violon vinssent remuer le monde musical, un aimable berger charmait tout une grande ville, en jouant du flageolet. Ému de ses chants, chacun applaudissait aux jolis refrains des prairies; et le pauvre berger, fêté, couronné dans ses grandes maisons magnifiques, était fasciné; tout scintillait à ses regards... il se touchait... il avait peur... il craignait de rêver.

Et pourtant il n'avait pas ouvert son ame à la fatuité : seulement, à son retour au hameau, il nageait dans la joie en montrant à ses amis et à sa maîtresse, le petit rameau de laurier qu'il tenait dans ses doigts.

Il en fut ainsi de moi, Bordelais, quand je vins faire résonner ma langue au milieu de vous : fêté, couronné, moi aussi je perdis la tête. Et quand je revins dans mes prairies, je me disais tout bas : le *poète gascon* est aussi heureux que le berger.

Le ciel a voulu qu'aucun chanteur n'oubliât le lieu qui l'applaudit. Le berger revint donc chez ceux qui avaient tant battu des mains à ses chants. Mais tout avait changé : il ne fut pas reçu; ils firent tous semblant de ne pas le connaître; la flûte avait paru, et le vieux flageolet, méprisé, garda le silence.

Moi aussi, je suis revenu; mais rien n'est changé pour moi. Oh! vous n'êtes pas ingrats, vous autres, comme ceux de ce pays lointain. Vous vous souvenez de moi; vous faites plus, vous m'invitez à votre *grande fête*, et vous écoutez encore mes chansons. Vous mêlez les accords de votre voix délicate aux grelots bruyants du patois.

Messieurs, ma vieille langue est fière de cet honneur : aussi vous voyez qu'aujourd'hui, le *poète gascon* est plus heureux que le berger.

IMPROMPTU.

A M. Saugeon, *qui venait de m'offrir la couronne au Casino, au nom des littérateurs et des musiciens de Bordeaux.*

Oh! quel moment délicieux pour ma muse gasconne! Quel triomphe pour moi! Quelle gloire est la mienne! je vois que, pour tresser ma jolie couronne, chacun a enlevé une fleur de celle qui lui appartient.

A Pascal, *qui venait de m'offrir sa jolie gravure de sainte Marie-Egyptienne.*

Oh! mon Dieu! que ta sainte est jolie, Pascal! Dans la grotte où elle est placée toute nue, son corps brille comme un miroir : vous croyez qu'elle vit, qu'elle se remue ; vous êtes trompé, fasciné ; et jusqu'à ses petits pieds, vous iriez la couvrir d'un manteau de baisers !

Mais quand vous la voyez gémir sur ses fautes ;

quand vous la voyez en prières, déchirant aux ronces du chemin sa peau délicate et satinée ; quand vous voyez les larmes du repentir tomber en perles brillantes sur ses jolies joues ; oh ! alors, quelque chose de saint et de sacré calme et apaise le feu qui vous dévore. Vous la plaignez de cœur ; vous êtes honteux d'avoir voulu ajouter des peines à ses peines ; vous aimez ce lion terrible qu'elle a su rendre compatissant ; vous aimez jusqu'à ce livre bruni, dans lequel elle lira, sans doute, le pardon de son Dieu ; et vous sentez votre ame se serrer de douleur, en voyant que le roc sur lequel elle est restée à genoux, n'est pas devenu moelleux à la vue de tant de larmes et de gémissements ! !

A Madame MARTINEAU.

Pas de gloire ni de poésie sans la femme.

A l'heure où, tenant la plume entre vos jolis petits doigts effilés, vous laissiez tomber pour moi, de votre ame, ces mots si jolis et si doux ; oh ! que j'aurais été heureux, si, caché près de là, j'avais pu vous voir, belle dame, à la clarté de votre bougie, qui brillait comme la fraîche poésie qui s'échappait de votre cœur !

Je le sais, elle s'en échappe naturellement et

sans secousse, en images fleuries et gracieuses, comme on voit le rayon s'échapper du soleil, l'encens de la prairie, l'eau de la fontaine : mais pour mon triomphe, j'aurais voulu le voir ; car, la femme que nous attendrissons par nos paroles, seule me fait croire à la gloire !

Oh ! la femme, la femme est pour moi la grande œuvre de Dieu. C'est la poésie vivante ! Quand je fais couler ses larmes, tous les anges du ciel me sourient. Et vous, vous avez pleuré ! votre papier me le dit ; belle dame ces mots suffisent : ce que les femmes disent est si bien dit ! Ah ! si la poésie tient quelque part son foyer sur la terre, l'homme n'en est que la flamme, la femme seule est le brasier !!!

———

A M. Fontès, *directeur des contributions directes, qui venait de m'envoyer du papier fin pour copier Françonnette.*

Maintenant que *Françonnette* est finie, qu'il n'y a plus qu'à la débarbouiller, afin qu'en sortant demain, elle soit du moins propre, sinon jolie ; vous, Monsieur, vous m'envoyez, pour lui faire sa petite robe, un papier joli, lustré, choisi de votre main ! Oh ! quel plaisir pour moi ! Le joueur de profession voit la fortune qui lui sourit, si une main amie, noire ou blanche, effleure ses cartes dans ses doigts. Il en est ainsi de moi, Monsieur; votre papier, j'en suis certain, va me porter bonheur pour toute l'année. Que voulez-vous? j'ai du plaisir à le croire, et je le crois !

Quel changement, pourtant ! autrefois, quand l'eau de mon petit ruisseau, argentait avec peine et qu'il m'arrivait un de vos papiers timbrés, oh ! que de soucis ce papier-là causait dans ma maison ! plus de vers, plus de chants dès qu'il était entré ; il ne me parlait qu'en colère, et d'un ton de commandement. Si je faisais la sourde oreille, il menaçait du garnisaire. Que faire? je payais, tout effrayé : aussi je n'avais plus ni argent, ni esprit !

Qui m'aurait dit alors qu'un jour je dirais : Merci au sévère M. Fontès, que j'avais si souvent envoyé au pré *des Sept-Deniers?* à celui qui, chez moi, tuait la poésie? personne! parce qu'alors j'avais trop de rancune contre lui; parce qu'alors je n'avais pas encore vu le poète, l'homme de goût, le grand ami de la poésie gasconne, dans l'homme si terrible, qui était le gros-major des collecteurs !

Mais à présent je sais tout, et ma muse est satisfaite ; et quand votre papier timbré se présente, je paye par habitude, sans vous en vouloir ; car vous écoutez mes vers, et vous achetez tout ce que j'écris : vous les savez par cœur : que de plaisir je vous dois ! comme nous nous oublions tous les deux en caquetant! Il faut me voir aussi tous les jours, à midi, peigne en main, vers en tête, sortant de ma boutique pour aller vous coiffer J'arrive, vous vous asseyez; moi, certain de vous plaire, tout en faisant sans bruit mes préparatifs, je vous conte les petites affaires de mon esprit chansonnier : vous, vous m'écoutez en me tendant la joue; souvent votre goût délicat fait des remarques sur ma glanure poétique; cela m'est égal! je vous donne toujours main doucette, légère, et rasoir de velours!

Mais, quand ma muse enfin fait résonner quelques vers qui vous plaisent; aussitôt une rougeur se peint sur votre front; vous vous levez prompt comme l'éclair; vous sonnez deux coups, c'est assez; votre aimable et belle famille vient faire cercle autour de moi; et ma muse se pavane, parce qu'elle sait que, nulle part, elle n'est mieux jugée.

Oh! je le sais; ce qui plaît chez vous, plaît partout; mais voici ce qui est plus délicieux encore : il y a quarante mois passés, un matin, en entrant dans votre belle chambre, je vis des milliers de livres bien alignés, tout dorés et luisants. Un de ces livres me sauta aux yeux; oh! comme je le dévorais de mes regards! mon nom y était écrit en grosses lettres d'or! oh! que j'étais content! Monsieur, de tous les plaisirs que je peins, celui-là est le plus fort et le plus doux. Quand j'entre, c'est sur mon livre que je jette les yeux. Pauvre livre, il est paysan, lui! mais il ne dépare rien; vous l'avez si bien habillé! Je ne le perds pas un instant de vue; j'irais mettre la main sur lui les yeux fermés. A la vérité, il est un peu triste de se trouver seul au milieu de tous ces beaux messieurs, qui ne sont pas Gascons; mais pour lui, j'emploie mon esprit et mon huile, afin qu'avant le mois de mai il ne reste plus seul; je veux lui envoyer un petit frère; je l'achève, je passe la pierre-ponce sur son teint, et compte sur l'honneur de le voir bientôt à ses côtés; car, Monsieur, le papier que vous m'avez envoyé m'annonce que vous aurez pour mon cadet la même affection que pour mon aîné.

FRANÇONNETTE,

POÈME EN QUATRE PAUSES.

Dédicace à la ville de Toulouse.

En voyant poindre les premiers rayons de l'aube blanchâtre du joli mois qui fait épanouir la fleur de poésie, de l'aubépine et du lin, je me disais doucement : O Toulouse! Toulouse! quand pourrai-je, sur tes prairies en fleurs, couvrir de boutons d'or le tombeau de Goudouli? et, boutons d'or en main, aussitôt que je le pus, pélerin-troubadour, je m'acheminai vers toi.

Ton Capitole si fameux, tes palais, tes clochers qui s'élancent dans les airs, ton grand nom de *ville savante,* me firent d'abord accroupir de crainte; mais quand ton peuple et tes *messieurs,* en dignes fils de la Garonne, firent tinter à mon oreille les sons harmonieux de notre langue, je sentis ma peur chanceler et disparaître entièrement; et moi aussi je sonnai de ma langue! tu écoutas, et dans un grand festin tu me baptisas *fils de la Garonne, et frère de Goudouli!*

Grand Dieu! je lui ressemble donc! lui, dont la statue est placée au Capitole! Oh! que je suis fier de cette ressemblance! dans ma petite gloriole d'auteur, je voudrais que ses chansons et les miennes, un jour, nous fissent prendre pour deux jumeaux! En attendant, ô Toulouse, gonflé de joie et d'espoir, je tresse les épis de ma reconnaissance, et t'apporte ma gerbe. Oh! son poids n'est pas lourd : je rougirais même, ailleurs, de montrer en public la pauvreté de mon bagage; mais ici, je n'ai pas peur, je suis ton fils; j'ai du courage, car je sais que partout une mère a de l'indulgence pour son enfant!

FRANÇONNETTE.

Première pause.

> Maïs, si vous voulez peindre comme il faut les bergers, grands messieurs, faites-vous paysans !

C'était du temps qu'ici Blaise-le-Sanguinaire, tombant sur les Huguenots à grands revers de bras, les taillait en pièces et inondait la terre de sang et de pleurs, au nom du Dieu de miséricorde et de paix.

Cependant sa fureur s'était fatiguée ; le fusil et la couleuvrine ne se faisaient plus entendre sur la montagne ; c'est que le misérable, pour étayer la croix qui, alors pas plus qu'aujourd'hui, n'avait besoin de soutien, avait tué, étranglé tant de monde, que les cadavres auraient suffi pour combler les puits les plus profonds. Du côté de *Fumel* et de *Penne*, la terre en regorgeait. Enfants, pères, mères, tous avaient presque disparu : les bourreaux reprenaient haleine ; et le tigre haletant, après être descendu de son cheval de bataille et rentré dans son château de guerre, entouré d'un triple pont et d'un triple fossé, faisait dévotement sa prière à genoux, et communiait, tout ruisselant encore de ce sang innocent dont il s'était assouvi.

Cependant, au seul nom de *huguenot*, les bergers et les jeunes bergères étaient saisis d'effroi.

Néanmoins, les amourettes allaient toujours leur train ; et dans un hameau, un dimanche, à la fête de Roquefort, au pied d'un château crénelé, une troupe d'amoureux dansaient gaîment au son du fifre, et célébraient saint Jacques et le mois d'août, ce beau mois qui, tous les ans, fait mûrir les raisins et les figues, par la fraîcheur de sa rosée et l'ardeur de son beau soleil.

Jamais on n'avait vu une si belle fête ! A l'ombre de ce grand parasol de feuillage, où la foule se place tous les ans, tout est plein, tout déborde ; il y vient, il y tombe du monde à foison, et du haut des rochers, et du fond des vallées, et de *Montagnac,* et de *Sainte-Colombe*..... Mais il en vient!... il en vient!... et le soleil brille encore!... N'ayez aucune crainte, il y aura place pour tout le monde : les prairies servent de chambre, et les tertres de tabourets.

Quel plaisir ! l'air pétille de chaleur. Rien de plus gracieux que de voir tous ces joueurs de fifre siffler, et ces danseurs et danseuses pirouetter. Voyez sortir de la corbeille et gaufres et tortillons ! Tiens ! tiens ! et la limonade fraîche, comme on la boit à goulot jaillissant ! Foule à Polichinelle! foule au marchand qui bat des cymbales! foule! foule par-tout!... Mais qui paraît là-bas ? bon ! voici la jeune reine des champs ! c'est elle ! c'est Françonnette! deux mots sur elle, s'il vous plaît.

Vous savez que dans chaque contrée, à la ville comme à la prairie, il est une perle d'amour! eh bien! toutes les voix unanimement, la nommaient dans le canton *la jolie des jolies*.

N'allez pas croire cependant, Messieurs, que Françonnette soit triste, qu'elle soupire, qu'elle soit pâle comme un lis, qu'elle ait les yeux mourants, bleus et à demi-fermés, le corps frêle et ployé par la langueur, comme un saule qui pleure au bord d'une onde pure. Vous seriez dans une grande erreur, mes jolis petits Messieurs; ses yeux sont brillants comme deux étoiles; il semble que sur ses joues fraîches et rebondies on prendrait les roses à pleines mains; ses cheveux bruns frisent avec grâce; sa bouche ressemble à une cerise; ses dents feraient pâlir la neige; ses petits pieds sont faits à peindre; sa jambe est fine, légère; enfin, Françonnette est l'astre véritable de la beauté, placé ici-bas sur un beau corps de femme.

Tout cela arrivant par sauts et par bonds dans les familles, faisait enrager bien des filles, et soupirer bien des garçons : pauvres jeunes gens! oh! ils l'aimaient à en devenir fous. Tous la contemplaient, l'adoraient comme un prêtre adore la croix du Sauveur. Françonnette est fière de tant d'amour; son front en rayonne de joie et de contentement.

Cependant un dépit commence à poindre dans son âme : son bouquet d'honneur est privé de la

fleur la plus belle ; Pascal, que tout le monde
vante ; Pascal, le plus beau, celui qui chante le
mieux, semble la fuir et la voir sans l'aimer.
Françonnette lui en veut; croit le haïr quand elle
pense à lui ; mais, dans sa terrible vengeance, elle
ne cherche que le moment où, d'un coup-d'œil,
elle pourra l'enchaîner à jamais. Que voulez-vous?
de tout temps, fille si enviée devient vaniteuse
ou coquette : vaniteuse, elle l'était un peu ; coquette, elle le devenait; non pas cependant coquette rusée, mais nul n'était aimé, et plus d'un
croyait l'être.

Sa grand'mère lui disait souvent : « Enfant, la
« campagne n'est pas la ville, et le salon n'est pas
« la prairie. Tu sais bien que nous t'avons pro-
« mise à un soldat; Marcel t'aime, et compte
« sur ce mariage. Va, plombe ton esprit léger !
« Fille qui veut avoir tous les amoureux, finit par
« n'en avoir aucun. — Ah! bah!... » et la folâtre
lui faisait une caresse en jouant, et répondait par
le proverbe connu : « J'ai assez le temps d'aimer,
« grand'mère : en attendant, *n'a personne qui n'en*
« *a qu'un.* »

Tout cela finit par faire bien des jalouses, des
souffrants et des malheureux. Cependant, ces bergers ne soupiraient pas de ces chansons savantes
et langoureuses, que d'autres, en mourant, gra-
vaient sur un peuplier ou sur un saule. Oh! mon
Dieu, ils ne savaient pas même écrire : bien plus,

ces innocents, à qui l'amour tournait la tête, aimaient mieux souffrir et vivre plus long-temps. Mais que d'outils pris au rebours! que de vignes mal taillées! que de branches mal émondées! que de sillons mal tracés!

Maintenant que vous connaissez la jeune fille, ne la perdons pas de vue. Tiens, tiens! comme elle pirouette, comme elle danse le rigaudon d'honneur, seule avec le jeune Étienne! Chacun, bouche béante, la boit des yeux; chacun lui lance son coup-d'œil brûlant; et la rusée, qui s'aperçoit de tout, n'en danse que mieux encore. Sainte croix! sainte croix! quand la folâtre se redresse avec sa tête de lézard, son pied d'espagnole et sa taille de guêpe; quand elle glisse, tourne, saute, et que le vent agite légèrement son mouchoir bleu; oh! toutes les lèvres frémissent du désir de faire retentir un baiser sur sa joue.

Ce baiser, un danseur le donnera pourtant; car c'est l'usage d'embrasser la danseuse qu'on a fatiguée : mais fillette n'est fatiguée que lorsqu'elle le veut bien; et déjà Jean-Louis, Pierre, Paul, sont là, hors d'haleine, sans avoir obtenu l'embrassade si désirée.

Un autre danseur les remplace, c'est son prétendu Marcel; favori de Montluc, Marcel, a taille haute, porte le sabre, l'uniforme et la cocarde à son chapeau; droit comme un I, belle tournure, mauvaise tête, mais cœur excellent; vantard, léger, peu aimable, se fourrant partout, Marcel, fou de Françonnette, agace toutes les filles pour la rendre jalouse; et si, par hasard, il effleure le doigt de l'une d'elles, le fat ne manque pas de le dire bien haut, en grossissant la légère faveur qu'il a obtenue.

Enfin, Marcel en a tant fait, que la jeune fille ne veut plus entendre parler de lui. Il le sait, devient jaloux, et, toujours maladroit, il proclame qu'il est aimé, et fait tout pour le faire croire; et l'autre jour, en public, il s'écria, en brisant un verre, qu'il défendait à qui que ce fût de l'embrasser.

Jugez si, en les voyant danser, la foule se pousse et se presse avec curiosité. Il lui tarde de savoir si le beau soldat aura le baiser disputé. D'abord, le danseur sourit à sa prétendue; lui fait *plaît-il* des yeux! mais elle reste muette, et n'en saute que mieux encore. Piqué au vif, Marcel veut la dompter; et le vaniteux, qui est du nombre de ces amants qui aiment mieux un baiser pris en public que vingt donnés de bon gré en cachette, en appelle à ses jarrets, joue des souliers, se dépêche... Oh! pour la fatiguer, il donnerait sabre, chapeau, galons de laine, et même galons d'or, si galons d'or il avait!

Mais qu'une faible fille est forte, quand le jeu ne lui plaît pas! Celle-ci, au lieu de succomber, l'essouffle, le fatigue : Marcel s'obstine, s'emporte; tout d'un coup il pâlit, il n'en peut plus, il va tomber. *Zeste !* Pascal s'élance, le remplace, et à peine a-t-il fait quelques pas, que Françonnette rit, est fatiguée, s'arrête, et tend la joue pour le baiser : oh! il ne se fit pas attendre!

Aussitôt des cris éclatent, de bruyants applaudissements résonnent de toutes parts en l'honneur de Pascal, tout confus de son bonheur.

Quel tableau pour Marcel, qui aime véritablement Françonnette! Ce baiser le fait frémir : il se lève, et regardant Pascal avec insolence : « Paysan, lui dit-il d'une voix tonnante, tu m'as remplacé trop tôt. » Et le brutal, mettant le comble à l'offense, lui applique sur la joue un vigoureux soufflet.

Jour de Dieu! avec quelle vitesse la peine flétrit le bonheur le plus doux! Baiser et soufflet! gloire et honte! lumière et ténèbres! feu et glace! vie et mort! ciel! enfer! tout cela bouillonne confondu dans l'ame de Pascal. Mais quand l'homme se voit si lâchement traité, il n'a pas besoin, pour venger son affront, d'être soldat ni homme du monde : non! il n'en a pas besoin. Regardez Pascal! L'orage n'est pas plus rapide; ses yeux brillent; sa voix tonne; ses poings fermés font pleuvoir sur Marcel une grêle de coups. En vain le soldat lève la tête, tire son sabre; Pascal, qui semble se grandir, l'enlace dans ses bras, le soulève, et d'une main vigoureuse le jette à ses pieds, brisé, moulu, évanoui.

Tiens! le paysan te fait l'aumône de la vie, lui dit Pascal en le lâchant. Achève-le! achève-le! lui crie-t-on de toutes parts; achève-le! tu es tout en sang. En effet, Pascal, dans sa fureur, s'est blessé au poignet.

— N'importe, je lui fais grâce : le méchant abattu a besoin de pitié. — Non, non! achève-le! mets-le en morceaux! lui crie la foule irritée.

— Arrière! Paysans! car vous avez tort, dit un monsieur magnifiquement habillé qui arrive à l'instant. Chacun se retire avec respect : c'est Montluc, qui vient voir ce qui se passe avec le baron de Roquefort.

Mais, plus d'amusements : les jeunes filles effrayées s'étaient enfuies deux à deux, comme des lièvres à travers les sillons; et tandis que les jeunes bergers accompagnaient au son du fifre le beau, le vaillant Pascal, comme si c'était son jour de noces; Marcel, gonflé de colère, veut se battre à mort; mais un geste de son seigneur l'enchaîne à sa place. Alors il grince des dents, et se dit à lui-même : « Ils l'aiment, ils font tout ce qu'ils
« peuvent pour entraver mon amour : elle s'y
« prête; cela l'amuse. Eh bien! par saint Mar-
« cel, mon patron, je m'en vengerai, et Fran-
« çonnette n'aura pas d'autre mari que moi!! »

Deuxième pause.

Un mois, deux mois, trois mois en fêtes se passèrent; les danses, les jeux, la clôture des moissons, et tous les plaisirs folâtres, s'envolèrent bientôt avec les feuilles des arbres. Sous la voûte du ciel, l'hiver répandit partout un air sombre et vieilli : la nuit venue, personne ne se hasardait dans les champs ; triste, chacun se blottissait au coin de son feu. Loups-garous et sorciers, terreur de la maison et de la chaumière, étaient censés faire le sabbat sous les ormes et dans les paillers.

Enfin, le jour de Noël parut : Jean le tambourineur cria dans le hameau, en agitant ses grands bras : « Jeune fille, dégourdis-toi ; vendredi, « veille du jour de l'an, grande soirée à dévider au « *Buscou* (7). » Oh ! comme la nouvelle du vieillard est promptement répandue par les jeunes filles et les garçons! Elle était de celles qui, rapides comme un oiseau, prêtent des ailes à la parole. Aussi, à peine l'air est-il un peu réchauffé par les rayons du soleil, qu'elle se répand par bouffées de foyer en foyer, de table en table, et d'*étuvé en étuvé* (8).

Le vendredi était arrivé; il bruinait un peu. Assise auprès d'une forge éteinte, une mère se plaignait, puis parlait à son fils, et voici ce qu'elle lui disait :

« Oublies-tu donc le jour où, triste, blessé, sanglant, je te vis paraître devant la boutique, accompagné par les musiciens? J'en ai pourtant bien souffert, pauvre femme! Cette blessure s'envenima, et pendant long-temps nous avons tremblé pour ta main. De grâce! ne sors pas ce soir ; j'ai rêvé des fleurs; que m'annoncent-elles, Pascal? des peines et des larmes. — Ma mère, tu es trop peureuse; tu vois tout en noir : Marcel ne revient plus; qu'as-tu à craindre

— N'importe, prends bien garde à toi! le sorcier du *Bois-Noir* a paru : tu connais les grands malheurs qu'il a causés l'an dernier. Eh bien! on dit qu'avant-hier, au point du jour, un soldat sortait de sa grotte. Si c'était Marcel!... mon enfant méfie-t'en! chaque mère a placé des reliques sur son fils; tiens, prends les miennes, et encore, crois-moi, ne va nulle part!

— Mon Dieu! je ne demande qu'une petite heure pour voir mon ami Thomas.

— Ton ami Thomas! dis donc Françonnette; car tu l'aimes toi aussi : tu crois que je n'y vois pas. Oh! va! va! je lis dans tes yeux. Pour ne pas me faire de la peine, tu chantes, tu veux paraître content; mais en secret tu pleures, tu souffres, tu es malheureux; et moi, je te plains, je dépéris. Tiens! quelque chose me dit qu'un grand malheur te menace. Elle a tant d'empire sur vous, quand elle vous tient! on la croirait sorcière! eh bien! dans sa vanité, que veut-elle? que cherche-t-elle?

la fortune? Mais on lui a offert vingt partis, et elle les a tous refusés. Elle fait semblant d'être éprise du riche Laurent de Brax; on dit même qu'ils seront bientôt fiancés. Oh! que d'embarras elle va faire, ce soir, près de lui, la vaniteuse! Pascal, laisse-la! c'est pour ton bien; elle ferait fi d'un forgeron, dont le père est vieux, infirme et pauvre; car nous sommes pauvres, tu le sais bien! Nous nous sommes défaits de tout; il ne nous reste plus qu'une vieille faulx. Oh! depuis ta maladie, il fait bien noir chez nous : mais, maintenant que tu es guéri, va! mon enfant, travaille; que dis-je? repose-toi, si tu le veux; nous souffrirons; mais, pour l'amour de Dieu, ne sors pas ce soir! »

Et la pauvre mère désolée pleurait, en priant son fils qui, appuyé contre la forge, étouffa un soupir dans son âme affligée, et dit : C'est vrai, nous sommes pauvres! j'avais tout oublié... Je vais travailler, ma mère!

Quelques instants après, l'enclume résonnait; mais en voyant le fer frappé d'une manière si inhabile, l'homme le moins expert aurait facilement remarqué que, si le forgeron avait un marteau en main, il en avait cent dans la tête.

Cependant presque tous les habitants du village se rendirent au *Buscou*. Chacun voulait dévider son écheveau à la fête des amoureux.

Dans une grande chambre, où tournoient déjà

cent dévidoirs doublement garnis, des jeunes filles, des garçons, se fatiguent les doigts à pelotonner rapidement des paquets de fil fin comme des cheveux.

Le travail est bientôt terminé : alors et vin blanc et *rimottes* tombent en bouillonnant dans verres et écuelles, et lancent une fumée ardente qui met le feu à la poudre d'amusette. Ah ! si le plus joli était le plus vaillant, j'aurais déjà signalé Françonnette : mais la reine des jeux est la dernière au travail ; et ce n'est que maintenant qu'elle va reprendre son empire.

Tiens ! tiens ! comme elle s'en donne, la brunette ! comme elle domine toute la foule ! L'on dirait qu'il y a trois femmes dans cette femme. Elle danse, elle parle, elle chante, elle fait de tout. Chante-t-elle, l'on dirait l'ame d'une tourterelle ; parle-t-elle, vous lui donneriez l'esprit d'un ange ; danse-t-elle, elle a les ailes d'un passereau ; et, ce soir-là, elle chanta, elle parla, elle dansa, oh ! mais à faire perdre la tête aux plus sages ! Son triomphe est complet ; elle attire tous les regards. Les pauvres jeunes gens en sont fous ; et l'œil de la jeune fille, qui les fascine, brille, lance des éclairs, en les voyant ensorcelés. Alors Thomas se lève, et, regardant la coquette avec des yeux brûlants d'amour, il entonne d'une voix flûtée cette chanson nouvelle :

La Syrène au cœur de glace.

I.

Folâtre pastourelle, syrène au cœur glacé, oh! dis-nous! dis-nous! je t'en prie, quand tintera l'heure qui te verra sensible à l'amour. Tu folâtres sans cesse, et, quand tu papillonnes, la foule que tu maîtrises sur ton chemin se met, et te suit.

Mais rien de tout cela, jeune fille, ne peut conduire au bonheur. Qu'est-ce que c'est d'être aimée, quand on ne sait pas aimer?

II.

Tu as vu notre joie à l'aspect du soleil du printemps : eh bien! tous les dimanches, quand tu parais, tu nous fais plus de plaisir que lui. Nous aimons ta voix d'ange, ta course d'hirondelle, ton air de demoiselle, et ta bouche, et tes cheveux, et tes yeux.

Mais rien de tout cela, jeune fille, etc.

III.

Privé de ta présence, le pays est dans la tristesse : les haies ni les prairies n'exhalent plus leur doux parfum ; le ciel n'est plus aussi bleu. Reviens-tu, jeune folle, la tristesse disparaît ; chacun se sent renaître à la vie. Oh! nous mangerions tes jolis petits doigts de baisers!

Mais rien de tout cela, jeune fille, etc.

IV.

Ta tourterelle, qui s'est échappée de ta demeure, te donne une leçon : elle est au bois, où elle t'oublie, et devient plus jolie en y faisant l'amour. Par l'amour, tout palpite; suis-le! puisqu'il t'invite, sinon tous les jours de ta vie seront tristes, désenchantés et perdus.

Il n'y a que l'amour, jeune fille, qui peut conduire au bonheur. C'est tout que d'être aimée, mais quand on sait aimer!

Le chanteur a fini; la troupe, satisfaite, pousse des cris de joie en s'accompagnant avec des battements de mains. Bon Dieu! quelle chanson! qu'elle est jolie! qui l'a faite? C'est Pascal, répond Thomas. Bravo Pascal! vive Pascal! s'écrie toute la foule avec transport. Françonnette ne dit mot; mais qu'elle est heureuse! qu'elle est fière d'être aimée de tous les jeunes gens, de se l'entendre dire, et dans une chanson! et devant tout le monde encore!

Cependant elle devient rêveuse en songeant à Pascal. Qu'il est bon! il a tout pour lui! personne ne peut lui être comparé! comme il peint l'amour!..... toutes les jeunes filles l'aiment sans doute! et sa chanson!..... comme elle est touchante! elle la sait déjà en entier. Mais, puisqu'il l'aime enfin, pourquoi tant se cacher? et tout à coup se retournant : — Thomas, dit-elle, il me tarde de le voir ; je veux lui faire mon compliment ; où est-il? Oh! il faut qu'il reste chez lui, répond le jaloux Laurent, que tous ces éloges fatiguent; Pascal ne pourra plus s'occuper de chansons; le pauvre jeune homme, tout le pousse à sa ruine ; il a son père presque infirme, étendu sur son lit ; il doit à tout le monde; le boulanger lui refuse du pain !...

Françonnette devient pâle, et dit: lui si aimable! pauvre garçon ! qu'il est à plaindre ! il est donc bien dans la misère? Mon Dieu, répond Laurent en feignant un sentiment de pitié, on dit qu'il vit d'aumônes. Tu en as menti! répond Thomas ; que ta langue se cloue à ton palais ! Pascal, il est vrai, est embarrassé dans ses petites affaires, depuis qu'il se fit au bras cette blessure pour Françonnette ; mais il est guéri ; et pourvu qu'aucun méchant ne cherche à lui nuire, il saura bien se tirer tout seul de cette triste position; car il a du courage et aime le travail.

Si quelqu'un avait bien examiné Françonnette dans ce moment, il aurait vu couler une larme de ses yeux.

Mais deux jeunes filles ont crié : *au cache-couteau! au cache-couteau!* la troupe s'assied en rang, le couteau est caché ; Françonnette a cet honneur. Marianette va cligner. — Laurent, as-tu mon couteau? — *Demoisellette,* non ! — Eh bien ! lève-toi, cherche-le! — Laurent, rayonnant d'espoir : — Françonnette, as-tu mon couteau? — Non, Monsieur! Si, petite menteuse! tu l'as! Lève-toi! et fais-moi un baiser!

Lorsqu'une fauvette, prise dans un filet, trouve un petit trou, elle s'envole et se cache dans les oseraies Ainsi s'échappe Françonnette poursuivie par Laurent. L'envie du baiser enflamme le jeune homme : il veut l'avoir, il l'aura ; mais au moment de saisir la jeune fille, le malheureux trébuche, glisse, tombe et se casse un bras.

Aussitôt tout se teint en noir. Mais, ô frayeur des frayeurs! tout à coup, dans le fond d'un réduit, une porte crie, s'ouvre, et un vieillard, dont la barbe descend jusqu'à la ceinture, paraît comme un fantôme. Oh! mon Dieu! les voilà pris; le sorcier du *Bois-Noir* est là, devant eux. « Impru-
« dents, leur dit-il; je descends de ma montagne
« pour vous dessiller les yeux, car votre sort me
« touche. Vous aimez Françonnette, dites-vous ;
« eh bien! apprenez, malheureux, que son père,
« qui était dans l'indigence, passa dans le parti
« des huguenots et la vendit au démon dès ses
« plus jeunes ans. Sa mère en est morte de cha-
« grin ; et le démon, qui ne lâche jamais sa proie,
« maintenant, suit partout, en cachette, la jeune
« fille qui lui appartient, Et n'avez-vous pas vu
« comment il a puni Pascal et Laurent, qui vou-
« laient l'embrasser? Vous êtes donc avertis : mal-

« heur à celui qui deviendra son époux ! La pre-
« mière nuit de ses noces, quand il voudra déta-
« cher de son front la couronne nuptiale, le démon
« la possédera ; le diable lui-même apparaîtra en
« personne, et tordra le cou au nouveau marié ! ! »
Il dit. Des poignées d'étincelles jaillissent de ses
mains et éclairent son visage parsemé de noires
verrues ; ensuite il fait quatre pirouettes, ordonne
à la porte de s'ouvrir ; la porte crie, s'ouvre, et
l'homme barbu disparaît.

Grands mots, comparaisons sonores, retentis-
santes, rien ne pourrait peindre l'étonnement et
le maintien de ces jeunes filles et de ces jeunes
gens. Ils demeurent immobiles comme des statues. Seule, Françonnette donne quelque signe
de vie. La pauvre enfant ne plie pas encore sous
le malheur qui vient de la frapper ; elle espère
qu'on va prendre tout cela pour une plaisanterie ;
elle rit d'un air amical, s'avance vers ses compagnes ; mais quand elle les voit se reculer aussitôt
et lui crier : va-t-en ! quelque chose de triste et de
douloureux lui frappe si fortement les yeux que,
l'air manquant à sa poitrine, elle tombe raide
sur le carreau.

Telle fut la fin d'une fête si joyeusement commencée. Le lendemain, jour de l'an, cette nouvelle retentit partout, et, long-temps après, se
répandit encore de cabanes en maisons et de prairies en guérets.

Oh! la peur du démon, qui de nos jours est si peu de chose, était terrible alors, sur-tout parmi les habitants de la campagne. Tout se réveilla aussitôt. Chacun se souvint qu'autrefois, chez elle, on entendait un horrible bruit de chaînes; qu'ensuite son père avait disparu; que sa mère, brisée par la douleur, mourut comme une folle; que depuis ce temps, tout réussit à Françonnette; qu'elle n'éprouve aucun malheur; que son petit domaine, sans être travaillé, lui rapporte plus qu'une métairie; et que, lorsque tout le pays est dévasté par la gelée ou par la grêle, son terrain est couvert de blé et de raisins.

C'en fut assez : les jeunes gens ajoutèrent foi aux prédictions du sorcier de la montagne. Filles, mères, grand'mères renchérirent encore. Bientôt les enfants tremblèrent à son nom; et, quand la jeune fille sortait, la tête baissée, pour les besoins de sa grand'mère, la foule lui criait de loin en prenant la fuite : Voici la vendue au démon!!

Troisième pause.

Autour du hameau d'Estanquet, sur les bords de ce ruisseau si frais, dont l'eau limpide caquette toute l'année sur un lit de petits cailloux, à l'ombre d'un épais feuillage ; une jeune fille, l'année dernière, rendait les oiseaux jaloux de sa voix et de ses chansons. Pourquoi ne chante-t-elle plus ? Les haies et les prairies se couvrent de verdure ; les rossignols, par leur ramage, vont l'agacer jusque dans son jardin. Aurait-elle quitté sa demeure ? non : son chapeau de paille fine est là-bas sur un siége de gazon ; mais il n'est plus orné de rubans. Son râteau, son arrosoir sont jetés çà et là, à travers les jonquilles renversées ; les branches de rosiers tombent pêle-mêle sur le seneçon ; et ses allées, autrefois si vantées, sont toutes pleines de mouron.

Oh ! il se passe quelque chose d'extraordinaire. Où est-elle, la jeune fille si légère, si déliée ? Sa maison scintille à travers les branches touffues des noisetiers. Approchons ; la porte est ouverte : ne faisons pas de bruit, car on entendrait... Ah ! je vois sa grand'mère qui dort sur le fauteuil ; je vois aussi, derrière la fenêtre, la fille d'Estanquet ; mais elle se plaint ! qu'a-t-elle ? des pleurs tombent sur sa jolie petite main : est-ce qu'il ferait noir dans son cœur ?

Oh! oui bien noir ! car vous l'avez déjà devinée, c'est Françonnette. La voilà donc, cette pauvre fille qui, ployant sous le coup terrible qui l'a frappée, s'enferme dans sa chambre pour répandre des larmes qui ne peuvent pas soulager son cœur. Jeune fille souvent pleure pour peu de chose, et se promène un instant après ; mais elle, elle a des chagrins profonds, et sa peine est de celles qu'on n'adoucit pas en pleurant. Fille d'un *huguenot*, chassée de l'Église, vendue au démon... Oh! elle en est anéantie! Sa grand'mère lui dit pour la consoler : « Petite, cela n'est pas vrai. » Elle n'écoute rien : son père seul peut tout démentir, si en effet c'est un mensonge ; mais personne ne sait ce qu'il est devenu ; et quand elle se voit seule, elle a une si grande peur, qu'elle croit à tout.

« Quel changement ! disait-elle ; moi, naguère
« si heureuse ; moi, la reine des prairies, fêtée
« par tant de concerts, entourée de tant de jeunes
« gens, qui tous pour me plaire seraient allés
« pieds nus jusque dans le nid des serpents, être
« méprisée, maudite, la terreur du pays!... et
« Pascal? lui aussi me fuit comme un fléau ! moi,
« je le plaignais pourtant dans son affreuse mi-
« sère ; et maintenant qu'il me sait malheureuse,
« il ne prend aucune part à mon malheur... peut-
« être? » Elle avait tort ; et sa douleur en reçoit quelque soulagement. On lui a appris que Pascal la défend contre tous ; cela lui fait du bien : ce sont

deux gouttes de baume pour sa jeune ame endolorie; aussi, pour adoucir sa douleur, souvent, toujours, elle pense à Pascal. Mais un cri l'arrache à sa pensée; elle court à sa grand'mère, la trouve réveillée, et l'entend qui disait : « Le mur! le mur!
« il ne brûle pas? ce n'est donc qu'un rêve? Oh!
« mon Dieu! quel bonheur! »

« Grand'mère, réponds-moi; qu'avais-tu? que
« rêvais-tu? — Pauvrette! il faisait nuit; des
« hommes, à l'air farouche, mettaient le feu à
« notre maison. Toi, tu criais, tu te fatiguais pour
« me sauver; mais tu ne pouvais jamais; nous
« brûlions toutes les deux. Ma fille, que j'ai souf-
« fert! oh! pour me délasser, viens, approche,
« que je t'embrasse! » Et la femme aux cheveux blancs serre long-temps, avec tendresse, entre ses bras amaigris, la jeune fille aux cheveux bruns qui lui sourit, qui l'embrasse, qui la caresse avec transport.

Enfin, après mille baisers, la vieille lui dit d'un air aimant : « Françonnette, ta mère, le jour de son
« mariage, sortit fiancée du château; et, nous le
« savons tous, Madame lui donna cette maison
« pour dot. Ce n'est donc pas du démon que vient
« ton aisance. Il est vrai que, pendant que tu
« étais à la mamelle, mon ange, chaque nuit,
« nous entendions là-haut un bruit extraordi-
« naire. Nous te trouvions toujours hors de ton
« berceau; et après, sur le bord de ton petit lit,

« nous voyions aussi trois gouttes de sang caillé.
« Mais, il m'en souvient, nous fîmes dire un
« évangile, et tout disparut. Cela te prouve donc
« encore que tu n'es pas vendue au démon : ce
« n'est qu'un mauvais bouquet qu'on a jeté sur
« toi. Courage! tu pleures là comme une enfant :
« va, ma fille, crois-en ta grand'mère! tu es plus
« jolie que jamais. Reprends ta vie accoutumée,
« promène-toi ; celui qui se cache devant l'envie,
« donne au méchant un pied d'eau de plus pour son
« moulin. D'ailleurs, Marcel t'aime toujours; il
« ma fait dire en secret qu'il serait à toi quand tu
« le voudrais... Tu ne l'aimes pas, je le sais... Mais
« Marcel soutiendrait ta faiblesse; moi, je suis
« trop vieille pour cela. Tiens! demain, c'est le
« saint jour de Pâques ; va entendre la messe, prie
« plus dévotement que tu ne le faisais, prends du
« pain bénit, fais le signe de la croix, et je suis
« certaine que Dieu, en te rendant le bonheur que
« tu as perdu, montrera sur ton visage qu'il ne t'a
« pas rayée du nombre de ses enfants. » En disant ces paroles, la physionomie souffrante de la vieille s'illumina de tant d'espérance, que la jeune fille, suspendue à son cou, lui promit tout ce qu'elle désirait. Quelques moments après, le silence le plus profond régnait dans la maisonnette.

Le lendemain matin, quand tous les habitants des environs entonnèrent, dans *Santa-Pé*, le joyeux *alleluia*, quelle fut leur surprise en voyant Françonnette qui, là, à deux genoux, les yeux baissés, disait dévotement son chapelet! Hélas! la pauvre fille a beau prier pour qu'on l'épargne, nulle fille ne l'épargnera ; car, par cela même que ses compagnes ont aperçu Pascal et Marcel, qui se retournaient en ayant l'air de la plaindre, elles lui font un sanglant affront. Toutes s'éloignent d'elle ; en sorte qu'elle se trouve seule au milieu d'un grand espace vide, seule, comme une condamnée qui porte l'empreinte de la honte sur le front. Mais ce n'est pas encore tout pour cette faible enfant : l'oncle de Marcel, marguillier, s'avance, guindé comme un conseiller, avec son juste-au-corps vert à basques pendantes ; il offre le pain bénit de Pâques : Françonnette, qui en a promis un morceau à sa grand'mère, fait le signe de la croix, et avance la main pour en prendre une double portion ; mais la corbeille de la grâce, qui s'arrête devant tout le monde, passe devant elle, passe sans lui offrir sa part du céleste pain.

Moment terrible! affront plus cruel encore! Oh! alors, elle croit que Dieu la chasse de son temple ; elle tremble, se voit perdue, et va s'évanouir ; mais un homme, un jeune homme, Pascal, Pascal qui ne la perd pas de vue, Pascal qui fait la quête, Pascal qui a tout deviné, en saisissant au passage un coup-d'œil d'intelligence entre l'oncle et le neveu, s'approche, sans bruit, sans crainte, et lui présente, sur son plat luisant, la couronne du pain bénit, ornée d'un magnifique bouquet de fleurs.

Quel doux moment pour elle! Oh! son sang en bouillonne de plaisir; son corps reprend sa douce chaleur; son ame tremble; l'on dirait que le pain d'un Dieu ressuscité l'a rappelée à la vie en la touchant. Mais d'où vient que son front s'est couvert de rougeur? Ah! c'est que l'ange de l'amour à soufflé une étincelle de sa flamme sur le foyer qui couvait dans son cœur. Ah! c'est que quelque chose de nouveau, d'extraordinaire, vif comme le feu, doux comme le miel, et s'allume et grandit dans son sein. Ah! c'est qu'elle vit d'une vie nouvelle; elle le sent, elle le connaît, elle en comprend toute la magie; monde, prêtre, tout disparaît à ses yeux ; dans le temple du seigneur, elle ne voit qu'un seul homme, l'homme qu'elle aimait, l'homme enfin à qui elle a dit : Merci!

Maintenant, laissons la jalousie gronder par les chemins, à la sortie de *Santa-Pé*, et faire triple scandale en grossissant ce qui vient d'avoir lieu. Ne perdons pas de vue Françonnette, qui porte le pain bénit d'honneur à sa grand'mère, et qui s'empresse de s'enfermer dans sa petite chambre, tête-à-tête avec son amour.

Première goutte de rosée pendant la sécheresse; premier rayon du soleil pendant les frimas ; non! vous n'êtes pas aussi doux, au sein de la terre attristée, que cette première lueur amoureuse au cœur de la jeune fille attendrie! Heureuse, entraînée, elle s'oublie elle-même, en se laissant aller peu à peu au bonheur enivrant d'aimer!

Ensuite, loin du bruit de l'envie, elle fait ce que nous faisons tous ; elle rêve les yeux ouverts ; et, sans pierres ni marteau, elle se bâtit un joli petit château, où, près de Pascal, tout est brillant, tout rayonne, tout ruisselle de bonheur. Oh! le sage a raison : « l'ame souffrante est celle qui sait le mieux aimer. » Celle-ci, en proie au feu qui la maîtrise, sent qu'elle aime pour toujours ; tout lui sourit; mais, hélas! miel d'amour devient bientôt amer : tout à coup elle se souvient, frémit, demeure immobile et glacée. Son joli petit château qu'elle a bâti dans ses rêves, s'écroule sous les coups d'une pensée affreuse. Elle rêvait d'amour, malheureuse! l'amour lui est défendu ; le grand sorcier l'a prononcé; elle est vendue au démon; et l'homme qui sera assez hardi pour oser l'épouser, ne trouvera qu'un tombeau dans sa chambre nuptiale.... Elle... voir mourir Pascal à son côté!.... Pitié, mon Dieu! pitié, pitié!!!

Et la jeune fille, l'ame déchirée par ces cruels tourments, tombe à genoux, les yeux baignés de larmes, devant une image de la mère du Sauveur.

« Sainte Vierge! dit-elle, oh! sans toi je suis per-
« due! La violence de mon amour m'entraîne ; et
« je n'ai ni père ni mère ; et ils disent que je suis

« vendue au démon ; oh ! prends pitié d'une pauvre
« fille ! Si cela est vrai, sauve-moi ; ou bien si ce
« sont des méchants qui ont inventé une telle ca-
« lomnie, fais-le voir à mon cœur ; et si j'ose t'of-
« frir mon cierge, à *Notre-Dame,* oh ! Vierge si
« bonne, prouve-moi que tu le reçois avec plaisir!. »

Courte prière, faite avec sincérité, monte rapidement au ciel. Certaine d'avoir été entendue, la jeune fille pense sans cesse à son projet. Souvent elle en frémit ; la peur la rend muette ; mais souvent aussi l'espérance luit dans son cœur, comme un éclair brillant au milieu d'une profonde nuit!!

Quatrième pause.

Enfin, voici le jour si craint et si désiré; et voici qu'au lever du soleil, de longs chapelets de jeunes filles, vêtues de blanc, se déploient partout, au *trin-trin* de la clochette; et bientôt *Notre-Dame,* au beau milieu d'un nuage de parfums, montre fièrement trente hameaux réunis en un seul. Que d'encensoirs, de croix, de bouquets, de bougies, de bannières, de petits anges! On y voit Puymirol, Artigues, Astafort, Lusignan, Cardonnet, Saint-Cirq, Brax, Roquefort; mais cette année, celles de Roquefort l'emportent sur toutes leurs compagnes. Des flots de curieux sortent pour les voir arriver. C'est que l'histoire de la fille vendue au démon s'est répandue partout; c'est que l'on a appris qu'aujourd'hui elle vient prier la sainte Vierge de la défendre.

De près, on rit d'une peine; de loin, on n'est pas si méchant. Chacun ici est vivement touché de sa douleur : on la regarde, on la plaint, on voudrait que pour elle il se fît un miracle, et que la Vierge la protégeât. Françonnette voit tout cela; elle en est touchée; son espoir augmente : la voix du peuple est la voix de Dieu! Oh! comme son cœur bat en entrant dans l'église! La bonté, l'indulgence de la sainte Vierge est répandue partout; des mères dans la douleur, des jeunes gens malheureux, des filles qui ont perdu leurs parents, des femmes stériles, s'agenouillent avec des cierges devant la mère du Sauveur, qu'un vieux prêtre en surplis leur pose sur les lèvres, en les bénissant.

Aucun signe, présage de malheur, n'est arrivé. Toutes les jeunes filles sont pleines d'espérance ; cette espérance, Françonnette la ressent aussi, surtout quand elle aperçoit Pascal prier avec ferveur. Oh! alors, elle ose diriger ses regards vers le prêtre ; alors il lui semble que l'amour, le chant, les lumières, l'encens, s'unissent pour obtenir son pardon. Grâce! grâce! dit-elle ; oh! si je l'obtenais!... Pascal!..... et aussitôt, allumant son cierge, elle s'avance, lumière et bouquet en main. Ses compagnes la laissent placer devant elles, par compassion. Personne ne respire ; pas un geste, pas un mouvement : tous les regards sont braqués sur elle et sur le prêtre... le prêtre prend l'image et la lui présente ; mais à peine a-t-elle touché les lèvres de l'orpheline que le tonnerre gronde, éclate... son cierge s'éteint, et trois autres de l'autel aussi!!

> Cierge éteint! prière repoussée!
> Et tonnerre! malédiction!

Oh! bon Dieu! C'est donc vrai : on l'a vendue au démon ; elle est abandonnée du ciel! Aussitôt un murmure de frayeur se répand dans l'assemblée ; et quand la jeune fille, respirant à peine, se lève comme une folle, chacun frémit, recule et la laisse passer.

Cependant, depuis ce coup de tonnerre, un orage terrible ravageait Roquefort : la foudre tombe sur le clocher de *Saint-Pierre* et le démolit : une grêle épaisse dévaste la campagne et ne laisse aux pauvres habitants que des yeux pour pleurer.

Et les *angèles* s'en retournaient ; et, prêtes à raconter le malheur qu'elles avaient vu, toutes, moins une, passaient par le village en chantant *ora pro nobis*.

A cette époque, Agen ne pouvait pas, comme aujourd'ui, pour franchir ses eaux périlleuses, montrer avec orgueil, aux autres villes jalouses, trois ponts magnifiques, dignes de la ville d'un roi. Deux simples bateaux, poussés par de longues perches, les portèrent à la rive opposée. Mais à peine ont-elles repris leurs rangs, en chantant sur la grève, que la nouvelle du grand fléau vient à leur rencontre. D'abord elles n'y croient qu'à moitié ; mais quand elles arrivent et qu'elles voient les vignes et les champs bouleversés, oh! alors, chacun frémit, se désespère, et les cris de *malheur!* et les cris de *misère!* retentissent de tous côtés.

Tout à coup, au milieu d'une troupe furieuse, quelqu'un s'écrie : « L'orage a encore épargné Françonnette! » Cette parole produit l'effet du feu sur la poudre. — Cette misérable! ah! qu'elle sorte;

qu'elle se présente, si elle l'ose! C'est elle qui nous porte malheur! oui! c'est bien elle! c'est elle seule qu'il faut accuser! et la foule grossit, s'irrite de plus en plus. Une voix s'écrie : « Chassons-la! qu'elle s'en aille, maudite, rôtir dans l'enfer avec son *huguenot* de père! » A ces mots les cris grandissent : « Chassons-la! chassons-la! » Les plus calmes se mettent en fureur.

En voyant cette foule acharnée, les yeux flamboyants, les poings serrés, on dirait que l'enfer s'est déchaîné sur elle; et, qu'à travers la nuit qui arrive avec la rosée, il lui souffle dans chaque veine de chaudes bouffées de poison.

Mais, que faisait Françonnette? Hélas! elle est là, dans sa maison, glacée, demi-morte; elle est là, immobile, qui fixe ses regards sur le tronçon du bouquet qu'elle avait reçu de Pascal. « Pauvre
« bouquet, dit-elle; quand je te reçus de lui, tu
« exhalais le bonheur, et moi, je respirais tes dou-
« ces émanations! Relique de l'amour, je t'ai porté
« sur mon sein! mais tu t'y es bientôt flétri comme
« mon bonheur. Bon Pascal! Adieu; mon cœur
« déchiré en verse des larmes. Mais adieu! adieu!
« pour toujours. Née sous une étoile malheureuse,
« je dois te cacher mon amour, pour ne pas te
« perdre avec moi. Je sens cependant aujourd'hui
« que je t'aime plus que jamais; que je t'aime d'un
« amour que rien ne peut guérir; de cet amour qui,
« sur la terre, fait vivre en reine ou périr. Mais la

« mort n'est rien pour moi, pourvu qu'il ne t'ar-
« rive aucun malheur! »

Françonnette, qu'as-tu à te plaindre? lui dit sa grand'mère; tu m'as dit, d'un air riant, que la Vierge avait reçu ton offrande. Tu m'as dit que tu étais contente, heureuse!... et je t'entends gémir comme une ame dans la souffrance! Tu me trompes! quelque chose t'est arrivée aujourd'hui! Non! non! rassure-toi, grand'mère! rien! je n'ai rien! au contraire! je suis... je suis heureuse! Ah! tant mieux, mon cœur! ce mot me rassure. Tiens! ton chagrin creuse ma tombe! aujourd'hui même, j'ai passé une affreuse nuit. Ce rêve d'incendie que je faisais l'autre jour revient sans cesse, malgré moi, à ma pensée. Puis, tu le sais, les orages m'épouvantent; ce soir, un rien me fait tressaillir d'effroi.

Tout à coup des voix retentissent. — Au feu! au feu! il faut tout brûler! Et la lueur de la flamme glisse à travers les fentes du vieux contrevent. Tremblante, hors d'elle-même, Françonnette paraît sur la porte! Oh! Dieu! que voit-elle? A la terrible clarté de son pailler qui brûle, elle voit un peuple furieux qui hurle : « Allons! il faut les chasser! les chasser toutes les deux, la jeune et la vieille! Toutes les deux sont cause de notre ruine. Vendue au démon! allez vous-en, ou nous vous faisons rôtir!! »

Françonnette, à genoux, crie à la populace : « Ma

grand'mère vous entend! vous allez la tuer! Pitié! grâce! pitié!

Mais ces malheureux, aveuglés par la fureur, la voyant tête nue, s'imaginent que la vendue au démon en est également possédée, et n'en crient que plus fort encore : Dehors! dehors! et déjà les plus mauvaises têtes s'approchent de la demeure en brandissant des cordes enflammées.

Aussitôt un homme furieux se précipite au devant de la foule, c'est Pascal. Arrêtez! arrêtez! s'écrie-t-il. Lâches! martyriser des femmes! brûler leur maison pour augmenter leurs souffrances. Elles, déjà si malheureuses! Mais vous êtes donc tous des tigres ici.... Retirez-vous... déjà le feu est aux murailles. — Eh bien! qu'elles quittent le pays; le démon les possède ; ce sont deux *huguenotes!* Dieu nous punit de les garder près de nous. Vite! que la jeune s'en aille, ou bien elle sera brûlée à l'instant. — Malheureux! qui peut vous exciter ainsi? Ah! Marcel est revenu : il lui en veut; méfiez-vous-en... Tu en as menti, dit Marcel, qui arrive. Je l'aime plus que toi, vantard; que fais-tu donc pour elle, toi, qui as le cœur si tendre? — Je viens pour l'assister; je viens pour la défendre.... Et moi pour l'épouser, dit Marcel. Oui, malgré tout, je veux l'épouser si elle veut de moi. Et moi aussi, répond Pascal, en présence de son rival étonné; et, se tournant vers l'orpheline, il lui dit

avec courage : « Françonnette, il n'est plus de re-
« pos pour toi ; la fureur de ces méchants t'attend
« de village en village ; mais nous sommes deux
« qui t'aimons, deux qui voulons braver la mort,
« l'enfer pour te sauver. Si tu veux un de nous,
« choisis. — Oh ! point de mariage, Pascal ! mon
« amour donne la mort. Va-t-en ! oublie-moi ! sois
« heureux sans Françonnette ! — Heureux ! sans
« toi ! non ! non ! je ne puis plus l'être ; je t'aime
« trop ; et, s'il est vrai que tu sois possédée du dé-
« mon, eh bien ! j'aime mieux mourir ensemble
« que de vivre sans toi. »

Sans doute que la voix de la personne aimée possède une puissance qui maîtrise notre cœur ; sans doute qu'arrivés au dernier échelon du malheur, nous osons braver avec une intrépidité étonnante les dangers les plus menaçants ; car, en présence de cette foule, la jeune fille s'écrie : O Pascal ! je t'aime et je voulais mourir seule ; mais tu le veux, je ne résiste plus ; et si c'est notre destinée, eh bien ! mourons tous deux en même temps !

Pascal est aux anges ; la foule frissonne de frayeur ; le soldat est atterré. Pascal s'approche de lui. — Je suis plus heureux que toi ; mais tu es brave ! pardonne ! j'ai besoin d'un garçon de noces pour me conduire au tombeau ; je n'ai plus d'ami, sois le mien ? Marcel se tait, réfléchit ; on voit qu'un grand combat se livre dans son cœur.

Tout à coup son œil brille, son front s'est plissé, il regarde Françonnette en silence, devient pâle comme un mort, lève la tête, sourit, et s'écrie : Puisqu'elle le veut, *elle,* je le veux bien !

Deux semaines après, une noce *sterling* (9) descendait la verte colline ; en tête marchaient les deux beaux fiancés : une foule de curieux venus de tous côtés, d'une lieue à la ronde, forment une triple haie, et tremblent pour le sort de Pascal. Marcel dirige tout, conduit tout ; sur sa figure brille le reflet d'un plaisir caché ; de son œil s'échappe quelque chose qu'on ne peut définir ; l'on dirait que ce jour est un triomphe pour lui. C'est lui qui a voulu se mêler de la fête, et qui, pour bouquet, donne à son rival un splendide festin. En effet, rien n'est oublié, rien n'y manque, tout y est à foison, excepté cependant les bruyants plaisirs, car personne ne chante ni ne rit.

Le marié au bord du tombeau ; son garçon de noces qui l'y pousse, en le comblant de prévenances ; le jour qui baisse ; tout répand dans les cœurs un profond sentiment de pitié ; tous sont dans la tristesse ; tous voudraient suivre Pascal ; ils croient qu'il n'est plus temps, et sont là, debout, immobiles, comme s'ils assistaient, non à une noce, mais à un enterrement. Fascinés par l'amour, glissant au bord d'un précipice, les mariés ont fait le sacrifice de leur vie. Nul bruit ne les distrait ; ils se tiennent par la main, et s'expriment par leurs regards le bonheur qu'ils éprouvent à s'aimer.

Enfin, la nuit est descendue. — Tout à coup une femme effrayée, égarée, se jette au cou de Pascal : Mon fils, mon pauvre fils, va-t-en ! quitte ta fiancée ! je viens de chez la devineresse ; le tamis a tourné ; ta mort est certaine ; une odeur de soufre s'exhale déjà de la chambre nuptiale. Pascal, n'entre pas ! tu es perdu si tu demeures ! et moi qui t'aime tant, que deviendrai-je si tu péris ? Des larmes mouillent les paupières de Pascal, mais il n'en serre que plus fortement la main qu'il tient dans la sienne

La pauvre mère s'en aperçoit, et tombe aux pieds de son fils. — Ingrat ! je ne te quitte plus ! et, si tu en as le courage, tu passeras sur mon corps avant d'entrer dans leur maison ! Une femme est donc tout ! une mère n'est donc rien ! Oh ! que je suis malheureuse !... Tous les assistants versent des larmes. Marcel, dit le fiancé : que sa douleur me fait mal ! mais l'amour me domine, l'emporte... Voici l'heure... s'il m'arrive quelque malheur... ah ! prends soin de ma mère !

— Je n'y tiens plus ! ta mère me désarme ! s'écrie Marcel en essuyant une larme. Pascal, triomphe ! sois heureux ! Françonnette n'est point vendue au démon. Tout cela n'est qu'un conte fait à plaisir ; mais rends grâces à ta mère : sans elle vous étiez perdus, et moi aussi.

— Que dis-tu? — La vérité; écoute: « Tu sais
« combien je l'aime! pour elle, comme toi, je
« donnerais tout mon sang. Je croyais être aimé...
« elle avait mon ame tout entière. Eh bien! elle
« me refusa pourtant, et elle n'ignorait pas qu'elle
« m'était promise! Je vis que vous étiez un obsta-
« cle à mes projets : en amour comme en guerre,
« la ruse n'est pas défendue; je payai le sorcier
« pour vous effrayer; il imagina un conte affreux;
« le hasard fit le reste, au point que je la voyais
« déjà ma fiancée. Mais quand nous demandâmes
« sa main en même temps; quand pour toi elle
« brava tout; quand elle t'avoua si promptement
« son amour; oh! ce fut un coup de poignard
« pour mon cœur. De moi, d'elle, de toi, je résolus
« la mort. J'allais donc bientôt vous conduire dans
« la chambre nuptiale; et là, devant le lit que j'ai
« miné entièrement, j'aurais dit : Vous n'avez
« rien à craindre du démon! mais ensuite je vous
« aurais exprimé tout le tourment qui me dévore,
« et j'aurais fini par ces paroles : Faites le signe
« de la croix, car vous allez mourir! et tous deux
« avec moi, je vous aurais fait sauter! Mais ta
« mère me désarme; elle me rappelle celle que
« j'ai perdue. Pascal, vis pour ta mère! tu n'as
« plus rien à redouter de moi; ton paradis des-
« cend maintenant sur la terre; moi, qui n'ai
« plus personne, je retourne aux combats. D'ail-
« leurs, pour me guérir de cet amour terrible qui

« me consume, peut-être vaut-il mieux encore,
« au lieu d'un crime, un coup de canon ! »

Il se tait et s'enfuit ; des bravos éclatent ; les mariés tressaillent de bonheur : déjà les étoiles commencent à paraître dans l'azur du ciel. Ici, je pose mon pinceau pour reprendre haleine ; j'avais des couleurs pour peindre la souffrance, je n'en ai pas pour une telle félicité !

Le lendemain matin, au lever de l'aurore, rien ne remuait dans la petite maison blanche ; cependant, trois hameaux réunis dans Estanquet, attendaient le réveil des jeunes mariés. Marcel avait dit vrai; mais telle était alors la crainte du démon, qu'ils tremblent encore pour Pascal : les uns ont entendu de grands cris pendant la nuit ; les autres ont vu des ombres danser sur les murailles ; ils croient Pascal mort, de telle sorte que personne n'a osé lui porter le breuvage nuptial. Enfin, quand au bout d'un instant une musique résonne devant la petite maison ; quand ils entendent le vieux refrain de l'aubade qu'on donne aux jeunes époux ; quand la porte s'ouvre ; que le couple paraît, et que la mariée, en rougissant, présente d'une main amie des morceaux de sa jarretière à toutes ses compagnes ; oh ! alors, la peur fait place aux repentirs honteux ; le bonheur de Pascal fait des jaloux ; et les pauvres jeunes gens, dont l'ame est encore mal guérie de leurs premiers sentiments d'amour, en voyant là, devant eux, Françonnette, rose épanouie, si heureuse! si jolie! s'écrient : Oh! jamais plus nous ne croirons aux sorciers!

―――――

LA TOUR-D'AUVERGNE,

PREMIER GRENADIER DE FRANCE.

Poëme dédié à M. Dutour, de l'Académie de Clémence-Isaure.

Quand *l'homme des grands jours* bouleversait la terre avec ses gros canons qui sans cesse grondaient, et que nos aînés, enrôlés sous ses étendards, combattaient les ennemis de la patrie; nous autres, enfants, nous parlions d'eux, de leurs hauts faits, et jeunes encore, nous grandissions au bruit de leurs merveilleux exploits.

Si quelque vieux soldat passait devant notre maison en gagnant lentement son étape, nous saluions son air guerrier; il nous semblait alors qu'un soldat, avec sa capote grise, était plus qu'un préfet, qu'un évêque, qu'un pape, sur-tout s'il était grenadier.

Oh! les grenadiers, comme nous les aimions! tous, nous voulions le devenir, depuis que le plus vieux de nos vétérans nous avait raconté la vie de ce grenadier célèbre, qui devint grand parmi les plus grands.

Au milieu de tant de faits glorieux proclamés

en l'honneur de nos soldats, les siens l'emportaient sur tous les autres ; nous les savions par cœur, et nous voulions les entendre encore ; et le vétéran, que nous écoutions, nous les redisait de nouveau.

—*La Tour-d'Auvergne,* aimante jeunesse, était d'une naissance illustre ; on dit même qu'il descendait du sang des rois : eh bien ! il fut soldat, et fameux soldat encore ! car, pétri de force et de bonté, il était agneau dans sa tente, et lion en présence de l'ennemi. La mitraille était sa musique ; la couleur du drapeau lui importait peu ; ce qu'il adorait, lui, c'était la gloire et l'honneur de la France ; et quand la république arriva, il la servit comme un Bayard.

Ah ! si la Garonne parlait, comme elle dirait, qu'aux rochers où elle prend sa source, ses eaux se mêlèrent un jour au sang fumant des Espagnols ! car il était là, le brave grenadier qui les taillait en pièces, avec ses mille compagnons.

Quand la charge sonnait et qu'il marchait au combat, ô enfants, qu'il était beau ! Il grandissait de deux pieds ! Seul, il en valait douze, vingt-quatre, quarante-huit, cent, deux cents ; mais quand il s'élançait sur l'ennemi, qui sait, qui sait ce qu'il pouvait valoir ?

Demandez-le à l'Espagnol. A son nom, à ses coups, jamais il ne put résister ; et, dans son effroi, il l'appelait l'échappé de l'enfer. Je le crois bien !

pour lui c'était un être infernal; il était partout, il frappait toujours, il le poursuivait, il l'étourdissait, il ne lui donnait pas le temps de respirer; et si, dans sa fuite, l'ennemi s'enfermait dans quelque forteresse, le *Breton* le forçait à se rendre, quoiqu'il n'eût à son service qu'un canon vieux et rouillé; s'il résistait, il trouait les murailles, nous entraînait aux redoutes, les enlevait en un clin-d'œil, et, comme en se jouant, s'emparait de la ville assiégée.

Ensuite, sur ces lieux mêmes, obscurcissant les héros de tous les âges, il n'y avait plus d'ennemis pour lui; et, plus d'une fois, la nuit, on l'a vu panser les blessures qu'il avait faites dans les combats! Et n'allez pas croire, mes enfants, qu'il ambitionnât un manteau de prince à grand soleil, chargé d'or et de décorations. Non! il voulut demeurer toujours capitaine de grenadiers; et quand les faveurs venaient pleuvoir sur lui, il refusait tout, l'or, les titres et les grades, disant tout bas:
« Mes amis, pour les honneurs passez devant
« moi; moi, je ne passe devant vous qu'en face
« du canon! »

Cependant le malheur lutta contre son courage: cet homme si intrépide, que le plomb n'avait jamais pu atteindre en face de l'ennemi, un jour, en voyage, sans armes, tomba au pouvoir des Anglais: là, captif pendant quinze ou vingt mois, il composa, je ne sais comment, un livre utile; car il avait aussi de la science et parlait sur le bout du doigt sept langues, et peut-être plus encore. Enfin il revit la France. Plus heureux et plus fier que jamais de reprendre son uniforme, son épée, et, si c'était nécessaire, le sabre et le fusil, il allait courir au milieu des dangers ; on le *planta* à la réforme... Il souffrit en silence ; pas un murmure ne s'échappa de ses lèvres, et cependant il était pauvre ; et lorsque tout Paris, sur le bruit de sa renommée, accourait pour le voir, lui, le grand homme, manquait quelquefois de pain !

Sa paye avait secouru les malheurs de l'indigence. Des princes, ses cousins, lui offrirent de vastes domaines ; lui, toujours noble et fier, ne voulut rien recevoir. Il donnait tout ce qu'il avait et n'acceptait rien de personne

Un jour, il entre chez un savant qui était pauvre aussi, il entre en fredonnant un petit air de cantine. Mais qu'a-t-il vu ? un conscrit ... il a le sac sur le dos... le savant pleure... il a tout compris ; et, s'approchant aussitôt : « Ami, ne crains rien, dit-il, tu peux écrire pour la France ; ton fils restera près de toi ; tu en as trop besoin pour vivre... je vais partir pour lui... » Il l'embrasse et sort. Et le fils resta auprès de son père. Mais le vieux grenadier ne paraissait plus. Où était-il ? Pauvres amis, qui le croirait ? à la mitraille, à l'ennemi, il répondait pour le conscrit. Il était parti à sa place ; il était parti simple soldat encore !! Tenez !

quand je vous parle de cela, j'ai toujours quelque chose qui me serre le cœur.

En effet, ému, attendri, ici l'invalide se taisait ; puis il reprenait : Alors il quadrupla sa renommée ; les gazettes, l'armée proclamèrent ses exploits ; son portrait se vendait partout par centaines. *L'empereur* qui, tout près du trône français, n'était encore que *le premier de trois,* lui écrivit de sa main deux grandes pages remplies de compliments, qui lui annonçaient, qu'il était nommé de ceux qui nous faisaient les lois. Lui, répondit : « Je n'entends rien à faire les lois, mais je les défends. »

Alors l'homme qui, plus tard, devait monter si haut, le nomma premier grenadier de France. « Non, non, répondit-il, ils sont tous *des premiers!* « tous méritent ce grade ! »

Tant de grandeur d'ame frappa Napoléon d'étonnement ; il lui envoya un sabre d'honneur ; il l'accepta ; et, partant pour la triple campagne qui s'ouvrait dans le Nord, il le teignit et le reteignit encore dans le sang allemand... Il se moquait de la mort, et à un tel point que les soldats croyaient que les balles s'aplatissaient sur son corps. Hélas ! ils se trompaient, car un jour de combat, le Breton tomba mort au milieu de la mitraille.... l'armée prit le deuil.... Depuis ce jour, dans son intrépide régiment, les grenadiers, au premier rang laissent toujours sa place vide ; et, quand on fait l'appel, le plus vieux s'écrie : « *Mort pour la France, en face du canon !* » Et il montre son cœur comme le drapeau de l'honneur et du courage !!

A ces mots, le vieux vétéran, ployé sur sa béquille, laissait toujours tomber une larme, et nous aussi. Quand il nous avait quittés, chacun rentrait dans sa famille plus fier et grandissait, rêvant sans cesse et batailles et soldats. Mais nous ne pûmes y atteindre !!... Dans moins de cinq années, notre grand empereur, nos grandes armées, tout fut anéanti, tout, excepté son souvenir. Maintenant, quand tout se rapetisse, lui seul semble grandir encore. Ah ! c'est que, pour lui, le peuple a toute sa mémoire ; c'est que, malgré tant d'auteurs mercenaires, le peuple débrouille hardiment l'histoire de *l'empereur* et de ses soldats ; c'est qu'il n'appartient qu'à lui d'en faire briller les innombrables soleils ; car le peuple sera toujours ici, jusqu'au dernier des siècles, le grand poème que Dieu applaudit. qui fait tout retentir quand il chante pour la gloire, et qui a trente-trois millions de voix et de feuillets !!

MES SOUVENIRS.

Poème en trois pauses.

A M. Florimond de Saint-Amant.

Première pause.

Eh bien! puisque vous le voulez, puisque je vous en ai fait la promesse, je vous raconterai tout, tout, jusqu'à ma naissance.

Vieux et cassé, l'autre siècle n'avait plus que deux ans à passer sur la terre, lorsqu'au recoin d'une vieille rue, dans une maison, retraite des rats du quartier, le jeudi-gras, derrière la porte, à l'heure où les crêpes sautent dans la poêle à frire, naquit d'un père bossu et d'une mère boiteuse un marmot, et ce marmot.... c'est moi.

Quand un prince naît, le canon salue sa naissance; tout ce tapage annonce le bonheur; mais moi, petit malheureux, fils d'un pauvre tailleur, je ne fus accueilli par aucune réjouissance à mon arrivée dans ce monde. Le vacarme d'un grand charivari dont mes voisins régalaient leur voisin, vint assourdir mes oreilles pures et virginales d'un bruit affreux de cornets, de chaudrons, qu'excitait encore le refrain de trente couplets composés par mon père.

Mais sans canons, sans tambours, sans trompettes, l'enfant du peuple pousse comme l'enfant des grands. Emmailloté dans des langes grossiers et rapetassés, couché sur ma petite couëtte, maigre, petit, mais nourri de bon lait, je grandissais comme le fils d'un roi!

C'est ainsi que, pendant long-temps aimé, chéri de ma famille, je parvins à ma septième année.

Maintenant tout prend de l'intérêt pour moi Pour bien peindre, il faut peindre ses sensations; et je commençais déjà à sentir, oui; vous pouvez m'en croire. Il me semble me voir encore à sept ans, le cornet en main, coiffé de papier gris, suivant mon père à tous les charivaris de la ville. Oh! que j'étais heureux quand mon cornet ronflait bien fort! comme mon cœur se dilatait de plaisir lorsque, mon goûter à la main, pieds nus, tête nue, j'allais ramasser du bois dans les ilots de la rivière! Je n'étais pas seul, nous étions vingt, nous étions trente. Oh! que mon ame bondissait d'allégresse, quand midi sonnant, nous passions tous en chantant *l'agneau que tu m'as donné!* Ce souvenir m'enivre et me transporte!

Enfants des riches, petits messieurs sucrés qui, claquemurés dans un salon bien chaud, vous laissez aller au sommeil sur des capucins de cartes, ou qui suez à grosses gouttes pour le moindre petit mouvement; oh! si vous nous voyiez, comme vous seriez jaloux de notre bonheur! vous jetteriez capucins et raquettes, et préféreriez le soleil à votre coin du feu ; car ce n'est pas au coin du feu qu'habite la santé. Vous autres, bien vêtus, bien chauffés, vous attrapez des rhumes dans votre salon ; nous autres, demi-nus, en plein air, nous jouissons d'une santé parfaite. Aussi, voyez-nous, voyez-nous glisser légèrement sur le velours si sabloneux des prairies. Tout à coup le plus laborieux s'écrie : A l'île! amis! à l'île! répétons-nous tous à la fois; et aussitôt, répandus dans l'île, nous nous hâtons de construire notre fagot. Écorces, copeaux, souches mortes, branches brisées, sont placés sur deux tiges flexibles. Gloire à nous! notre fagot est fait et lié une heure avant la nuit. Nous profitons de cet instant de loisir. Les branches d'arbres nous servent d'escarpolette jusqu'à la fin du jour. Mais quel joli tableau que celui de notre rentrée au village! Trente fagots sautillent sur trente têtes, et trente voix, comme au départ, forment le même concert et répètent le même refrain.

Ainsi se passaient mes journées depuis le jour des *Rois* jusqu'à la *moisson;* mais quand saint Jean, dieu guerrier des enfants, levait ses armées pour allumer ses feux, je prenais mon rang parmi les diablotins de la ville. Malheur à moi, quand deux régiments en venaient aux mains dans la rue. Se battaient-ils, je me battais ; mais les coups de poings, les coups de sabre de bois claquaient de telle sorte sur mon corps, que moi, pauvre malheureux, moi le moins hardi de tous, j'étais toujours le plus criblé. La paix étant signée, le désarmement avait lieu, et de soldats que nous étions, nous devenions maraudeurs. Oh! que de haies, que de murailles franchies! que de cerises et de prunes chipées! la poire mûre et l'abricot tout vert, tombaient également sous nos coups. J'étais partout; il faudrait cent trompettes pour célébrer toutes mes actions d'éclat. Que de fois j'ai grimpé, comme un écureuil, sur le pêcher et le grenadier! que de fois, pendant que le paysan émottait son jardin, j'ai égréné ses raisins qui commençaient à peine à mûrir! En un mot, on m'appelait le *Fléau des Vergers*. J'en étais fier : mais que voulez-vous? la nature place toujours quelque ombre à son tableau; heureux du moins celui qui peut l'embellir par un peu de lumière!

A la vérité, au milieu de toutes ces espiègleries, j'étais rêveur; le seul mot *école* me rendait muet et produisait sur mon cœur le même effet que le son d'une vielle! Mais ce mot, ordinairement si doux, me faisait mal lorsque ma mère, en tournant son fuseau, me regardait d'un air triste et mélancolique, et le prononçait tout bas à mon grand-père. Les larmes me venaient aux yeux. Pourquoi? je n'en sais rien; mais j'étais plus triste long-temps après. Quelque chose m'attristait encore davantage. Voici comment. D'ordinaire, chaque foire venait remplir mon petit gousset; or, quand j'avais fait quelque commission, porté quelque paquet, je courais aussitôt remettre ma petite bourse à ma mère. Il y avait des sous, souvent une petite pièce ; eh bien ! toujours la pauvre mère me disait en soupirant un peu : « Pauvre petit, tu viens bien à propos! » Dieu ! sur le moment ces paroles me poignardaient ; mais bientôt le rire se présentait sur mes lèvres ; et, léger comme le papillon, je devenais plus volage que jamais.

Ah ! dans cet âge tendre, le plus petit plaisir était un plaisir délicieux pour moi. Les vendanges étaient-elles arrivées, je glanais ; l'hiver, gelait-il à pierre fendre, faute de bois je me réchauffais au soleil, en attendant l'heure de la veillée ; car, de l'hiver, si triste et si laid, oh ! que la veillée est belle ! Nous étions quarante assis en cercle dans une chambre. Une vieille lampe de laiton, suspendue au bout d'un roseau, nous prêtait sa pâle lumière. Là, quarante quenouilles et quarante fuseaux raboteux faisaient du fil, gros comme de la ficelle : le plus grand silence régnait parmi nous. Assis sur un petit siége, nous autres nous écoutions, en dévidant, les vieux contes qu'une vieille disait. Oh ! que de plaisirs et de peines, au récit de l'*Ogre et le Petit-Poucet !* Mais, quand elle nous peignait une troupe de revenants faisant retentir leurs chaînes, dans une vieille maison abandonnée ; quand elle nous racontait l'histoire de *Barbe-Bleue,* du *Sorcier,* du *Loup-Garou* hurlant dans la rue, j'étais à moitié mort de frayeur, je n'osais plus respirer; et lorsque je sortais, minuit sonnant, il me semblait que tous les sorciers et tous les loups-garous étaient à mes trousses pour m'attraper. Eh bien! tout cela me plaisait pourtant! Le jour, ma frayeur se dissipait comme un éclair; et tous les soirs, transi de froid, j'étais toujours le premier assis sur le petit morceau de bois. Mais un hiver, mon escabeau resta vide... Oh! c'est qu'alors un triste événement m'avait frappé d'une affliction si grande, que depuis je sentais toujours mon œil humide! Douce ignorance, ah! pourquoi ton bandeau s'est-il arraché si vite et si brusquement!

C'était un lundi; mes dix années touchaient à leur fin; j'étais roi, on m'écoutait. Mais tout à coup, qui vient m'interrompre? un vieillard assis sur un fauteuil de saule, placé sur deux bâtons portés par deux voituriers. Le vieillard s'avance, s'approche, s'approche davantage... Dieu! qu'ai-je vu? qu'ai-je vu? mon grand-père.... mon vieux grand-père, entouré de ma famille! Dans ma douleur, je ne vois que lui.... je m'élance pour le couvrir de baisers.... pour la première fois, il pleure en m'embrassant. Mon père! pourquoi pleures-tu? pourquoi abandonnes-tu tes enfants, qui t'adorent? où vas-tu, parrain?... Mon fils, à l'hôpital; c'est toujours là que les Jasmins terminent leur carrière. Il m'embrasse, et part en fermant ses

13

yeux bleus; les miens le suivent pendant longtemps, à travers les arbres. Cinq jours après, mon grand-père n'était plus; et moi, hélas! triste, malheureux, je sus pour la première fois, ce lundi, ce qu'était la misère!

Deuxième pause.

Je pouvais, si je l'avais voulu, avant de prendre haleine, emprunter des couleurs menteuses, peindre de magnifiques aventures, qui m'auraient fait valoir dans l'esprit de mes lecteurs; car, dans notre siècle couvert d'or et de soie, le mensonge plaît et éblouit, tandis que la vérité ennuie et paraît froide, sur-tout quand elle est nue comme l'enfant qui vient de naître. N'importe! arrière le faux! je veux, j'aime le vrai! Que d'autres, en faisant leurs portraits, débitent des mensonges, qu'ils se fardent, qu'ils s'embellissent; moi, je me représente tel que je suis, rien de plus, rien de moins; et si je ne suis pas joli, j'ai du moins le mérite d'être ressemblant; et pour l'être, je place maintenant d'autres couleurs sur ma palette, car mon ame juvénile a déjà changé ma joie et ma gaîté en pleurs.

La mort de mon grand'père avait plombé ma pensée : je connaissais la vérité tout entière. Plus de jeux! plus d'amusements! Mes yeux, ordinairement si gais, étaient tristes, et faisaient, pour la première fois, l'inventaire de notre vieille chambre, ouverte aux quatre vents. Six vieux rideaux de toile, attachés à trois lits vermoulus, auraient pu ressembler parfois, quand ils étaient fermés, à une voile enflée par le vent, si les années et la dent des rats ne les eussent pas mis à jour comme un crible ; une armoire, souvent menacée des recors, quatre ou cinq assiettes recousues, un pot, deux jarres fendues, un verre de bois ébréché, une table, des retailles, des vestes rapetacées, un chandelier tout noirci, un miroir sans cadre, enfumé et collé à la muraille par trois petits clous, quatre chaises éclopées, une besace suspendue, un cabinet sans clef, voilà tout notre avoir... et cela pour neuf individus !

La misère nous rongeait. Ma mère ne m'avait rien caché. Je la voyais, cette misère, écrite en grosses lettres sur tous les objets qui étaient devant moi. Oh ! mon cœur en saignait de tristesse ! Je savais qu'aucun vieillard de notre famille ne mourait dans sa maison ; je savais que cette femme, au visage sévère, qui venait tous les matins, un bidon à la main, apportait à ma grand'mère malade et jeune encore, le bouillon de la charité ; je savais que cette besace suspendue, dans laquelle, parfois, je glissais furtivement la main, était celle dont se servait mon grand-père, quand il allait dans les fermes demander du pain à ses anciens amis. Pauvre grand-père! Quand je courais attendre son retour, il choisissait toujours pour moi le morceau le plus tendre.

Dieu! que j'étais malheureux de connaître tous nos malheurs! On ne me voyait plus courir, folâtrer dans les rues. Triste, les yeux baignés de larmes, je rêvais sans cesse au passé ; et si parfois un cerceau, un cerf-volant, un soldat, un drapeau, m'arrachaient un sourire, ce sourire ressemblait au pâle rayon du soleil pendant un jour de pluie.

Enfin, un jour, ma mère entre à la maison comme une folle: Jacques! mon fils! viens, viens à l'école! A l'école, ma mère, repris-je tout ébahi ; nous sommes donc devenus riches? Pauvre enfant! tu y vas gratis ; c'est chez ton cousin ; viens, oh! que je suis heureuse!

Me voilà donc, au milieu de cinquante petits bonshommes, marmottant ma leçon dans l'alphabet. La nature m'avait doué d'une mémoire facile ; aussi, grâce à mon cousin, grâce à ses soins, à sa tendresse, six mois après, entre la joie et la tristesse, je savais lire ; six mois après, je servais la messe ; six mois après, j'entonnais le *tantum ergo;* six mois après, j'entrais au séminaire pour rien ; six mois après, j'en sortais chassé et maudit ; voici pourquoi. La dernière semaine, nous composâmes pour un prix, et mon thème l'obtint ; ce prix était une soutane, vieille, sèche comme de la bruyère. Le lundi gras, ma mère vint pour me voir. En la lui remettant, la rougeur enflammait mon visage ; mon sang *trottait* à petits bouillons ; je sentais que mon devoir n'avait pas autant de fautes que ma soutane de reprises. J'étais heureux. Ma mère me laissait entrevoir tout son bonheur. Quels baisers ! quels regards ! « Pauvre « ami, disait-elle, il faut bien travailler ! car, grâce « à toi, tous les mardis ils m'envoient un énorme « pain ; et l'année est si dure, que Dieu sait avec « quelle impatience il est attendu ! »

Je lui fis tant de promesses de devenir savant, qu'à son départ la joie brillait sur son front. Ensuite, je pensais souvent à ma soutane. Mon père devait venir m'en prendre mesure ; mais le démon, ce *pousse-au-mal,* avait dit, de sa voix impure : toi, jamais tu ne la porteras ! et voilà qu'il m'entraîne au fond d'une cour isolée, où la jeune servante Catherine, juchée sur une échelle, soignait des pigeons patus.

A l'aspect d'une femme, quelque chose se glisse dans mes veines ; j'entrevois à travers mon chagrin une vie toute de velours. Dans mon ravissement, en voyant Catherine si fraîche, si jolie, je m'élance, je grimpe quatre ou cinq échelons, et me voilà, dévorant d'une ame réchauffée deux mollets et deux jolis petits pieds. Un soupir me trahit ; Marguerite se retourne, pousse des cris, veut se pelotonner, l'échelle casse, la fille tombe, me renverse, et nous voilà tous les deux étendus sur le pavé,

elle dessus et moi dessous. Je retenais ma respiration ; mais Marguerite criait si fort, qu'en nous relevant tout honteux, le principal, les abbés, le cuisinier, les marmitons, toute la maison enfin, nous entourait. Fille aime assez à faire connaître les péchés dont elle est cause. Marguerite raconta toute l'affaire, et la broda à sa fantaisie. « Si jeune
« et si grand pécheur ! s'écrie le principal ; mais
« le ciel me bénisse, je veux qu'une si grande
« faute reçoive son châtiment : la prison, le pain
« sec, aujourd'hui, demain, pendant tout le car-
« naval! »

A ces mots je suis enfermé, le lundi gras, à trois heures, dans une chambre en guise de prison, le ventre vide et la tête remplie d'une foule de pensées nouvelles et douces pour moi. Des femmes au tendre sourire, aux yeux tout mystérieux, voltigeaient dans les airs et semblaient me dire : « C'est
« nous seules qui donnons le bonheur ! » Consolatrices de ma disgrâce, la nuit, pendant la nuit entière, elles folâtrèrent tant à mes yeux fascinés, que jamais, non, jamais des rêves si délicieux n'avaient été faits sur un aussi mauvais grabat !

Enfin je suis réveillé ; le jour est magnifique ; l'azur du ciel se reflète dans ma prison. Qui dort dîne, dit le proverbe ; le proverbe est un menteur. Déjà l'appétit me tourmente. Mon morceau de pain est *flambé ;* j'en voudrais encore ; je n'en ai plus. La faim me détraque ; et, pour comble de cruauté, déjà la broche est en mouvement. Tout se remue dans la cuisine; et le fumet odoriférant, le fumet exquis qui s'en exhale passant par le trou de la serrure de ma chambre, vient me rappeler sans cesse que c'est le carnaval. Je n'y tiens plus; je cherche partout; mon œil brille de fureur, et ma disgrâce me cause maintenant un vif chagrin. Mais, grand Dieu! que vois-je là-haut? un placard vert dont la porte est fermée par un petit tourniquet de bois. Comment m'y prendre pour y atteindre? Ah! pour que ce placard serve à ma vengeance, dieu des gourmands, viens, vole à mon secours! Ce dieu entendit ma prière.

Je vois, sur une table vermoulue, un tas de cordes qui servaient à étendre le linge mouillé. J'ai besoin de deux, trois, quatre chaises, je les ai; enfin, avec un peu de temps, un peu de sueur, mon échelle est terminée. J'y grimpe comme un écureuil, au risque de me casser vingt fois le cou. A ce moment solennel, la cloche sonne le grand dîner. Vacillant au haut de ma pyramide comme un roi sur mon trône, moi, je veux dîner aussi. Je pousse le tourniquet, la porte s'ouvre, et je vois paraître à mes regards quatre pots couverts de papier gris. Sans bouger de place, je lève le bras avec précaution; mes doigts effleurent le bord de l'un d'entre eux. Je m'étends davantage, je tire avec force, le pot se renverse, le papier crève, et quelque chose de doux et de noir comme du jais tombe sur ma tête, et coule jusque sur mes lèvres. Etonné, effrayé, je tire la langue, je goûte... *vivat,* c'est de la confiture de coings! Mais, tandis que le sort se plaît à me venger ainsi, qui monte dans ma prison? qui farfouille dans la serrure? qui l'ouvre? qui entre? O terreur! c'est le principal! le principal qui m'apportait mon pardon!

Vous avez admiré, dans le tableau du *Lion de Florence,* cette mère qui voit son enfant sur le point d'être dévoré; vous la voyez, l'œil en feu, se précipiter au péril de ses jours vers la bête féroce, en lui criant *mon fils!* que celle-ci lui rend aussitôt sain et sauf. Eh bien! semblable à cette mère, la figure bouleversée par la fureur, le principal s'élance sur moi en criant, *ma confiture, ma confiture!* Mais hélas! il m'est impossible d'imiter le lion, le pot est presque vide et le fond commence à se montrer.

« Dehors, diablotin, dehors! ceci est un péché que nous ne pardonnons pas! » Et réunissant toutes ses forces, le chanoine saisit l'échelle, la secoue, je dégringole, le pot que je tiens à la main m'échappe, effleure son jabot, tombe et s'écrase. Dehors, répéta-t-il encore; mais des renforts lui arrivent, il en arrive en masse, ils m'attaquent, me poussent brusquement dans la rue et m'y laissent à demi-mort.

Hélas! me voilà donc dehors; dehors en carnaval, sans être débarbouillé, tout couvert de confiture, noir comme un nègre. Tout à coup quelqu'un s'écrie : au masque ! au masque ! Dieu ! encore de nouveaux tourments ! Je veux m'échapper, mais une troupe de gamins enragés se met à mes trousses en criant au masque ! au masque à la confiture ! Je fuis, je cours comme le vent et j'arrive, après bien des vicissitudes, à la porte de notre maison, à demi-mort de fatigue et de faim. A ma vue, ma mère, mon père, mes sœurs, poussent des cris d'étonnement. Je leur raconte tout, je m'essuie, et, voyant la table mise et des haricots qui cuisaient, je demande à dîner. Tous feignent de ne pas m'entendre ; ils paraissent muets, immobiles, morts..... Enfin ma mère nous dit, d'un air malheureux : « Maintenant, « mes enfants, que nous sert-il d'attendre? c'est « fini, nous ne l'aurons plus. » Mais moi : Que n'aurons-nous plus, ma mère? Ah! de grâce, répondez-moi ; ce mystère me tue ; je tremble, je tremble de deviner ! Ma mère, qui attendiez-vous? Le pain de notre dîner. Dieu! et c'est moi qui les prive de pain ! Repentir ! indigence ! oh! comme vous me faisiez maudire et confitures et mollets. Hommes qui avez le cœur tendre, vous qui souffrez des souffrances d'autrui, vous comprendrez toutes mes douleurs !

Sans argent et sans pain, quel tableau ! quel tableau ! Oh! alors je n'avais plus faim. Semblable à la lame effilée d'un poignard qui déchire le fourreau dans lequel elle est enfermée, mon ame me déchirait la poitrine...

Enfin, j'examine ma mère avec attention! je la vois jeter furtivement ses regards sur une de ses mains, sur la gauche, je crois. Elle se lève et nous dit : attendez! Elle ôte son bonnet du dimanche, sort un instant, et reparaît bientôt, un gros pain sous le bras. A cette vue, la parole leur revient; ils parlent tous à la fois. Nous nous mettons à table; ils s'amusent à qui mieux mieux. Moi, je reste muet, triste, soucieux. Je me doute de quelque chose, mais ce que je veux découvrir se cache, évite mes regards. Cependant la soupe est mangée : ma mère s'empare d'un énorme couteau, prend le pain, le coupe. Je jette un coup-d'œil sur ses mains; Dieu! ce n'est que trop vrai .. elle n'avait plus son anneau nuptial!!

Troisième pause.

Au détour de la préfecture, jadis palais de l'évêché, dans une petite maison barbouillée de bleu de ciel, où l'amateur de la frisure va livrer sa tête aux soins de l'artiste en cheveux; d'où vient, qu'un an après ce que j'ai raconté, chaque nuit les faibles rayons d'une lampe s'échappant d'une petite chambre située sous les toits, éclairent le feuillage d'un tilleul voisin? Dans ce nid, semblable au nid des sorcières, quel est l'individu qui passe ainsi toutes ses nuits sans dormir? Hélas! c'est un jeune et pauvre malheureux, qui endort ses douleurs en lisant; c'est moi qui, fuyant le sort qui me persécute, après être resté un an sur le *Gravier* à marquer dans une baraque les points que l'on fait au billard, suis entré chez l'artiste en cheveux, afin d'apprendre de lui les utiles secrets du rasoir et du peigne.

J'étais donc apprenti, mais presque déjà homme pourtant. Depuis le retour de la belle saison, depuis que le *Gravier* commençait à se couvrir de feuillage, le feu de la lecture s'était réveillé en moi. Bientôt ce feu devint un besoin, une passion, un délire. Dès que je prenais un livre, mille jolis fantômes s'emparaient de moi, jetaient des adoucissements sur mes douleurs, et dissipaient sans bruit le souvenir de l'anneau, de la besace et de l'hôpital. Oh! tant que je lisais, je n'étais pas malheureux; aussi le jour ne me suffisait pas, et toutes mes étrennes passaient chez le marchand d'huile. Grand Dieu! comme le sommeil fuyait ma paupière; quand couché sur un lit de sangle, entouré d'une foule de romans qui ne quittaient plus ma demeure, je lisais Florian ou Ducray-Duminil; *le Chantre du Gardon* sur-tout, m'ensorcelait; son *Estelle* me lançait dans cet idéal, pays si beau, si frais, où le bonheur est toujours entouré de roses et de miel. C'est pour elle, c'est en son honneur que j'essayai, dans ce patois qu'elle parlait si bien, de faire des vers, dans lesquels, sous l'ombre du mystère, je la priais de me servir d'ange gardien ; car je veux vous dire tout. Eh bien ! soit faiblesse d'esprit, soit faiblesse de mon jeune âge, dans mes moments de tristesse, l'avenir faisait poindre toujours l'hôpital dans le lointain. Alors je les fermais, et dans ma douleur profonde, je n'avais de remède que dans ma douce illusion. Près d'elle, ma pensée était heureuse ; la nuit, le jour, elle goûtait de délicieux instants ; aussi quand mon rasoir sautillait étourdiment sur un menton couvert d'écume, oh ! que de boulettes je faisais !

Un jour, pendant une belle soirée du printemps, je m'arrête au hasard sur la place du palais ; aussitôt la foule se précipite dans une grande maison, me pousse et m'entraîne avec elle. Ciel ! où suis-je?... pourquoi lève-t-on cette toile ? oh ! mon Dieu que c'est beau ! que de nouveaux pays ! quelles jolies chansons ! quelles douces et tendres paroles ! mes yeux et mes oreilles ne me suffisent pas... Mais c'est Cendrillon, m'écriai-je hors de moi. Silence ! dit mon voisin.... et pourquoi? où sommes-nous donc ici? Eh! grand nigaud, au spectacle ! Au spectacle ! oh ! comme ce mot, que j'avais souvent entendu prononcer, alluma pendant toute la nuit, dans ma petite chambre, un tendre délire dans mon cœur ! Terre de poésie, non, tu n'es plus un rêve ! j'ai connu tes transports! Cendrillon! Cendrillon! tu seras mon bon ange! et dès ce jour, pour toi, je me fais comédien.....

Le jour paraît et me trouve endormi Mon bourgeois me réveille, me regarde de travers; je tremble comme la feuille des bois. — Où étais-tu hier au soir? réponds, drôle? qu'as-tu fait, pour ne rentrer qu'à minuit? — Oh! le spectacle était si beau! — On me l'avait bien dit que tu avais perdu la tête, que quelque chose te rongeait la cervelle. N'as-tu pas de honte? jusqu'au jour tu as fais un tapage infernal; tu as chanté, déclamé, personne n'a fermé la paupière; et tu ne rougis pas, toi qui as porté la soutane? Je t'en avertis, tu suis une mauvaise route; change de conduite, ou bien laisse là ton peigne, et fais-toi comédien. — Oh! mon Dieu, bourgeois, je ne demande pas mieux. — Que dis-tu, malheureux? qui peut t'aveugler ainsi? tu veux donc mourir à l'hôpital!

Ce mot terrible, tombant comme une masse sur mon cœur, me frappe d'épouvante, et fait disparaître Cendrillon du trône que je lui avais follement bâti dans mon imagination. Peu à peu tout cela se dissipa; mais l'effet de cette menace me fit pendant long-temps encore trouver mon lit beaucoup plus doux.

Cependant le temps, qui ne s'arrête jamais, avait tressé deux années à ma seizième année. L'avenir, plus limpide, me présente un visage plus serein. Mon petit salon de frisure est établi. D'abord il est peu fréquenté ; mais, comme dit le proverbe. *s'il ne pleut pas, il bruine toujours un peu.* J'ai trouvé dans le monde une ame qui me plaît ; mon ancienne gaîté est revenue. Je n'ai plus de sujets de tristesse. Oh! comme le temps passe vite, quand on souffre moins! C'est alors que, rêveur et content, je connus une double existence. La solitude avait mille douceurs et le monde mille jouissances : il me fallait cela pour être heureux!

J'étais comme l'oiseau chanteur et pêcheur qui, pour vivre, a besoin de l'air du ciel et de l'eau de la mer.

Quel bonheur! quel bonheur d'être seul, étendu sur un lit mollet de fenouil, et de sentir son cœur se laisser entraîner, par le bourdonnement du moucheron, à une douce et tendre mélancolie! Aussitôt une muse répondait à ma voix, descendait sur la terre, et m'emportait sur ses ailes dans un air pur, dont l'odeur parfumée embaumait tous mes sens. Et voilà que je faisais des vers dans la langue des bergers. Je ne découvrais pas, il est vrai, de grands secrets de poésie; mais quelles leçons! quelles heures délicieuses! quels tendres adieux! lorsque, profitant de la fraîcheur du soir, elle me replaçait sans bruit à l'endroit d'où elle m'avait enlevé! Quel plaisir! quelle jouissance! quand, excité par des transports nouveaux, j'allais, ivre d'amour, demander un tendre sourire, un serrement de main, présage de bonheur, à celle qui bientôt devait porter mon nom!

Mais je ne veux pas que la chaleur de la vérité m'entraîne trop loin. Oh! si je ne craignais pas les longueurs, comme je vous ferais le tableau du beau jour de mon mariage! Comme je vous dirais, trop longuement peut-être, et mon chapeau retapé, et mon frac bleu retourné, et ma chemise de grosse toile avec un devant de calicot; cependant mon parrain et ma marraine étaient accourus à ma noce; ce qui vous prouve que la bourse ne répond pas toujours aux sentiments du cœur.

Mais en voilà assez sur ce jour; je craindrais de vous ennuyer. Il paraît si long aux nouveaux époux, qu'il semble ne devoir jamais finir. Moi, pour hâter sa fin, je feignais de bâiller sans cesse, et de fatigue et de sommeil. Vous connaissez tout le reste. Vous savez que, doublement heureux, j'ai vu passer depuis, comme un jour de fête, quinze fois les quatre saisons. Les papillottes, les chansons, ont attiré dans ma boutique un petit ruisseau si argenté que, dans mon ardeur pour les vers, j'ai mis en pièces le fauteuil qui me faisait tant de peur. Oh! ma peur, elle est tout-à-fait morte, et à un tel point que, l'autre jour, en lisant dans la gazette que *Pégase est un coursier qui conduit les poètes à l'hôpital*, j'ai éclaté de rire de si bon cœur que toute la maison en a été étonnée. Ce journal radote, me suis-je dit à moi-même, ou je ne suis pas poète! car enfin, dans ma petite maison, plus je chante, plus mon ruisseau grossit. Non, ce n'est pas à l'hôpital qu'il m'a conduit; loin de là, il m'a conduit chez un notaire où, depuis ce moment, fier de mon importance, je vois, moi, le premier de ma famille, je vois mon nom qui brille sur les registres du percepteur.

Cependant, il faut l'avouer, cet honneur, je le paye un peu cher, car tous les ans je suis étonné de voir que le chiffre de mes impositions augmente sans que j'augmente mes revenus. Mais qu'importe? ma maison nous protége contre la pluie et le mauvais temps. Il est vrai que sur le derrière elle n'est pas encore totalement couverte, mais ma femme me dit : « Courage! chaque vers que tu fais c'est « une tuile que tu pétris, et des chevrons que tu « prépares. » Je chante donc toujours, et mon bonheur certain, en doublant les jouissances du présent, me solde l'arriéré. Ma femme qui, autrefois, lorsque les vers ne me rapportaient rien, avait coutume de cacher mon papier et de briser ma plume, m'offre maintenant, d'un air aimable et gracieux, la plume la plus fine et le papier le plus doux. Aussi, malheur à moi quand les muses m'oublient! Fais des vers, fais des vers, me crient sans cesse mes parents. Cependant, depuis quelques jours, ces cris ont un peu cessé; et pourquoi donc? Je vais vous le dire, heureux si cela peut vous amuser.

Un jeune monsieur de Gontau, poète aimable à juste titre, m'envoya un jour une pièce de vers dont je fis lecture à ma famille, à haute voix. Le poète disait qu'Apollon, voyageant sur les bords de la Garonne, rencontra sous le feuillage une nymphe qui le charma. Cette nymphe, c'était ma mère. Le dieu l'emmena mystérieusement dans les bois; il devint père, je naquis, et bientôt, grâce à mes vers, mon langage devint le langage des dieux. Certes, le compliment était par trop flatteur. Mais comment peindre les transports furieux de mon père, qui se lève, et d'un ton grossier : « Comment! Catherine, dit-il, tu as été coquette « dans ta jeunesse! Quoi! je ne suis que le père « nourricier de ton petit poète! » — Il est à toi, répond ma mère en courroux. Console-toi, mon pauvre Janille, console-toi, toi seul as fait battre mon cœur. Qu'est-ce que c'est que ce *Pollon?* ce grand calicot, qui se vante de m'avoir fait faillir? Va! je suis boiteuse, mais quand je lavais le linge à la rivière, si quelque freluquet s'était approché de moi, je lui aurais appliqué sur la figure un bon coup de battoir. — Ma mère, mes sœurs, s'écrient en s'arrachant leurs bonnets : — *Pollon* est un grand imbécille, citons-le devant le tribunal... Mon frère, où est sa demeure?... Mais moi, d'un air calme et tranquille, moi qui crains une catastrophe, moi qui ne veux pas que des huissiers traînent Apollon chez le juge de paix, je cherche à rétablir l'harmonie : ce ne fut pas sans peine, mais je parlai tant, tant, vieille mythologie, que tout ce tapage se termina sans procès.

C'est ainsi qu'avec vous je voudrais terminer ma triple pause; mais enfin j'ai chanté, le mal n'est pas bien grand. Quand Pégase regimbe, et d'un coup de pied m'envoie friser mes marottes, je perds mon temps, c'est vrai, mais non pas mon papier : mes vers, j'en fais des papillottes!!..

LE TROIS DE MAI.

Poème couronné par la Société des Sciences et Arts d'Agen, le 5 mai 1830.

Sur son perchoir, le coq a droit de chanter.

En caressant des bords tapissés de verdure, le long d'un bois couvert de romarin, le premier jour de mai, la Baïse jetait de tristes regards sur le vaste château de son illustre Henri. Cette tour, couverte de plantes grimpantes, ces vieux remparts délabrés, fendus, lui rappellent des temps plus heureux : elle pousse un soupir, dirige ses regards vers la garenne, et exhale ainsi sa douleur en pleurant :

O souvenir de mon noble enfant! par pitié, de grâce, laisse-moi! Nérac, gémis! bergères du bocage, plaignez mon sort, mon triomphe est passé! et lorsque le nom de Henri se transmet de génération en génération, lorsque la Seine admire sa statue tant qu'il lui plaît, moi, comme un petit ruisseau desséché, je me traîne péniblement sur le sable, que je mouille à peine..... et je suis sa mère! Oui, je suis sa mère, Béarnais! et le Gave, si vaniteux, n'est que son parrain; et cependant sa gloire et m'insulte et me défie, surtout depuis qu'il possède la statue de notre bon roi.... Ah! moi aussi je l'avais cette statue sublime; mais le destin qui me réserve toujours les plus sanglants affronts, la tient enfouie depuis dix ans dans un réduit obscur, malgré *Dijon*[1] qui me l'avait donnée.

Ainsi parle la nymphe : *Dijon*, qui l'écoutait, jette sur elle un regard triste et affectueux. Le berger, couvert de chèvre-feuille, ne chante plus l'objet de ses amours. Le laboureur, en traçant son sillon, reste immobile et muet appuyé sur sa charrue, auprès de ses enfants, et sur sa tour où les lézards fourmillent, le vieux Nérac sent tomber deux grosses larmes qui mouillent ses paupières.

Mais tout à coup la couleuvrine tonne, *Dijon*, Nérac, tressaillent de bonheur; le bruit grossit, la Baïse s'étonne, mais Feutrier se présente et lui dit : « Mère du bon Henri, triomphe! tu es

---

[1] M. Dijon, ancien préfet du département.

« vengée du montagnard ! reprends le pas sur le
« ruisseau qui te brave ; éclaircis tes ondes trou-
« blées pendant si long-temps : tu pleures ton
« fils... encore quelques jours, et tu le verras ! »

Aux cris d'amour qui retentissent de toutes parts, au bruit du canon qui se réveille, les Néraguais heureux s'empressent de se réunir autour de leur noble et digne magistrat. Lorsque l'espoir renaît, les chagrins s'évanouissent ; la mère, l'enfant, le vieillard, crient tous à la fois :
« O toi ! préfet qui nous gouvernes, puisses-tu
« vivre long-temps ! Nous aimions *Dijon,* nous
« t'aimerons aussi si tu nous rends le plus grand,
« le meilleur des rois. »

Cependant, la renommée répand avec une rapidité extrême l'heureuse nouvelle dans tout le département. Alors, comme un éclair qui brille sur l'horizon, on voit, en un instant, la Gascogne en émoi ; tous ses enfants galopent en foule vers le théâtre des premières amours de Henri.

Les collines et les vallées se remplissent de campagnards ; les grands chemins sont encombrés par les voitures et les piétons. Ce jour passe, un autre lui succède : chacun se dirige en chantant vers la fête de famille ; riche et pauvre, grand et petit ; et Nérac n'en peut plus contenir, qu'il en arrive encore.

Enfin, le troisième jour de mai commence à dorer de ses rayons le sommet des montagnes.

Tout se réveille, et la fraîche rosée cesse de tomber goutte à goutte en perles d'argent. L'air est si pur, le soleil qui se lève pour nous distribuer sa chaleur bienfaisante, paraît si beau, qu'on dirait, à le voir, que dans la cour céleste, les dieux, empressés d'admirer notre fête, ont ouvert à deux battants les grands volets des cieux !

Cependant, quel est, sur le bord de la Baïse, près du palais, ce colosse sublime qui s'élève, fier d'une triple devise et recouvert d'un voile blanc? Une troupe de guerriers l'environne, et présente au peuple une triple barrière qui l'empêche d'approcher; mais un rayon doré du soleil a traversé la gaze qui le couvre, et les Gascons, en voyant briller une épée, s'écrient : *C'est lui!... oh! c'est bien lui!*

Aussitôt, à travers cette foule immense, une autre foule arrive avec lenteur, et s'ouvre peu à peu un passage jusqu'au pied de l'immortel monument. Tout le monde se tait, personne ne respire. Le bon Feutrier, qu'on reconnaît à son air noble et gracieux, donne le signal : trois vierges se retournent, trois rubans s'agitent, s'étendent dans les airs, la gaze tombe et notre Henri paraît.

A cette vue, mille cris de joie font retentir les murs de l'antique palais. Le voilà donc, le voilà! beau comme dans sa jeunesse... On dirait qu'il vient de faire une visite à sa mère.,.. Ses yeux qui s'ouvrent à la clarté du jour, disent au peuple étonné, qui le dévore de ses regards : « Braves

« Gascons, croyez à mon amour pour vous. Venez,
« venez près de moi! Je suis heureux de vous
« voir! venez, approchez-vous! »

Mais, quels sont ces géants intrépides, cuirassés de peaux de bêtes, qui, perchés sur des échasses, s'avancent à flots pressés? Nul obstacle ne peut les contenir. Ils arrivent en foule auprès du roi de la fête; et leur vieux chef, vétéran des Landes, leur adresse ces paroles :

« Pasteurs de la basse plaine, vous avez franchi
« la bruyère des Landes, au son du tambourin,
« pour voir notre bon petit Henri. Le voilà! Votre
« mémoire se rappelle ses hauts faits; mais per-
« mettez-moi de vous répéter ici, dans la ville qui
« l'a vu naître, ce que je vous ai dit bien des fois.

« Chaque siècle qui s'écoule l'offre en exemple
« à ses rois. Si l'un vante son courage, l'autre cite
« ses nombreux bienfaits. A la vérité, en fait d'a-
« mourettes, il nous en a donné de toutes les
« façons; mais qui pourrait lui en faire un crime,
« à lui qui, pour chacune de ses peccadilles, nous
« offre tant de sublimes traits?

« Combien de fois, le dimanche, quittant ses
« vastes et brillants palais, il venait causer fami-
« lièrement avec nous! Assis comme nous sur la
« dure, il mangeait notre pain de maïs, buvait
« dans notre verre, s'informait adroitement de
« nos petites affaires, et s'assurait par lui-même
« si nous avions notre poule au pot.

« Et de loin, pendant la guerre, quand un seul
« de ses regards faisait trembler le monde, que de
« fois nous parlions de lui! Mais un jour, ô cruelle
« destinée! un monstre, une ame infernale nous
« rendit tous orphelins. Depuis ce jour, à chaque
« instant, les Landes se souviennent de leur roi, et
« le pleurent, tristes comme leurs vieux pins.

« Enfin Dieu nous le renvoie : le voilà, vive
« notre bon petit Henri! » Il dit, et mille cris d'allégresse répondent à l'orateur en toison. Alors tous les géants qui entourent la statue se prosternent, lui baisent les pieds, en criant à la Gascogne:
« Nous l'avons vu!... et, qui plus est, nous l'a-
« vons touché !!

Excité par cet exemple, le peuple se précipite en foule sur le bronze, se dresse sur ses pieds pour le voir, couvre de baisers l'épée du roi, son casque, ses fleurs de lys; et la statue adorée semble se baisser avec complaisance pour accueillir plus facilement ces transports.

Mais le tympanon rassemble les géants dispersés ; les grelots de la folie résonnent de toutes parts. Jamais le délire de la joie ne produisit d'aussi grands transports. De près, de loin, ici, là-bas, tout danse, tout se promène, et la soie, et la bure se mêlent de toutes parts.

Mais, tandis que Pau, dévoré de jalousie, se cache et s'efface honteusement, tandis que le Gave furieux précipite du haut des rochers ses ondes écumantes dont il tâche d'amortir le bruit, la Baïse, rapide comme du temps de Jeanne et de Marguerite, reprend de nouveau son heureux cours auprès de son fils, et, triomphant du destin qui s'apaise, le vieux Nérac lève sa tête altière, en admirant son antique château.

A M. Casanove de Pradines *qui, après avoir lu mes contes, m'envoya de jolis vers de ses demoiselles.*

J'aime les contes par-dessus tout ; et dans les soirées ennuyeuses, quand le vent siffle et tourbillonne parmi les ormes, au milieu d'une obscurité profonde, eh bien ! un vieux conte à la main, tisonnant mes souches, dans ma petite chambre à demi-éclairée, je donnerais quarante jours de mon courage d'aujourd'hui pour un jour de peur d'autrefois ! Mais, craintes, frissons, tremblements du jeune âge, tout cela s'est évanoui ; depuis que l'homme est venu, rien n'est resté de l'enfant, et le conte de sorcellerie reste muet sur mes genoux.

Oh ! c'est que maintenant il me les faut avec le charme de la poésie et de l'esprit ; il me les faut fins, gracieux, comme ceux que vous faites enfin. Mais ceux-là ne sont pas encore imprimés, et il n'y a que vous qui les dites. Aussi, quand vous m'invitez, d'une jambe légère je fais dix lieues sans m'arrêter ; j'arrive, je tombe chez vous bien avant d'être attendu ; mais là, je suis tout autre ; je ne fais rien pour qu'on m'entende, et ne brûle que de vous écouter. Et je vous écoute parler, je ne sais combien d'heures, dans un bois tout rempli de mûres et de petits oiseaux ; et je rentre dans ma maison le cœur plein, satisfait ; mais mon ennui ne tarde pas à reparaître ; et je voudrais me rendre de nouveau auprès de vous, et je ne suis pas libre, et je ne brûle que plus ardemment de vous entendre encore.

Mais quand pourrons-nous donc lire vos contes? quand les ferez-vous imprimer? La franche poésie est maintenant comprise, et revient parmi nous. Des hommes à grand renom, pour se singulariser, franchirent la borne du vrai et du naturel, et le monde, entraîné par leur exemple, la franchit à pieds joints. Mais qu'ont-ils trouvé là-bas ? de la fumée au lieu de feu, une laide et fausse nature, un ciel sans robe bleue, un soleil sans chaleur, de gros épis sans blé et des fleurs suaves sans parfums.

Aussi, voyez la foule ! elle rentre dans la véritable voie. Ah ! couvrons-la de fleurs, afin qu'elle s'empresse d'y rentrer et d'y rester toujours. Le fruit de nos vieux arbres renferme du miel sans âpreté ; mais pour le triomphe de cette lutte, seul, le *passé* ne suffit pas ; le *présent* grandit, il nous est nécessaire. Arbre de poésie, embaumez son jardin! laissez tomber le fruit de vos branches déployées; rien ne se perdra, ce fruit est du meilleur, pourquoi tant le cacher?

Couvrez seulement ces jeunes tiges si jolies qui s'échappent déjà de vos racines fécondes; déjà elles ont des boutons qui voudraient éclore; la vieille sève bouillonne sous leur écorce jeune et tendre. Ah! cachez-les! qu'avec vous elles grandissent en force et en vigueur! car elles prouveront mieux que jamais que, si la poésie ici-bas fit divorce, elle revient maintenant plus belle que jamais, pour se remarier avec le monde qui renaît à une nouvelle vie!!

LE MANTEAU.

A Madame V....., d'Agen, qui, après ma lecture de Françonnette chez elle, m'offrait de nouveau son manteau pour me préserver de la pluie.

Me couvrir encore de votre manteau, parce qu'il grésille un petit peu! oh! non, non, belle dame! j'ai des vers à tresser, on les attend, il faut que je me hâte, et je me souviens encore de l'an dernier. Je vous avais lu mon *Aveugle,* que vous aimez tant! mon ame avait parlé, j'étais ému, vous vous en aperçûtes: il grésillait peu comme aujourd'hui ; il faisait nuit; votre joli manteau était là, vous me le présentâtes sans façon, moi, je le reçus de même. Cependant en sortant, je me disais bien doucement : « O mon ange gardien, merci! qui couvre tant de grâce et de poésie ne peut que me porter bonheur! »

Mais ici-bas, tout est mystère; tout ce qui nous flatte est trompeur; car à peine eus-je pris ce manteau, que le ruisseau des vers cessa de couler à l'instant.

Ma mère avait bien raison de me dire, quand j'étais petit : « Jacques, garde-toi d'envier les choses
« trop brillantes; le démon les vernit, il faut
« t'en défier; elles jettent des sorts; elles ensor-
« cellent aussitôt que nous les avons sur nous. »
Jeune, ces paroles se gravèrent profondément dans mon ame; mais jamais, non jamais je n'aurais pensé qu'à quarante ans je dusse frémir de porter un manteau qui a été sur les épaules d'une belle et gracieuse dame.

J'avais tort cependant, mais je ne le sentis qu'au moment où je m'en enveloppai. Oh! alors, quelque chose bouillonna dans mes veines; et le démon, qui triomphait, s'était sans doute caché dans les plis du tartan, car un *charme* m'ensorcelait! J'oubliai mes vers, ma langue et mes bergers ; je faisais des rêves extraordinaires; mon ciel s'était obscurci ; mes saints et mes anges s'étaient transformés en diablotins qui soufflaient dans mon cœur une foule de pensées dont le venin cruel et doux ne m'était pas totalement inconnu. Hors le manteau, on parvient à les chasser; impossible sous le *manteau!* Je défie l'homme le plus sage du monde de pouvoir y résister. A la fin je le quittai, mais avec peine; je ne chantai plus de long-temps, et parfois je croyais le porter encore!

Madame, vous aimez les chansons du poète; eh bien! il ne chanterait plus s'il acceptait votre manteau. Vous êtes belle, vous possédez tant de qualités brillantes, qu'il est bon de s'observer près de vous. Oh! pardon; tel que je suis, je retourne dans ma petite chambre. La pluie ne fait que mouiller, et votre manteau brûle! dévore!!

———

Aux Béarnais, *qui m'avaient invité, comme grand prêtre, à la fête de* Despourrins, *le poète montagnard.*

Il y a long-temps, bien long-temps, toujours je m'en souviendrai! Dans une grande ville, un grand grand concert retentissait, et la foule, muette, attendait le premier chanteur du roi. — *Lavigne* paraît; — mais, ô double surprise! vêtu en campagnard, avec la cape béarnaise et le béret, l'œil en feu, le voilà qui chante d'une voix fraîche, sonore, inspirée: *Là-haut sur la montagne, un berger malheureux* (10).

Et aussitôt toutes ces ames attentives s'attachent aux lèvres du grand chanteur en deuil; et ensuite, dans le monde, peuple, dames, messieurs, redisent sans cesse l'admirable chanson du montagnard.

Et cependant elle avait cent-vingt années; et sur des milliers de chansons françaises, fades, fardées, qu'elle efface pour toujours, la *Béarnaise*, répétée partout avec enthousiasme, reprit de la force et de la vie pour cent années de plus encore!

Mais aussi, quel joli langage! quelle touchante simplicité! quels sentiments tendres! Comme elle peint bien les mœurs de ce peuple que l'on croyait sauvage, et qui parle de l'amour comme en parlerait l'amour lui-même. — Des fleurs! du laurier! des immortelles pour le poète béarnais! c'est une dette qu'il a droit d'attendre de tout le pays. Grand poète, il a chanté pour le peuple, et son nom est immortel; et ses chansons, toujours nouvelles, bien différentes de tant d'autres, ne vont pas se perdre, comme des gouttes d'eau, au milieu du grand ruisseau dormant. Oh! non, non! c'est une fraîche rosée qui tombe goutte à goutte et jamais ne tarit, et qui tempère et rafraîchit l'ame embrasée du berger qui la reçoit.

Pâtres, poètes, musiciens, faisons retentir les airs d'un triple concert! que ces rochers si vieux, si élevés, s'ébranlent d'étonnement. Et vous autres, messieurs du pouvoir, laissez-nous en paix fêter notre poète. Nous aimons à parler le langage du jeune âge, mais ce n'est qu'entre nous. Pourquoi en seriez-vous inquiets? Est-ce que toute la France se désaltère à la même fontaine? Le *nord* a sa physionomie comme le *midi* a la sienne. Qu'est-ce que la France? Une grande, une forte famille de Bretons, de Picards, de Gascons, de Béarnais. Mais nous sommes tous frères pour sa gloire, pour sa gloire qui jette un éclat si brillant! tous, nous voulons la défendre; et si, ligués entre eux, les étrangers jaloux voulaient l'obscurcir, alors Bretons, Picards, Gascons, Béarnais se mêleraient, se confondraient, ne feraient qu'un et frapperaient en français!

Laissez-nous donc chanter, pastoureaux, pastourelles! Des fleurs! du laurier! des immortelles! pour le poète béarnais, comme s'il en pleuvait. Que chacun de nous lui tresse une couronne en chantant. Vous voyez que ma muse gasconne a voyagé trois jours pour lui offrir la mienne.

Et ma tâche est remplie, et je suis prêt à partir. Mais avant de vous dire adieu, croyez que je suis fier d'avoir été le *grand-prêtre* de l'autel montagnard qui a Despourrins pour dieu!

MON VOYAGE A PARIS.

A Madame ADRIEN DE VIVENS.

POÈME.

1.er MAI 1842.

Agen dort, et l'aube va poindre; le bateau a sonné; vite, partons sans bruit sur l'onde qui verdoie. On m'a tellement tourmenté d'aller voir Paris, que j'en brûle d'envie. Oui, mes amis ont raison : avant que les ans s'entassent sur ma tête, il faut voir, au moins une fois, la reine des cités; là on ne parle pas gascon, mais qu'importe!

L'homme part seul aujourd'hui, et le poète reste. Muse, je te quitte; adieu pour tout le mois de mai. Je t'ai juré amour pour la vie, mais l'amour ne perd rien lorsqu'on se quitte pour un moment. Quand après on se revoit, on ne s'aime que davantage!!

Comme nous descendons lestement! Le bateau a des ailes! nous volons! Voici Tonneins, voici Marmande, voici Bordeaux, la ville superbe au fruit doré, aux yeux riants, à la ceinture de navires!

Oh! passons, passons Bordeaux, la ville enchanteresse! Grandes villes, grands ponts qui vous dressez partout, je passe aujourd'hui comme.

l'éclair: on ne s'arrête pas quand Paris est au bout du voyage..

Voici l'aurore d'un autre jour... quelque chose luit devant moi? Que de maisons! que de clochers! oh! bon Dieu, quelle ville! grand Dieu! comme elle s'étend! Une foule en sort, une autre s'y précipite; sainte Croix! épargnons la vie! C'est Paris!... Je suis dans Paris!...

8 MAI.

(2)

Oh! bon Dieu! comme la vie se hâte dans Paris! et cependant on y vit le double : on allume le vent, et aussitôt la nuit devient un jour radieux. Que de monde! quel bruit! voilà une demi-semaine que la foule m'entraîne, et que, chaque jour, je me perds.

Eh bien! laissons-nous faire! que la foule m'entraîne! perdons-nous! Mais la journée se perd aussi; et le temps, que je voudrais calme et tranquille, roule sur un chemin de fer; il ne laisse pas respirer mon ame; et cependant j'en ai besoin, car j'ai promis à une noble dame du pays que j'adore, de lui peindre ce que je verrais.

Eh bien! à commencer d'aujourd'hui, ne nous perdons plus; cherchons d'abord la maison où demeurent nos Rois.

C'est difficile. Ici tout est maisons de Roi! Je

ne vois que magnifiques palais! les murs paraissent d'or : ici, là-bas, de l'autre côté, l'or éclate partout, l'or grimpe dans les rues, et jusque sur les toitures bleues des maisons.

Qu'ai-je vu? Des soldats, un château, des statues; voici donc le palais des Rois! Mais il est sombre et fait noire figure. Ah! c'est que celui-là n'a pas besoin de dorures sur ses murailles, car il a la gloire pour l'embellir, sur-tout depuis qu'il logea l'*Empereur!* l'*Empereur!*.. voilà donc son palais! C'est ici que, saisissant son tonnerre et porté sur un coursier fougueux, il courait frapper les rois qui nous avaient insultés.

L'Empereur! l'Empereur! oh! que je brûle d'envie de parler de ce grand homme aujourd'hui! — Si je pouvais connaître quelqu'un dans ce bosquet rempli de monde, ou au milieu de cette foule qui se promène dans ce jardin. — Je passe, je repasse, je ne connais personne, pas un seul Agenais; la foule est presque muette, personne ne se salue, personne ne se touche la main. Quel beau monde pourtant! quelle élégance! sans doute qu'il n'y a pas de pauvres ici; tout est dame, tout est monsieur. Chaque jour est dimanche; et sous ces arbres touffus, oh! qu'il fait bon près de ces bassins! Comme à l'ombre de ces charmilles mon sang se rafraîchit! Quel joli coup d'œil sur cette place! des jardins, des fontaines, des jets d'eau!... c'est admirable! De l'eau qui tombe en nappe et re-

15

monte en larmes d'argent; des géants aux cheveux d'or, d'où dégoutte l'onde argentée; à l'entour, des statues assises sur des rochers ; une pierre colossale dressée en colonne-pointue et placée sur un piédestal brillant; de grands candélabres d'or à cent branches touffues; devant, à gauche, à droite, la foule par milliers! Oh! pays des miracles! ô ville de sorciers!

Que m'importe que personne ne me parle, que personne ne me réponde! restons seul au milieu de cette foule! je veux voir où elle me conduira. Perdons-nous encore aujourd'hui. — Mais me voilà déjà perdu! je ne sais plus où je suis.... Qu'est-ce qui s'élève là-bas? Une statue de bronze, un homme près du ciel, redingote grise, petit chapeau! c'est notre *Empereur!* c'est *Napoléon!* Encore lui ici! toujours lui! — Qu'il est bien là, tout près du soleil! Il est comme s'il était à la tête de son armée; on dirait qu'il attend la canonnade... Qu'entends-je? quel est ce bruit qui arrive de toutes parts? Un général tué!..... deux cent cinquante morts. Eh! quoi! il y a donc encore des batailles? — Non; — ils ne sont pas morts, ceux-là, au champ d'honneur : un feu bien plus cruel que celui de la poudre vient de les engloutir, sur le chemin de fer de Versailles.

Joyeux, ils s'en allaient plus vite que le vent; mais la mort, qui a toujours faim, les a devancés; et, frappant tous les âges, elle a changé en un instant le grand chemin de fer en un grand chemin de feu.... et l'on a vu brûler femmes, hommes, enfants.

Un général de bâtiments, qui trois fois a mesuré la terre avec courage, et qui, brave comme son épée, franchissait cent gouffres béants, vient tomber là dans un tombeau de flammes, avec sa femme et son fils! Et Paris, maintenant en deuil, sent des larmes mouiller ses paupières. Les mots *parents, amis,* se croisent dans les airs ; ils ont tous peur...; moi aussi. Sur tant de gens qui se promènent, je ne vois aucun Agenais! Je tremble de tous mes membres! Tout se hâte donc ici, et la vie et la mort!!!

28 MAI.

Au moment de partir.

(3)

Le jour où, pour les pauvres, j'allai dans votre château, je vous promis, noble dame, de vous peindre Paris, tant que j'y resterais. Vous voyez que je tenais parole ; mais ce diablotin, qui se mêle toujours de mes petites affaires et me maîtrise selon son bon plaisir, eh bien! depuis vingt jours me tient sous ses griffes et se rit de mon serment.

J'ai lu qu'autrefois une jeune *demoiselle* fut entraînée au grand bal de la cour; la soie, les bijoux, l'or, tout l'éblouit; et, comme elle n'avait qu'une simple petite robe, sagement et sans rien dire, elle s'assit dans un coin; mais son œil curieux s'agrandissait pour contempler tout ce qui se passait devant elle, car elle voulait dire à son pays les belles choses qu'elle aurait admirées.

Qu'arriva-t-il? Elle fut invitée à danser; elle ne voulait pas; elle céda pourtant. Alors, se dépouillant de sa mine campagnarde, elle s'élance et fait voir à la foule surprise qu'elle avait des ailes aux pieds... Elle volait en dansant : la vogue la suivit, et l'on disait partout : Quelle est cette jeune fille? Petits et grands seigneurs lui firent les honneurs du bal. Le Roi, le Roi lui-même voulut danser avec elle. Aussi quand elle s'en retourna sans bruit, elle ne pouvait que parler d'elle dans son village; tout le reste avait disparu à ses yeux. Cette histoire si jolie, c'est la mienne! Belle dame, pardon! mais maintenant je ne pourrai parler que de moi.

Certes, nous nous aimons tant, que notre ame intimidée, abandonne tout, oublie tout quand notre honneur est sur le tapis. Eh bien ! ma gloire était en jeu; car à peine dans Paris, que quinze journées suffirent pour effacer de la mémoire les deux cent cinquante tombeaux, et que cent voix d'Agen réunies, saluèrent à la fois le poète de la Garonne. Cela fit coup de canon. Et le soir, entraîné dans de brillants salons, je me trouvai assis entre de *grands messieurs* chez l'*Aveugle qui fait des livres si fameux;* une foule de savants et de savantes, attendaient froidement que j'ouvrisse mes lèvres, pour toiser mon ame et mes paroles. Ce n'est pas à Paris comme aux bords de la Garonne : tout est ami chez moi, tout est juge par ici; et le nom qui vient chercher le baptême pour son ouvrage, ne trouve ici qu'un trône ou qu'un tombeau.

Sans doute ils avaient tous pour moi un air amical, et même ils m'appelaient poète ; mais je voyais aux clignements d'yeux, que pour obtenir mon grand baptême, il me fallait gagner l'eau et le sel dans Paris. Et personne ne comprenait notre joli langage! j'étais muet, j'avais peur, je sentais le froid et le chaud se glacer dans mes veines. En vain la belle figure de l'illustre *Aveugle* s'illuminait pour moi; en vain son *Ange Gardien*, sa gracieuse compagne, me poussait de temps en temps de son aile dorée; je tremblais, je voulais sortir. Je disais que j'avais laissé ma muse dans les champs; mais je me retourne.... elle était là, près de moi, qui me tendait la main! elle ne m'avait pas quitté un seul instant! en la voyant si riante, il me sembla que la main du bon Dieu me touchait ; mon cœur ne craignit plus, ma veine poétique s'alluma; mon ame s'agita brûlante dans ma poitrine, et je chantai sans crainte, et déjà ils étaient prêts à m'applaudir; au feu, à l'expression de mes regards, ils devinaient les mots : enfin, tous s'y laissèrent prendre.

Ils appelaient ma langue, une langue romane ; ils s'en disaient amoureux ; ils me nommaient sa mère, sa sœur, sa cousine germaine ; et moi, je n'en chantais que plus encore. Je nageais dans la félicité, quand l'*Aveugle* pleura. Soudain je m'arrête aux applaudissements qui retentissent de toutes parts ; je n'en veux pas perdre un seul ; et si quelqu'un de ces messieurs veut les apaiser, afin de mieux m'entendre, je m'écrie : Frappez, messieurs, frappez fort! car sans doute, dans ce moment, Agen se met aux fenêtres pour m'écouter!!

L'amour que je porte à mon berceau leur fit plaisir; et je lisais encore, et ils redoublaient leurs applaudissements.

Depuis ce jour, ma muse se dépêche : vingt-six fois, dans quelques jours, le monde, comme du temps des troubadours, a fait grand cercle autour de ma muse paysanne. Grandes dames, grands écrivains, amis, seigneurs, ministres, grands savants, ont attaché des fleurs à sa coiffe de toile; le Roi lui-même a voulu l'entretenir dans son palais; et hier, avec elle, nous avons paru à la cour.

O noble dame! ici, je dois rester muet, parce que je n'ai pas de langue assez fleurie pour exprimer combien ma muse était heureuse et fière, au moment où le Roi, la Reine des Français, écoutaient mes vers ; au moment où, assis près d'eux, je voyais cette jeune Reine si jolie, qui s'emparait de nos cœurs lors de son passage à Agen, m'en répéter gracieusement quelques-uns de mémoire.

Ils ont voulu honorer, grandir le poète ; touché, reconnaissant de tant de bontés, j'y penserai long-temps ; et près de retourner dans mon pays, ma muse leur souhaite tout autant de bonheur que d'honneur ils m'ont fait. Hélas! je crois qu'ils en ont besoin : sur leurs nobles figures, j'ai vu la tristesse peinte sur leurs traits ; en sorte qu'à partir de ce jour, je ne dirai plus, non, jamais plus : *il est heureux comme un roi!* Et je vais partir, Madame ; une autre fois, si je peux, je vous peindrai mieux Paris. En attendant, je me dispose sans bruit à retourner promptement dans mon pays ; et quand j'aurai brûlé ces deux cents lieues, que je verrai ma Garonne et mes prés, et mes gazons fleuris, je vous répéterai ce que j'ai dit au dîner des Gascons : *Si Paris me rend fier, Agen me rend heureux !!!*

LA BAGUE ET L'ÉPINGLE.

A S. A. R. Madame la Duchesse D'Orléans.

4 Avril 1842.

Princesse,

Il y a quarante mois de cela, notre ville était vivement agitée. Le fils aîné du Roi se trouvait au milieu des Gascons; tout le monde se rendait à son œil aimant, à son esprit, à ses manières bienveillantes; et vous, *Madame,* avec votre air aimable et gracieux, vous vous dépêchiez de prendre à pleines mains dans vos filets autant de cœurs agenais qu'en prenait votre royal époux.

Depuis ce jour, je n'ai jamais oublié qu'au moment où le canon vous exprimait notre allégresse en termes si bruyants, le Prince oublia tout pour s'occuper de moi un instant. Il salua ma maison et la muse indigène qui chanta Henri IV aux bords de la Baïse, et ensuite me mit au doigt une belle bague de Roi, qui lance des éclairs pendant la nuit.

Ma muse en fut touchée, mais mon cœur d'homme bien plus encore. Oh! ce n'est pas tant mon *Trois de Mai* qu'il a voulu honorer aux yeux de ma contrée! Non Princesse, non! j'ai vu le fond de sa pensée. Notre Prince a bon cœur, il cache le bien qu'il sait faire. Il connaissait *Mes Souvenirs,* et voulait guérir pour toujours la plaie de mon ame, en me rendant, changée en bague magnifique, l'anneau que ma pauvre mère avait vendu pour avoir du pain. Et je la porte toujours ! — Voilà, ô jeune Reine, ce que le Prince a fait. Oh ! je ne suis pas ingrat. Entraîné par mon cœur, j'ai osé vous offrir aujourd'hui, à tous deux, ma *Françonnette ;* mais vous me répondez, à votre tour, par une épingle d'or de la même famille de cette bague qui brille tant. Pardon, Princesse, vous n'ignorez pas que bijoux et habits brodés ne conviennent guère au poète. Je l'accepte pourtant, et la place dans ma coupe, au haut du rameau d'or, comme un trésor précieux ! Là, bien mieux que sur ma poitrine, je pourrai la contempler avec un bonheur parfait ! Jolie fleur, diamant, perle fine, je verrai trois fois votre portrait.

A MA MUSE.

Pour remercier le Roi *de sa belle montre d'or.*

Le temps est pur et brillant ; pas un nuage, pas d'éclairs ; la terre envoie son encens à notre ciel devenu serein. On dirait qu'un orgue fait entendre des sons mélodieux dans les airs ! O muse, c'est un jour tel que mon cœur le désire. Viens, cours choisir des fleurs de poésie ; il faut que je dise mon

Grand merci pour la montre d'honneur qui jette un si grand éclat à ton cou. J'en suis tout fier pour toi, le Roi te l'a donnée ; nos dames d'Agen l'ont toutes essayée ; elles n'en étaient que plus belles, crois-le bien ! Et cependant je trouve que, sur toi, elle va beaucoup mieux encore.

Chante donc !... Je sais bien que tu as besoin de courage. Écrire à notre Roi, toi, muse des bergers ! ! Mais hier il te parla, il vanta ta langue harmonieuse. Quitte donc cet air timide, il ne sied pas à la muse gasconne. Tu sais bien que la Reine au cœur si bon, si compatissant, a donné des pleurs à ton *Aveugle ;* et la jeune Princesse, si bonne, et le jeune Roi aussi, ce Prince si aimé, qui, à son passage !... tu sais bien ! !

Ah ! te voilà pourtant entraînée, enflammée. Que tu me plais ainsi ! Jamais tu n'as été si belle. Allons, prend ta musette, et dis à notre Roi que sa montre ne me quitte jamais. Souhaite-lui franchement un beau soir de la vie, sans orage, sans nuages, pur comme le ciel de ce jour ! Dis-lui... Mais quels cris de malheur retentissent ? quel bruit vient frapper le pays ? Qu'a-t-on dit ? le Prince est mort... Mort ! grand Dieu !... Tout frémit ! oh non ! ce n'est pas vrai ! on nous ment, on nous trompe ! Hélas ! il n'est que trop vrai, le bruit n'a pas menti ! il est mort, oui, bien mort. Tout est fini pour lui sur la terre. Lui, si Français par le cœur ! lui que tout le monde aimait ! lui, si jeune, si bon, si brave! lui qui, au combat, affrontait en chantant le plomb, l'acier africain! il est mort devant Paris, en tombant sur le pavé!!

Pauvre Père!.. Et toi, pauvre France! tu es devenue veuve de ton Fiancé d'amour. Oh! que ta perte est grande! oh! que de larmes tu vas verser! Ce malheur, Agen l'avait sondé d'avance; la mort le menaça ici du même coup; tous nous criâmes si fort, que la mort recula!! Hélas! elle n'a pas reculé aujourd'hui! Quelle heure fatale! il est mort, bien mort, ce n'est que trop vrai. Pauvre Princesse! pauvre Mère! pauvre Roi! pauvre France! Et toi, Muse, maintenant pleure! car la montre d'honneur qui brillait à ton cou, s'assombrissant avec la patrie, au lieu d'heures de poésie, ne va marquer pour moi que des heures de deuil!!

LA SORCIÈRE DU BONHEUR.

A Hélène Mazel, *en lui présentant une couronne à la fin d'un concert.*

Chante! chante! jeune étrangère, ta voix, ta musique, nous ont réveillés. Chante, chante, nous écoutons encore; mais va! j'ai des soupçons! Tu es une sorcière, car tu nous as tous ensorcelés! Oh! comme tes chansons sont aimées! Et nous, qui croyions, imbécilles ! que les sorcières d'aujourd'hui étaient comme celles d'autrefois, laides, vieilles, mal tournées ; qu'elles avaient des yeux de chouette, de grosses lèvres, des cheveux roux. Mais non, il paraît qu'elles ont pris une forme nouvelle pour fasciner les hommes de nos jours. Toi, tu es jeune, tu es jolie, tu as un air de demoiselle ; ta taille, ta bouche, tes yeux feraient naître les amourettes ; tu renfermes dans des chaînes légères la soie brune de tes cheveux ; tu portes le joli nom d'*Hélène ;* tu aimes le jour, l'éclat des flambeaux. Quand tu fais de la musique, tu as, pour mieux nous maîtriser, corps de femme, tête d'ange et voix de syrène ; si tu chantes, nous restons muets devant toi, nous t'écoutons, et, bouche béante, nous te buvons des yeux.

Sorcière ! oh ! oui, tu l'es, sorcière ! mais, plaintive ou folâtre, tu es de la nouvelle école. Tu ne fais pas de mal ! Tu ne fais pas peur ! Nous saurions, sous trente verroux, rester seuls avec toi sans trembler ; et quand tu nous dis *pigeon vole,* nous poserions sans crainte la main sur tes genoux. Oh ! mon Dieu, tu ne nous fais pas peur. Si tes orgues résonnent, nous sommes tous fascinés, enflammés. On dirait que tes mains parlent, se plaignent, tonnent, et que ton ame s'exprime par tes doigts ! Jeune sorcière, chante encore. Va ! tu n'as rien à craindre en *chantant.*

Que tes refrains s'achèvent ; aucun bûcher ne t'attend! Sorcières du malheur, nous vous brûlions autrefois; sorcières du bonheur, aujourd'hui nous vous tressons des couronnes !

LE LIVRE VOLÉ.

A Mademoiselle JEANNE NARBONNE.

Assise au bord d'un ruisseau, sous des noisetiers, demoiselle, que faites-vous là, de si bonne heure? Sans doute qu'aux rayons du soleil levant, vous regardez descendre à vos pieds l'onde plaintive qui mugit sur nos têtes, en nous lançant son écume, quand elle franchit aux yeux des meuniers le pas volant de la *Salève*.

Ou peut-être rêvez-vous une petite heure de poésie, trouvant comme tant d'autres, dans cette magie, le baume qui guérit les peines d'ici-bas.

Peut-être même, demoiselle, étudiez-vous un peu, comme naguère, les infortunes de *Françonnette,* pour me ravir, le soir, en me les récitant.

Oh! s'il en était ainsi, pour rien au monde je n'échangerais ce plaisir de dieu! Mais, au nom de mes vers, pourquoi, plus vive que le vif-argent, mettre en morceaux ce bouquet de noisettes, et le jeter en colère dans le ruisseau? Quel poignant souvenir, sous ce feuillage, peut changer le miel en tison sur votre douce physionomie? — Un malheur !que dites-vous? Mon livre! on vous l'a pris? quoi! ce n'est que mon livre? oh! que vous êtes enfant! un livre le mien encore! mais, Jeanne, ce n'est rien; sous votre acacia, sur votre joli siége, tout à l'heure, vous en trouverez un; et si on vous le vole encore, dès demain vous en aurez deux. Je ne veux pas qu'on me prive du plaisir que j'éprouve, lorsque le soir, en famille, assise entre deux rosiers, vous faites résonner mes vers sous le feuillage. Oh! vous les dites comme un ange! mes pensées me paraissent meilleures; je reviens chez moi plus content, j'essaie mes couronnes, et je trouve qu'elles me vont mieux!...

Mais vous vous mutinez encore contre le voleur! vous aimez donc bien mon livre? Oh! comme cela m'est doux! que votre colère me plaît! Oui, Jeanne, vous avez raison; plaignez-vous, fâchez-vous! Cependant, si l'on met le voleur en prison, moi, sans bruit, pendant l'obscurité, pour qu'il n'y reste guère, je trouerai le vieux mur avec mes doigts de fer; je le ferai évader, car ce voleur, je l'aime!

Que voulez-vous? je suis poëte; je ressemble beaucoup à cette femme coquette et sage, qu'un amoureux sans espoir a voulu enlever la nuit de vive force. Tout haut, elle jette le blâme sur le coupable qu'on a puni, et tout bas, elle l'excuse sans le vouloir : eh bien ! je fais comme elle, et je me dis aussi : Le malheureux ! il faut bien qu'il m'aime, il a commis un crime pour m'avoir!

MON PÉLERINAGE EN PÉRIGORD.

L'ÉGLISE DÉCOUVERTE.

28 Janvier 1843.

Le vieux revient joli, et le monde savant tourne ses regards du côté des temps anciens, où la poésie, enterrée depuis plus de quatre cents ans, fut ressuscitée par le feu des troubadours, et sortit du tombeau plus belle que jamais. Le nom des troubadours brille d'un grand éclat aujourd'hui ; et vous devez en être fiers, vous autres. Le plus vanté de tous, c'est votre Bertrand, *le troubadour-soldat*. Oh! lorsque celui-là faisait résonner sa guitare, on dit que les plus froids sentaient remuer leurs ames dans le corps et le fer dans la main!

Aussi n'est-ce qu'en rougissant que moi, pauvre chanteur, à la voix maigrelette, je viens, dans son berceau, qu'il illumine encore, poser l'empreinte de mes pieds à côté de la sienne. Mais je n'ai pas reculé, l'église m'attendait. Elle a voulu aujourd'hui être aidée d'une muse pour bien mettre à l'abri un autel pour les pauvres. Son curé m'a choisi, *j'ai pris la galopée;* et, si, dans cette contrée, mes vers pouvaient élever des toits et des murailles, la croix serait terminée en un instant.

Je pourrai le faire pourtant, si vous le voulez un peu ; aidez-moi, pour que j'aide l'église. Donnez! je vous bénirai, non pas cent fois, mais mille; et le clocher dressé, ne craignez pas que je me croie semblable à ce Grec fameux qui vit une ville s'élever au chant de ses vers.

Non! quand je verrai monter et tuiles et chevrons, mon ame sentira quelque chose de plus doux, je me dirai : — J'étais nu (il m'en souvient), l'église bien des fois m'a habillé quand j'étais petit. Je suis homme, et je la trouve pauvre, à mon tour je la couvre... Oh! donnez, donnez tous! que je puisse goûter la douceur de faire une fois pour elle ce qu'elle a fait tant de fois pour moi!!!

LES OISEAUX VOYAGEURS,

OU LES POLONAIS EN FRANCE.

Chanson.

Nous sommes de petits oiseaux déchirés par la tempête; frères, chez vous mettez-nous à l'abri!

Un peu de blé, quelques brins de feuillage nous suffiront, si vous voulez nous recevoir. Nous fuyons la furie du tyran du nord!.... Recevez-nous!... Nous ne serons pas importuns! Nous sommes de malheureux oiseaux sans patrie, que l'aigle noir a chassés de leur nid!

— Venez, amis, nous ne ferons qu'une famille; mais, dites-nous : qui vous a défendus? — Personne! personne! Nous *piaulions* dans notre île, et le coq même ne nous a pas entendus! Aussi de l'aigle aux griffes impures, tous, presque tous, nous avons senti la fureur; mais nous lui avons fait des blessures si profondes, que de son sang il a trempé son nid.

— Amis, restez, et dans nos campagnes, reposez-vous en toute liberté. Nos épargnes sont dans une grotte, vous êtes malheureux, nous vous en devons la moitié; avec vous nous partagerons la goutte de rosée, et le pain de l'hiver et le fruit de l'été, et nous serons fiers de notre destinée, si, dans notre nid, vous vous trouvez heureux.

Ils parlaient ainsi quand, au bruit des tymbales, au milieu d'un nuage d'or, un aigle blanc paraît, se dresse, ouvre ses grandes ailes et leur crie : « Oiseaux, je ne suis pas mort! Allons! que mon drapeau sorte de la tombe; le sang va couler à grands flots. La liberté lancera son tonnerre, et mes oiseaux reviendront dans leur nid! »

L'ESPAGNE.

A Villeneuve, le soir d'un grand concert pour les réfugiés espagnols.

Là-haut, de l'autre côté de ce rempart, si fort, si élevé, construit avec cent murailles de neige, sous un ciel tout bleu, resplendit un soleil tout d'or, sur une terre que sans pluie on émotte avec la pointe des pieds, et d'où l'on voit sortir par milliers et des champs de fleurs et des bois d'orangers.

Là, pour rendre l'homme heureux, tout se combine. Eh bien! il ne l'est pas pourtant. La politique, qui gouverne l'univers désuni, souffle là son plus méchant venin. L'amoureuse guitare et la castagnette ne s'y marient plus avec la tendre chanson. Chacun pour son drapeau vaillamment se dévoue, et pour un point d'honneur le frère hait son frère; les cœurs ne parlent plus : plus de sérénades; le seul bruit du canon retentit dans le pays...

Et celui qui aujourd'hui commande, demain chancellera! Et depuis vingt années l'Espagne est en grand deuil! Et toujours la lance espagnole se rougit du sang espagnol!

Oh! plaignons-les; — nous, pour des mots, pour des emblèmes, nous sommes désunis aussi; mais nous sommes un peu plus sages. Plaignons-les, ce sont nos voisins; déjà, de ce côté, nous avons vu quatre fois des armées en déroute, demander un asile contre le fer de la vengeance. — Celle-ci agit comme les autres, recevons-la aussi! Il en est qui ont froid, qui ont faim; donnons, faisons le bien; et s'il en vient d'autres encore, donnons, donnons toujours : en France, ce n'est pas assez d'être fort, il faut être bon!

Soulageons la misère du soldat étranger; n'allons pas regarder si son drapeau sanglant a des couleurs qui nous conviennent : à quelque drapeau qu'appartiennent les hommes désarmés, sans patrie, malheureux... ils sont de nos amis!...

A la ville de Fénelon, qui m'avait reçu en criant :
Vive JASMIN !

7 Février 1843.

Hier, en entrant dans Sarlat comme un triomphateur, j'entendis mon nom résonner dans les airs. Heureusement qu'il faisait nuit, car je rougissais jusqu'au blanc des yeux; mais ensuite je me dis à moi-même : Sarlat doit me recevoir ainsi : *son grand régent des rois,* l'évêque si célèbre, surpasse tout en grandeur comme l'orme géant; petit ormeau à ses côtés, sans lui je ne serais pas aperçu. Il gagne donc plus que moi à l'honneur qu'il me procure : le grand arbre devient plus grand encore, placé près de l'arbre petit!!

HIER ET AUJOURD'HUI.

A Mademoiselle Gasq, *qui venait de m'offrir, avec* M. Gasq, *un Rameau d'Or, au nom de la ville de Toulouse.*

HIER.

Je le tiens donc enfin, ce rameau si désiré, ce rameau, grand rêve de ma vie! Oh! que mon ame est fière! Je l'ai reçu d'une ville, et de quelle ville! de Toulouse! de Toulouse! où la gloire, en descendant du ciel, planta son laurier le plus beau. Mais n'est-ce pas un rêve? Non, je le vois, je le touche, il est brillant, touffu. mon sang bouillonne de plaisir. Il me semble qu'en parlant de ce laurier, je deviens grand, grand comme l'infini!

Quel honneur! quel triomphe! ô Toulouse! merci, pour ma vieille langue et pour mes vers! Ton joli rameau d'or les élève et les grandit tous deux à la fois. Et vous qui me l'offrez, vous, digne messagère, vous la reine du chant, vous la reine des cœurs, vous qui enlèveriez, si vous le vouliez, tous les lauriers qui croissent dans le monde, en fredonnant seulement quelques chansons, oh! dites à votre ville tout le bonheur dont je suis enivré. Ou si ce n'est qu'un rêve, oh! par pitié, ne me réveillez pas, car jamais rêve n'a été si délicieux !

AUJOURD'HUI.

Fasciné par le laurier que Toulouse m'envoie, voilà ce que, hier, je me disais à moi-même; et, dorant ma maison de joie et de bonheur, je vous attendais avec plaisir. Je vous attendais sans penser, Mademoiselle, qu'en présence d'un bonheur que nous brûlons de toucher, nous devrions veiller toujours sur nous-mêmes, dans la crainte de nous laisser séduire; car le plaisir qui vient, couvre de ses ailes la peine qui le suit, pour nous frapper plus cruellement. La peine qui me frappe et qui marchait à votre suite, pour assombrir le plaisir que j'avais à vous voir, est si forte, qu'elle change mon *rameau* en *cyprès !* Ma vieille mère est sur le bord de la tombe ! et je tremble que le plus beau jour de ma vie ne devienne pour moi le plus cruel !

LE MÉDECIN DES PAUVRES.

POÈME

Dédié à M. Cany, Médecin et Fondateur des Salles d'Asile de Toulouse.

Avril lançait son haleine embaumée : mais au deuxième jour de son mois si fleuri, son ciel pur se couvrit de nuages; et quand les pâles rayons du soleil commencèrent à paraître, les gouttes qu'une giboulée de mars venaient d'éparpiller sur la terre en passant, se perlaient sur les tertres et sur les buissons.

Midi sonnait à Boé : deux jeunes filles parurent sur les bords de deux petits chemins ; puis se joignirent entre la *Capelette* et le moulin à vent. Jolies, du même âge, ces deux enfants faisaient ensemble trente années ; elles avaient même teint, même fraîcheur et non même contentement.

L'une, riante, sautillait en portant une poignée de fleurs ; l'autre, tout affligée, cheminait la tête basse et pleurant.

— Mariannette, où vas-tu, si heureuse? dit la jeune fille qui était triste à celle qui paraissait si gaie. « Je vais à la ville d'Agen ; je passerai sous les grands arbres ; ensuite j'irai chez le *médecin des pauvres,* lui porter des bouquets et lui rendre de l'argent, car j'en ai, des écus ! Tiens ! veux-tu que je les compte devant toi?... Un, deux, trois, quatre, cinq .. et ce n'est pas tout ; nous en avons encore d'autres, va, dans le tiroir de ma mère! Nous sommes redevenus heureux! Attends, que je te conte tout cela !

Et le jeune furet, tout à ce qu'il dit, recommence à parler, sans s'apercevoir des gémissements de sa compagne.

«Tu sais que nous eûmes la fièvre, cet hiver: nous

« étions pauvres; personne ne venait nous guérir;
« il ne nous restait plus rien à vendre ; il nous
« fallait mourir. Tout à coup, un monsieur entre
« chez nous d'un air gai, en nous criant : Mes
« braves gens, du courage! Je connais votre mal;
« je viens pour vous sauver. — Ma mère répond :
« Il n'est plus temps ; nous avons tout mis en gage,
« tout! les remèdes sont chers ; il nous est impos-
« sible d'en acheter : à peine avons-nous de quoi
« nous procurer un morceau de pain.

« Le monsieur frémit et devint triste, mais bien
« triste : je le voyais, car nous n'avions plus de
« rideaux à notre lit. Ah! riches! s'écria-t-il; puis
« il s'approche aussitôt, et présente à ma mère
« cinq grands écus tout neufs... Pauvre femme!
« souffrez qu'un ami vienne à votre secours! Pour-
« quoi rougir! prenez! et quand vous pourrez tra-
« vailler, vous me le rendrez, si cela vous est pos-
« sible. — Et ma mère les prit; et dans peu tout
« changea; et les soins du monsieur, ses paroles
« consolantes, et quelques gouttes d'un baume
« qu'il nous apporta, firent des miracles, et nous
« guérîmes tous. Et depuis, tout nous sourit
« comme les fleurs nouvelles ; ma mère, mon frère
« et moi, nous travaillons. Le monsieur nous a
« porté bonheur, comme les hirondelles. Ah! mais,
« nous gagnons de l'argent! mais nous sommes
« heureux! et toi? — Moi, je pleure! moi, je me
« tourmente! De chez toi, le malheur s'est trans-

« porté chez nous. Notre père est bien malade !
« Comme il est changé ! comme il souffre ! oh ! je
« le sens, il va mourir, à moins que ce monsieur,
« qui sait si bien guérir, ne vienne pour le sauver ! »

« — Pauvre Isabelle ! que je te plains ! et moi
« qui riais tant ! Allons, viens ! je t'accompagne ;
« courons chez le médecin. Ne pleure plus ; il
« viendra ; il abandonne tout pour les pauvres qui
« se confient à sa bonté : aussi, on dit qu'il n'est
« pas riche, mais le bon Dieu le bénira ! ! »

Et alors les jeunes filles hâtent le pas, brûlent le pavé ; et quand elles passèrent sous nos grands arbres, nulle d'elles ne leva la tête.

Enfin, elles entrent dans la ville par le *Pontlong*. Mais qu'ont-elles vu à l'entrée d'une maison, tout près de la rue des *Jacobins ?* Des prêtres ! une croix ! on chante le *de profundis !* Elles s'avancent, elles se troublent. Une sur-tout frémit, tremble... un mort !... elle pense à son père ! O cruel souvenir ! Vite elle s'approche de quelqu'un : je cherche M. *Durand*, dit-elle ; où demeure-t-il ? — Ah ! M. *Durand*, demoiselles, eh ! mon Dieu ! le voilà qui sort ! En effet, c'était lui qui sortait, mais mort ; mort, encaissé dans un cercueil entre quatre chandelles, escorté des pauvres qui ne l'auront plus ; et derrière la foule qui l'accompagnait à sa dernière demeure en versant des larmes bien amères, il y eut deux *pauvrettes* de plus ! !

LES VERS A SOIE [1].

POÈME.

Epître à M. RAYNOUARD, Secrétaire perpétuel de l'Académie française.

RAYNOUARD, au nom des Provençaux, amis des troubadours, ces premiers favoris des amours et des Muses, je me hasarde à offrir un faible hommage, à présenter un grain d'encens à l'ouvrage immortel que tu as composé pour rehausser la gloire du pays qui t'a vu naître et que tu as habité pendant long-temps. Mais cet hommage, c'est dans la langue des troubadours, dans cette langue provençale qu'on a eu si grand tort de proscrire, que je veux te l'offrir aujourd'hui. Cette langue n'a pas complètement disparu; ta plume en a découvert des traces profondes dans une infinité de mots; elle en a montré l'origine, pour prouver aux savants qu'elle est ancienne, célèbre, et la première dont le nom a été écrit au temple de mémoire.

Ah! si je pouvais découvrir aujourd'hui le léger flageolet de quelque troubadour, dont les sons harmonieux ont ravi notre belle Provence, avec

[1] Ce beau poème a été imprimé, en 1819, par une souscription à laquelle prirent part un grand nombre d'hommes remarquables de cette époque.

quel plaisir je jouerais en ton honneur quelque joyeux refrain!... Comme je vanterais ton esprit, ta finesse, tes talents et tes écrits, qui font l'admiration de toute la France!

Non, Raynouard! ma muse ne serait pas paresseuse : elle oserait disputer la couronne à ses sœurs de Paris; elle irait hardiment se placer à côté du dieu des vers; elle ferait la leçon à ces muses françaises, si vaines, si orgueilleuses! elle leur dirait qu'autrefois, ses sœurs de la Provence, qui fréquentaient les bords de la *Durance* et de la *Carami*, connaissaient, certes! les usages du Parnasse, et les sentiers les plus difficiles du sacré vallon, bien avant qu'elles fussent au monde. Oui, c'est la muse provençale qui, la première, a offert au chevalier la couronne de laurier et de myrthe! C'est elle qui a chanté l'honneur, et qui a inventé la mesure et la rime, qui depuis ont été adoptées par Apollon, les Grâces, Vénus et son fils; c'est elle qui a enseigné à la savante Italie et à l'Espagne, l'harmonie et les vers. Pétrarque surtout a profité de ses leçons; il a dérobé une foule de lambeaux à nos troubadours, et Pétrarque n'est pas le seul : un grand nombre d'écrivains ont suivi ses traces, en venant demander l'aumône aux œuvres de nos devanciers. Tant que le Français ne s'est pas laissé asservir par une fausse délicatesse, il a puisé sans façon dans notre *gai savoir*. A cette époque, notre langue avait pénétré dans tous les pays ; sa renommée était si grande, que tout le monde en Europe voulait apprendre le provençal pour lire et chanter ses légers madrigaux. Les rois, les empereurs, l'étudiaient, la parlaient peut-être mieux qu'on ne la parle à *Brignolles*, et c'est dans ce *jargon,* jadis si honoré, que *Frédéric* fit des vers, qui ne le cèdent en rien à ceux de M. *Gros.* Et plût au ciel que notre ancienne mère portât encore la palme brillante qui, hélas! lui a été ravie! elle saurait se faire mieux écouter que votre langue française. Pétrarque la nomma la langue du plaisir. Et n'est-elle pas charmante dans ses diminutifs si gracieux? elle a ses agnelets, ses bergerettes dont le chapeau est couvert de lis, de thym et de romarin. Bientôt l'amoureux arrive en tapinois, il tourne auprès de son amante, se place à ses côtés, et cause avec elle de troupeaux, de brebis ; puis il lui présente une fleur, un muguet, du lilas... puis viennent les baisers... il lui conte fleurette... Laissons-les tous les deux sous l'ombrage.

Mais quand notre langue veut exprimer les passions violentes; quand elle veut crier, quereller, elle n'est pas bègue, je vous en réponds : elle tonne, elle saisit, elle arrache avec violence, elle met en pièces. Et ne croyez pas qu'elle n'ait qu'un seul ton ; autant elle est douce quand elle le veut, autant elle est terrible quand elle s'anime. C'est un vrai démon : elle crie, elle siffle, elle effraie comme un oiseau de nuit; elle babille, elle a une foule d'expressions que n'a pas le français; elle possède les grâces que lui ont léguées le grec et le latin. Venez sur nos places publiques, entendez les revendeuses, écoutez le babil de nos marchandes de poissons, et vous avouerez que, dans leur éloquent ramage, Cicéron et Démosthènes recevraient d'elles des leçons. Maintenant, voulez-vous savoir ce qu'est le français? mettez-le à son côté. C'est un galant transi, un mirliflor, un babillard; il dit en dix mots ce que notre provençal dirait en un seul; c'est un pauvre déguenillé, qui se couvre d'oripeaux; il ne va jamais droit au but; il fait cent détours pour exprimer sa pensée. Il s'écrit d'une manière, et on le prononce d'une autre : il change d'habits à chaque instant; de jeune il devient vieux. Il est précieux, il tremble de mal parler, il tâtonne, il craint de faire rire, il bégaie, ne peut pas exprimer ce qu'il veut; ou bien, s'il finit par y réussir, ce n'est pas ainsi qu'il aurait fallu dire.

Ah! le provençal n'a pas tous ces embarras; son gosier est rempli d'une fourmilière de mots; sa parole se plie à toutes ses pensées; il vous jette les expressions sans tant les éplucher; et si quelquefois il en ramasse quelques-unes qui laissent quelque chose à désirer sous le rapport de la délicatesse, il n'a rien à craindre des férules de l'Académie.

Mais c'est en vain que je m'enroue à défendre sa cause. Paris donne le ton ; le pauvre provençal n'a qu'à se taire ; c'est ma foi bien fâcheux ! Les filles, les garçons ont étouffé leur mère : ils se moquent de la langue que parlaient Réné, Blacas, Raymond. Le moindre petit marchand la rejette; la jeune ouvrière craint de salir sa jolie petite bouche en la prononçant. Elle pense être plus jolie en parlant français ; elle aime mieux estropier le jargon de Paris que parler avec grâce l'idiôme de son pays natal. Elle en rougit, elle n'en veut plus; elle abandonne à la jeune bergère la langue que Laure et Pétrarque ont parlée !

Si quelque troubadour revenait maintenant des Champs-Elysées sur la terre, il n'oserait plus chanter sur sa tendre musette, ni composer la moindre petite chanson en l'honneur de la beauté ; car ce n'était pas le français qu'on parlait dans les cours d'amour! les amours ne connaissaient que la langue provençale. Cette jolie langue est la langue-mère du Parnasse, de Cythère et de Paphos. Les dames de Meyrargue, de Trets, de Sabran, de Villeneuve, d'Agoult, de Salon, de Flassan, ne parlaient, dans leurs jugements d'amour, que la langue de nos grands-pères; et si la maison d'Anjou avait eu des rejetons, peut-être que le provençal brillerait encore de tout son éclat.

Maintenant le français est la langue de tout le monde. A peine, tout au plus, parle-t-on le provençal au village. Tout s'efface, tout s'oublie ici-bas sur la terre; mais ta prose et tes vers, Raynouard, vivront éternellement ! (DIEULEFET.)

ÉPISODE.

On parle encore de ce bon roi Réné, le Henri IV et le père des Provençaux. Souvent une vieille grand'mère nous a raconté, en larmoyant, les principaux faits de ce règne fortuné. L'hiver, enveloppé dans sa jaquette, il allait hors de la ville chercher un abri au soleil, où il se promenait en causant avec mainte jeune fille. Chacun, dans notre ville d'Aix, connaît encore la cheminée de ce bon prince. Il songeait à tout, à l'état, à l'église, et c'est à son esprit aussi pieux que jovial que l'on doit la procession brillante du beau jour de la Fête-Dieu. Oh! quel plaisir pour ce peuple si enclin à la curiosité, de voir cette longue file charmante, mélange galant d'anciens tournois, d'amour, de dévotion, véritable esprit de la chevalerie! A cette époque, chacun portait dans le cœur son Dieu, son prince, à côté de sa dame. C'est Réné qui cultiva, en Provence, la rose rouge et la giroflée, et, ce qui est bien préférable, le raisin muscat. C'est lui qui, le premier, planta le mûrier; son règne fut un vrai paradis. Sur les bords de la Durance, on ne voyait que grands troupeaux de moutons et de bœufs; les poules pondaient des œufs plus gros ; enfin, l'âge d'or habitait la Provence. C'est lui qui, le premier encore, fit venir dans cet heureux climat l'insecte merveilleux, et nous enseigna la manière de l'élever. Mère Isabeau tenait ce secret de sa grand'mère. Depuis long-temps toutes les femmes la pressaient de le leur conter; elles en jasaient à qui mieux mieux. Enfin un jour les jeunes filles s'assirent autour d'elle pour mieux entendre cette histoire intéressante. Mère Isabeau toussa, cracha, et commença ainsi, au milieu du silence le plus profond.

Un jour, le roi s'égara en chassant. Il était seul (cela lui arrivait quelquefois); comme il traversait un vallon couvert de feuillage, il rencontra une jeune bergère agenouillée devant un oratoire placé sous un vieux pin. Son troupeau dormait tout auprès; son chien était à côté d'elle. La jeune fille priait avec ferveur et présentait un bouquet à la madone, en pleurant. Tout à coup le chien aboie; la bergère tressaille, se retourne et aperçoit quelqu'un qui approchait. Aussitôt le bon Réné la rassure. Je me suis égaré, lui dit-il en riant; ne craignez rien ; je suis chasseur honnête, et je retourne à Aix; montrez-m'en le chemin. Mais vous pleurez! ah! contez-moi vos douleurs; je ferai tout ce qui dépendra de moi pour les soulager. — Notre cabane est près de ce vallon, répond Laurette à moitié rassurée. Mais à quoi bon vous dire mes chagrins? quel intérêt pouvez-vous prendre à mon affliction?—Qui sait? peut-être n'en serez-vous pas fâchée, lui dit le prince. J'ai de nombreux amis à Aix; allons, parlez-moi franchement; quelqu'un vous a-t-il maltraitée?—Ma blessure est dans mon cœur, reprend Laurette; mais puisque vous voulez tout savoir, eh bien! je vous dirai tout, car vous me paraissez bon et compatissant.

J'aime Méri, berger des environs; depuis longtemps il a ravi mon cœur. Nous nous sommes juré un amour éternel. Nos deux troupeaux, toujours réunis, paissaient ensemble sur la colline et dans le vallon; ensemble tous les jours, nos chiens folâtraient également. Jamais on n'avait vu un berger plus aimable et plus courageux. Oh! que de bouquets et de rubans il me donnait! que de chansons chantées à l'ombre du feuillage! Jamais il ne me demandait de récompense. Sa musette ne jouait que pour moi seule. Tous les jours, jusqu'au soir, il était mon compagnon : mais je ne suis pas riche; je n'ai que ma mère; notre troupeau, voilà tout notre avoir; et qu'importe à Méri! mais il n'en est pas ainsi de son père! Maître Magnan possède la plus belle terre des environs. Il veut marier son fils à un riche parti, à une fille qui n'a qu'un frère : Méri refuse obstinément. Furieux de son refus, son père l'a maltraité, tourné, retourné de toutes les manières; mais je vous le demande, en cela, pouvait-il lui obéir? Hélas! le pauvre garçon s'est engagé. Oh! mon Dieu! que ne l'a-t-il épousée, plutôt que de se faire soldat! Je serais morte, il est vrai, mais du moins il serait ici, et que de pleurs ma mort m'eût épargnés! Hélas! c'est ici, dans cet oratoire, au pied de la mère du Sauveur, qu'il me fit ses adieux en tremblant; c'est ici qu'il me jura de n'aimer jamais que moi seule. « Laurette, me dit-il, tant que les « glands seront suspendus aux chênes des forêts, « tant que l'eau coulera dans le ruisseau de notre « vallon, ton souvenir sera présent à ma pensée. » Et moi, maintenant, soir et matin, j'implore la bonne Vierge (car nous l'appelons Dame de Bon Secours), je la prie de protéger les jours de mon Méri; et chaque soir, avant d'enfermer mon troupeau dans l'étable, je lui offre un bouquet baigné de mes larmes. Telle fut l'histoire de Laurette.

Le roi, touché de ce qu'il vient d'apprendre, lui dit: Console-toi, tu ne tarderas pas à avoir de bonnes nouvelles; aie confiance. Alors il se retourne, cherche, trouve une tuile cassée sur laquelle il trace son portrait au crayon, et le donne à Laurette Souvent il agissait ainsi dans les châteaux qu'il allait visiter, et laissait son portrait sur les murailles. Voici mon nom, lui dit le prince d'un air galant; sois tranquille; demain, à la pointe du jour, tu partiras pour Aix. Abandonne pour quelques moments le soin de ton joli troupeau (pour un matin, c'est si peu de temps, il n'y a pas de danger). Lorsque tu seras arrivée à la porte du palais, tu donneras cette pierre à l'officier de garde, il te conduira où il faut. Va, ne crains rien, il ne t'arrivera pas de mal; fais ce que je te dis, et tu ne seras pas fâchée d'avoir suivi mes conseils.

Le roi la quitte et retourne à la ville. A peine est-il dans son palais, qu'il fait chercher partout le soldat amoureux. Le pauvre garçon était enrôlé, et partait le lendemain même pour Naples, avec l'armée que notre roi envoyait à son fils (il y avait du tapage dans ce pays). Le roi fait venir Méri, le consigne dans sa cour, et lui défend d'en sortir de toute la journée. Laurette arrive, accompagnée de sa mère. Elle montre le portrait du bon roi à l'officier. Celui-ci, qui connaît sa consigne, conduit la bergère au palais et la présente au prince.

Réné, ce bon et tendre père, était assis. Sabran, Villeneuve et sa femme Jeannette de Laval, Blacas, Forbin son sénéchal, sans oublier Mathurin son compère, étaient à ses côtés. Il avait voulu les rendre témoins de l'entrevue de nos deux amoureux. Par son ordre, Méri Magnan est amené. Laurette reconnaît aussitôt le chasseur de la veille, quoiqu'il fût bien mieux habillé. Elle croit rêver, ne sait plus où elle est, se frotte les yeux, est éblouie; elle fixe ses regards sur Méri, regarde le roi avec surprise, baisse la tête : pouvait-il en être autrement! De son côté, Méri demeure immobile, muet; il ignore par quel miracle Laurette se trouve auprès de lui. Tous deux sont frappés de stupeur; les larmes de Laurette commencent à couler .. Toutes ces émotions plaisent au cœur du roi, qui enfin leur dit avec bonté : Ma fille, c'est bien moi que tu as vu hier sur la colline. Aujourd'hui je te rends Méri, ton amant; je me charge de ta dot, car je pense bien que son père ne s'opposera plus à votre mariage. Méri, tu es libre, tu n'es plus soldat. Vous serez tous les deux fermiers de ma grande Bastide. Je vous fournirai tout l'argent dont vous aurez besoin. J'ai reçu des œufs d'un petit insecte qui ne tarderont pas à éclore. Je vous enseignerai comment il faut nourrir la petite famille de ce vermisseau. On m'en a fait don comme d'une merveille. C'est une expérience, il faut réussir. Ce sera une source de richesses pour mon peuple. Je veux que la Provence, si renommée en tous lieux par son esprit, ses troubadours, son climat, ses oliviers et son beau soleil, le soit encore par cette étoffe précieuse produite par les mûriers; et voilà le motif des grandes plantations que j'ai faites sur les bords de l'Arc et dans d'autres endroits encore.

Laurette et Méri se jettent aux pieds du roi en pleurant. Ils le remercient de tant de bienfaits.

Réné les fit relever ; on dit même qu'il les embrassa. Bientôt les deux amants partent pour la Bastide, enchantés des présents qu'ils ont reçus.

Huit jours après, le roi les maria ; ils se rendirent à la ferme, élevèrent les vers-à-soie. La cour leur fit une visite ; jugez après cela si les badauds arrivèrent en foule ! Les cocons réussirent parfaitement. Laurette Magnan fut la première belle qui dirigea une magnanerie, et c'est d'elle que ce petit insecte reçut le nom de Magnan. (*Idem.*)

POÉSIES DE M. X., DE BÉZIERS.

Montesquieu parle d'une dame de son temps, qui marchait assez bien si on ne la regardait pas, mais qui boitait dès qu'on la regardait. Je ressemble un peu à cette dame, et c'est pour n'être pas regardé, et par conséquent, pour boiter un peu moins, que je persiste à garder l'anonyme.

LES VORACES.

SATYRE.

Gula est inordinatus appetitus
Ususve cibi et potus.

Pot. brev. théol. p. 2, n. 1106.

Lâcher la bride à la voracité, toujours manger, toujours boire, courir de plaisirs en plaisirs, se gorger de viandes, de vins, mes bons amis, ce n'est pas là jouir de la vie, c'est en abuser. La voracité finit peu à peu par nous traîner à l'hôpital ; car, d'après le proverbe, la bouche est un trou bien petit, mais capable d'avaler bien des choses. Aussi, j'admire avec enthousiasme cet ancien qui voulut faire écrire en lettres d'or sur le buffet de sa salle à manger : « L'homme doit manger pour vivre, et non pas vivre pour manger. »

Le vorace aime assez la qualité des aliments, mais ce qu'il préfère sur-tout c'est la quantité. Il croit mourir de faim, s'il n'est pas rempli jusqu'à la gorge. Ce n'est pas le morceau recherché qui le séduit, il lui faut du solide ; et quand, au retour de la chasse, il porte dans son sac une bécassine ou quelque autre oiseau délicat, il le vend pour acheter une bonne pièce de veau. Le vice de l'intempérance dans le manger est, selon saint Thomas, un péché dégradant qui ravale l'homme au-dessous de l'animal immonde. Tous les autres vices, quoique très haïssables de leur nature, ont cependant un bon côté pour l'homme. Ainsi quand le portefaix, harassé de fatigue, se repose un peu et se laisse aller à la paresse, il en retire quelque profit. Si l'avare, pour grossir son magot, endure les tourments des damnés, on peut dire qu'il se prépare une ressource pour l'avenir. La colère nous rend fous, mais, dans un pressant danger, elle nous anime et nous donne des forces surnaturelles. L'orgueil, qui nous porte à l'insolence, nous donne une grande idée de nous-mêmes, quoique un peu exagérée ; et si l'envie produit la malveillance, elle nous fait du moins connaître les qualités dont nous avons besoin. Mais, je vous le demande, à quoi nous sert la voracité et la gourmandise ? Quel profit en revient-il à l'homme ? Quel profit ? il est accablé d'indigestions, la gastrite l'assassine, le cloue sur son grabat, le dessèche et le consume par une noire mélancolie qui finit par le dévorer entièrement.

Dans tous les temps, à Béziers, nous avons offert des sacrifices au dieu, ou, pour mieux dire, au démon de la voracité. En aucun lieu du monde la mâchoire ne fonctionne aussi bien. Quelque temps avant la naissance de Jésus-Christ, le peuple de Béziers était déjà cité dans l'Italie et la Grèce pour sa voracité extrême.

Le vieux Caton, qui s'indignait de la voracité romaine, dit qu'un certain peuple, placé sur une éminence au bas de laquelle coule la rivière d'Orb, l'emportait par sa voracité sur la voracité quiritienne. César, qui a parcouru tant de pays, dit, dans ses *Commentaires*, qu'il n'a trouvé nulle part autant de mangeurs qu'à Béziers. Pline raconte qu'étant à Béziers, il invita à dîner plusieurs individus que ses gens lui avaient désignés comme d'une voracité surprenante. Son cuisinier, qui aimait à rire, leur servit plus de cent rissoles d'étoupes, que les convives croquèrent sans s'en apercevoir.

Enfin, dans son *Traité sur la Police*, Aristote, chapitre deux, raconte qu'allant de Marseille en Galice, il a vu, à Béziers, des amateurs qui, sans boire, avalaient et mettaient sur leur conscience douze douzaines de petits pâtés et vingt-cinq pieds de saucisse.

Mais, me direz-vous, Béziers n'est plus maintenant ce qu'il était autrefois! la vie n'y est pas si recherchée, et cette ville s'est guérie de sa voracité ancienne... Guérie!.. grand Dieu! guérie!.. Je ne m'en serais pas douté! Je connais ce pays, moi, il meurt toujours de faim. Sa voracité est toujours la même; c'est comme avant Jésus-Christ; on n'y pense qu'à manger; et, si vous voulez me prêter un moment d'attention, je vous en donnerai une preuve sans réplique.

On prêche souvent à Béziers; et sans compter le carême et l'avent, tous les dimanches, dans chaque paroisse, on donne l'explication, le développement de la parole évangélique. J'ai toujours assisté aux prônes et aux sermons : eh bien! on a prêché souvent contre la fainéantise, la colère, la méchanceté, la luxure, l'envie, la cupidité; mais, Dieu me soit en aide! j'ai toujours vu, remarqué que jamais prédicateur, curé, ni vicaire, n'a débité un seul sermon contre la voracité. Et savez-vous d'où vient ce silence sur un point si important pour notre salut? Cela vient de ce qu'à Béziers le peuple est tellement reconnu pour vorace, que, vouloir lui prêcher la tempérance, ce serait lui parler grec, lui lire le Talmud et faire briller tous les prestiges de l'éloquence pour convertir Lucifer.

Vous êtes donc, mes amis, ce que vous avez toujours été; et, s'il est vrai que le présent se rapporte à l'avenir, vous serez, jusqu'à la fin du monde, des mangeurs fieffés. Et si vous n'étiez pas des mangeurs, des gourmands, des avaleurs, trouveriez-vous à Béziers tant de gens qui gagnent leur vie à préserver votre gosier de la pépie et de la faim? Vous avez au moins cent gargotiers, vingt aubergistes, vingt pâtissiers, dix confiseurs, cinquante bouchers, vingt marchands de légumes, trente à trente-cinq charcutiers, cinquante à soixante épiciers, deux cents marchands de fromages, de poissons, d'huîtres, de coquillages, de lait, de fruits, deux cents boulangers, marchands de galettes et autres friandises, deux cent cinquante cafetiers, qui, selon la circonstance, donnent à manger ou à boire, et cent marchands de vin, qui payent la licence, sans compter ceux qui la prennent sans la payer.

Oh! ce peuple, il est toujours occupé à vous remplir la bouche, quand vous commencez à l'ouvrir. Oui, Bitterrois, grands et petits, vous aimez tant à manger. vous faites une si grande consommation de comestibles, que tous les états dont je vous ai parlé font parfaitement leurs affaires; et, si nous mettions autant de soins à nourrir notre esprit qu'à bourrer notre estomac, il nous faudrait, à Béziers, cent à cent-vingt libraires, vingt à vingt-cinq relieurs, trente-cinq cabinets de lecture pour les flâneurs qui n'ont jamais acheté les livres qu'ils ont lus.

Mais nous nous occupons si peu de notre intelligence, qu'un seul relieur, le jeune Murat, qui même n'est pas toujours occupé, nous suffit; que deux libraires, dont la boutique n'est pas toujours garnie, suffisent à nous fournir des livres et du papier; et qu'enfin nous n'avons et nous n'aurons jamais (car le métier ne rapporte pas assez) qu'un seul cabinet de lecture.

Qui de nous n'a connu à Béziers M. Audezène, qui vint de je ne sais où établir un magasin de librairie? Certes, Audezène était un homme habile! Il avait l'art de plaire aux chalands; toutes les nouveautés, il les avait dans son magasin. Il vendait de la bonne encre, de l'excellent papier, et cependant, hélas! après cinq ans, Audezène était ruiné. Mais, comme Audezène n'était pas un novice, il ne tarda pas à s'apercevoir qu'il était venu habiter un pays où les gens lisent peu et remplissent bien leur estomac. Que fit-il? Il envoya promener la librairie, et n'eut d'autre moyen, pour rétablir sa fortune, que de se faire... quoi?... pâtissier! (X.)

LES FEMMES.

ÉLÉGIE.

> *Ubi non est mulier ingemiscit egens.*
> (Ecclesi., cap. 36.)

Dieu fit l'homme à sa ressemblance, mais, ô femmes! quand il vous créa, voici comment il s'y prit, pour vous donner la plus belle part de la vie.

Sa puissance infinie jeta dans le creuset tout ce qu'il put trouver de plus beau, souffla dessus, et vous forma en en exprimant la quintessence.

Moïse a raconté autrement la formation de notre première mère; mais les rabbins assurent qu'il ne sait ce qu'il dit, et que, pour le coup, il s'est trompé.

Mais, quand il serait vrai que vos yeux, votre visage fussent tirés de la côte d'Adam, il n'en est pas moins certain que Dieu, qui a tout fait, n'a pas fait de plus bel ouvrage que vous. Rien ne peut peindre la beauté du soleil qui se lève sur l'horizon, mais cette beauté s'efface devant un de ces sourires qui s'épanouissent sur votre front gracieux. Mahomet radote; je désire que sa loi disparaisse; mais, Dieu me soit en aide! il a prouvé un tact merveilleux en vous plaçant dans le paradis!

Tout n'est pas roses dans le mariage ; il y a souvent bien du bis-bil; et cependant le sage a raison quand il dit : « Malheur à l'homme seul ! »

L'homme s'oublie à vos pieds ; vous triomphez des bons et des méchants, et vos mains répandent des fleurs sur les mauvais sentiers de la vie.

C'est votre bon sens qui nous guide ; vous nous liez selon votre bon plaisir, et nous baisons avec avidité les fers dont vous nous enchaînez.

L'amour réside dans la femme ; l'art d'aimer avec elle naquit ; et ce qu'Ovide ne dit pas, c'est d'elle qu'il prit des leçons.

L'homme est méchant, dur, grondeur, songeant au mal lors même qu'il ne le fait pas; mais vous, femmes, vous êtes bonnes comme le lait dont vous nous nourrissez. Vous possédez des trésors de tendresse que vous versez sur nous, sans jamais les épuiser, et dans le malheur, dans la misère, vous êtes toujours là pour nous offrir vos consolations. Vous êtes délicates, sensibles, un rien vous fait mal au cœur; et cependant, sans le moindre dégoût, vous soignez les plaies les plus dégoûtantes.

Oh ! figurez-vous le supplice de l'homme qui souffre jour et nuit, et qui n'a pas auprès de sa couche une femme pour lui donner des soins.

Un saint organise la charité pour les familles pauvres ; mais à qui confie-t-il l'exécution de son projet? à des vierges.

Quand Jésus vint sur la terre, il ne voulut pas que l'homme eût la moindre part à sa naissance ; la femme seule le mit au monde.

Ainsi s'infiltra dans son cœur, sans aucun mélange de malice, cet amour, cette douceur, cette patience, qui firent l'admiration de l'univers.

Chez les Anglais, chez les Russes, la femme règne quand sa naissance l'appelle sur le trône, et le peuple ne se récrie pas contre un pouvoir adouci par l'amour.

Lorsque le Franc, arrivé dans l'Armorique, enleva le sceptre aux femmes, nul doute qu'il se laissa tromper par quelque druide.

O femmes ! votre culte n'a jamais été profané par l'athéisme ; vous avez ravi à Prométhée le feu qui anime les mortels.

Ah ! ne prodiguez jamais ce feu que vous allumez en nous ; conservez la pudeur ; sans elle, les roses qui vous entourent seraient bientôt changées en orties.

O femmes ! depuis que je suis au monde, je n'ai cessé de vous aimer ; et tant que mon cœur battra dans ma poitrine, il battra pour vous, ô mes petites amies !

Certes, je conserve le souvenir de ce que mon père a fait pour moi ; mais je ne peux jamais, sans attendrissement, songer aux soins que m'a donnés ma mère. (X.)

LE CANARI ET LE GÉNÉRAL RICARDOS.

FABLE.

Quand le Français saluait l'aurore de la révolution, en France, tout allait de mal en pis. Souvent nous n'avions pas de pain ; le fils s'arrachait des bras de sa mère pour aller se faire tuer ; le prêtre prenait la fuite ; Dieu lui-même nous échappait ; l'argent, remplacé par les assignats, passait je ne sais où ; la guillotine fonctionnait admirablement ; le noble qui n'émigrait pas était sûr de son affaire, et le bourgeois qui regimbait passait bientôt où vous savez.

Cependant, alors plus que jamais, le Français se berçait d'illusions ; et quand il voyait tout aller de travers, il se consolait en tournant ses regards vers l'avenir, et puisait dans l'espérance le fameux refrain *Ça ira*. Au chant de *ça ira*, le soldat s'élançait sur l'ennemi ; *ça ira* triomphait du Savoyard, de l'Anglais, du Prussien, qui venaient nous gruger ; *ça ira* balayait nos frontières, et souvent même nous entraînait plus loin.

Tout près de la frontière espagnole est situé un village dans lequel habitait une jeune fille qui aimait passionnément un canari. Le canari chantait, gazouillait à ravir. Placé dans une petite cage bien propre, bien soignée, l'oiseau avait appris pendant l'hiver, quelques airs que la jeune fille lui avait enseignés sur la serinette; mais, de tous ceux qu'il préférait, c'était celui qu'il entendait chanter à chaque instant autour de lui; aussi, soir et matin, il chantait, il répétait sans cesse *ça ira*. Entonnait-il *ça ira*, on l'applaudissait, cela l'encourageait, et chacun répétait *ça ira*; enfin il chanta tant et tant *ça ira*, qu'il finit par oublier tous les autres airs qu'il avait appris. Jusque-là tout allait bien. Mais, malgré sa valeur, le Français fut obligé de reculer devant le Castillan, et Ricardos entra dans le village avec ses soldats. Je vous demande si chacun se garda bien de chanter *ça ira!* Mais si l'habitant se taisait, le canari continuait son patriotique ramage; je crois même qu'il le fredonnait encore plus que par le passé. Que voulez-vous que sache un canari? A la vérité sa maîtresse l'enfermait, mais n'importe? quoique renfermé, il chantait toujours et s'égosillait à répéter *ça ira*. Et chaque Espagnol qui passait s'irritait contre l'air maudit, voulait tuer l'oiseau, espadonnait contre la porte, et menaçait de mettre le feu à la maison qui cachait l'imprudent volatile. Quelqu'un raconta l'affaire à Ricardos; il assemble aussitôt son conseil qui, après avoir tout pesé, tout considéré, hélas! condamne à mort le pauvre canari *à l'unanimité*. On arrive, tambours et musique en tête, pour lui tordre le cou; mais lui, comme pour se moquer d'eux, se met à chanter *ça ira* de toutes ses forces. Sa maîtresse pleure, se désespère, se jette aux pieds du général, fait tout au monde pour l'apaiser, pour sauver le pauvre oiseau qui, certes, a péché sans savoir ce qu'il faisait.... Enfin Ricardos, touché des pleurs de la pauvre enfant, fait grâce au joli petit animal; mais, pour ne plus entendre l'air qu'il a gazouillé tant de fois, il lui donne la liberté. Aussitôt il s'envole en chantant *ça ira*, et se réfugie dans un bosquet peu éloigné du village. Là, on n'entend plus que son chant favori; soir et matin, il chante *ça ira;* les oiseaux des environs s'empressent d'accourir pour l'écouter. A force de l'entendre, ils étudient l'air que le canari chante si bien, et finissent par l'attraper parfaitement. Alors chardonnerets, merles, rossignols, alouettes, ortolans, pierrots, pies, grives, sansonnets et bécasses, ne font plus que chanter sans cesse *ça ira*. Les Espagnols, qui les entendent, croient qu'ils ont le diable au corps : les angoisses de la superstition les agitent; ils n'écoutent plus les ordres de leurs chefs. La crainte les saisit, ils s'échappent en tremblant et se réfugient jusque dans Barcelone.

Cela ne serait pas arrivé si Ricardos n'avait pas écouté le sentiment de compassion qui lui fut funeste. D'après Napoléon, il faut que l'homme d'état n'ait son cœur que dans sa tête. (X.)

LA FILLE DE LA MONTAGNE.

ODE.

Que tu as d'empire sur moi, fille de la montagne! ô ravissante enfant! comme tu enchaînes mon cœur! Si du moins je nourrissais l'espoir qu'un jour tu seras ma compagne chérie! si le ciel unissait nos destinées à jamais!...

Quinze printemps, voilà ton âge!... Et tu es heureuse en conduisant tes agneaux dans les champs! Mais si le bonheur te suit, moi le chagrin me tourmente... Depuis que je t'ai vue, mon cœur est devenu si jaloux!

Quand parfois je puis entendre ta voix mélodieuse; quand, sans être aperçu, je peux contempler tes traits ravissants, mon ame attristée reprend tout son éclat, tout son bonheur, et l'amour et la joie dissipent aussitôt mes regrets.

Si je suis près de toi, ta présence m'enflamme. Je rêve la volupté en voyant ton regard : si je suis loin de toi, ton image luit encore dans mon cœur comme une étoile brillante au firmament.

Le soleil de l'été a bruni ton visage, mais le soleil de l'hiver lui rendra bientôt son éclat. Ah! une idée me sourit!.. Que m'annonce-t-elle? mon cœur sera-t-il uni au tien pour toujours?

Si je t'aime!... Ah! qu'ai-je dit? pardonne à

ma tendresse, un saint enthousiasme enivre mon amour. Oui, je t'aime... rends-moi caresses pour caresses; l'amour est dans mon cœur, il y sera toujours!

Et mon amour pour toi est pur comme la rosée; doux comme le lait écumant qui ruisselle sous ta main; grand comme le tilleul qui nous prête un doux ombrage, et sa beauté fait pâlir l'éclat du diamant.

Dans notre siècle, tout flatte l'opulence, et se moque de celui qui possède un bon cœur. Jeune fille! quand tous deux nous brillons de jeunesse, aimons-nous tendrement... l'amour vaut mieux que l'or.

J'ai parlé de l'amour... le mot t'outrage peut-être; mais courons à l'autel, et Dieu va nous unir. Je suis docile et bon, tu es modeste, tu es sage, cède, oh! cède à mes vœux, le ciel nous bénira!

Alors, je quitterai ma ville superbe; je fuirai pour toi le monde et ses erreurs. Et sous l'ombrage vert, seuls, assis sur le gazon, en cherchant le plaisir... nous trouverons la félicité.

(PEYROTTES, *faïencier à Montpellier.*)

LE CHANT DU POITRINAIRE.

Je vois tomber les feuilles de l'automne ; l'hirondelle a repassé les mers ; mon ame cherche partout une meilleure vie, et le ciel seul attire mes regards.

Je vois flétrir peu à peu la fleur de mon jeune âge ; je dis tranquillement à la beauté : adieu ! Car ici-bas, que me font l'amour et la tendresse, quand là-haut je serai tout en mon Créateur ?

Parais, ô mort ! je t'attends de pied ferme ; la tombe, voilà ce que tu peux m'offrir. Cours, hâte-toi, termine mes douleurs, c'est trop à la fois de vivre et de souffrir.

Je suis résigné ! — Mais hélas ! un souvenir me tourmente et m'obsède : qui soignera ma mère dans ses vieux ans, lorsque son fils sera dans le tombeau ?

Ainsi parlait au fond d'une pauvre cabane un poitrinaire affecté de son malheureux sort ; trois jours après, le son de la cloche annonçait son trépas aux paysans du hameau. (*Idem.*)

LES LAMENTATIONS DU LÉPREUX.

> Et j'ai compris toute la misère de l'homme.
> LAMENNAIS.

I.

Le Mal.

La lèpre fait d'affreux ravages sur mon corps; le monde me fuit comme un loup enragé; tout maudit le lépreux! — Je vais dans des déserts arides me cacher à tous les regards.

J'ai vu mon image dans un ruisseau! — je me suis vu! — horrible! j'ai vu la corruption produite par le cancer qui me ronge; j'ai vu l'abcès d'un mal trop cruel, trop affreux; j'ai vu... l'os presque à découvert!

Et des pieds jusqu'aux reins, et des reins jusqu'à la tête, le mal semble me dire : « Je veux « demeurer là. Enfant de l'enfer, je ris, — et « d'ailleurs, ne te reste-t-il pas encore un cœur « pour me maudire et deux yeux pour pleurer? »

Oh! comme vous vous êtes envolés, rêves de ma jeunesse, vous qui m'avez bercé de si douces illusions, lorsque vous nourrissiez dans mon cœur l'amour et tous les sentiments tendres, qui ne m'abandonnaient jamais!

Maintenant! que je suis malheureux! — Accablé de douleurs horribles, je porte mes regards vers la voûte d'azur, j'implore l'Éternel, l'espérance me sourit, m'inonde... Mais pour le lépreux, l'espérance n'est qu'un songe vain et trompeur!

Et pas une voix amie pour me consoler! — (la vie pour moi renferme plus d'épines que de fleurs). Dans mon abattement, pas une ame qui adoucisse et mes peines et mes cuisants chagrins!

On dirait que, dans sa colère, le malheur m'a marqué du doigt au front; on dirait qu'il m'a nourri du lait du désespoir, en me disant : « Lépreux, ta vie est une honte! »

Mais, grand Dieu! dois-je donc maudire la vie? Oh! non; je sais que l'homme est né pour souffrir. Si tu m'as donné le mal, fais du moins que la patience soit un don qui vienne de toi!

II.

Le Souvenir.

Hélas! plaignez ma destinée; hommes, pourquoi me blâmez-vous? le ciel m'avait créé pour plaire, le ciel m'avait fait pour aimer. Jeune, ma vie était une fête continuelle, que je croyais ne pas avoir de fin. De tout cela que me reste-il? un doux et cruel souvenir.

J'avais des amis, de nombreux amis, des amis qui, à chaque instant, cherchaient tous les moyens de me prouver leur tendresse. Leurs mains couronnaient ma tête de fleurs, que j'ai vues se flétrir en un instant! De tout cela que me reste-t-il? un doux et cruel souvenir.

Dignes rivales des esprits célestes, des vierges, le jour et la nuit, chantaient de moi mille louanges, et pour moi soupiraient d'amour. Le cœur d'une beauté pure et modeste, à mon cœur brûlait de s'unir. De tout cela que me reste-t-il? un doux et cruel souvenir.

Ensuite je plaçai tout mon bonheur à vivre avec des hommes vils et débauchés, dans les bals et dans les orgies! Tout, sous la voûte des cieux, semblait rajeunir pour moi. De tout cela que me reste-t-il? un doux et cruel souvenir.

Je vomissais mille blasphèmes contre Dieu, je méprisais l'humanité; mon cœur, souillé de tous les vices, se plongeait dans la joie de tous les plaisirs. Mais si le ciel dans sa vengeance m'a frappé d'une affreuse maladie, il me reste encore du passé un doux et cruel souvenir.

III.

La Résignation.

Tout est fini pour moi! — mais Dieu qui est un si bon père, veut mettre dans mon cœur un parfait repentir; s'il m'a donné le mal, c'était pour m'éprouver. Maintenant, quand le lépreux va faire pénitence, allons, mon ame, allons, implore la bonté de celui dont les décrets devaient te réprouver!

Dieu puissant! — si tu voulais écouter la prière

fervente du lépreux abandonné de tout l'univers, de ce lépreux qui t'oublia pendant si long-temps, ô grand Dieu! tu verrais dans ton fils, un fils qui gémit d'être coupable à tes yeux, et qui se jette à tes pieds pour te demander pardon!

Le repentir m'inonde, mais le passé m'accuse. Dieu qui vois mes pleurs, si ta voix me réclame, je trouverai encore le bonheur dans mes larmes et dans mes soupirs. Je reconnais à jamais ta justice éternelle ; mais éloigne de ma tête coupable le terrible courroux de ta malédiction!

J'ai péché, mais tu m'as puni. — Tu peux me punir encore, — ou laisser suspendue sur ma tête la menace de ton courroux... Je suis soumis à toi. Oui, je suis résigné ; — et mon cœur qui comprend la distance immense qui te sépare de l'homme, te remercie du moins de la vengeance que tu as tirée des crimes que j'ai commis!

Si mes tristes erreurs se sont trop tôt dissipées ; si je me souviens encore d'un passé malheureux ; si j'ai trop long-temps vécu, grand Dieu! sans prononcer ton nom; si, hélas! la lèpre me ronge ; eh bien! il me reste du moins une ame,... une ame misérable. Lui refuserais-tu les douceurs de ton amour?

Oh! non, certes, mon Dieu! — ta main puissante qui a façonné mon corps sans cesse tourmenté par la douleur, lui joignit un trésor qui ne périra point, l'essence de ton souffle, essence pure, belle! tu sais que c'est mon ame! — elle s'est révoltée contre toi!.. et pourtant elle est le trône sur lequel brûle l'amour!

Enfin daigne la recevoir; — je te l'offre comme une expiation. Quand tu l'auras épuiée, ah! fais qu'elle devienne sublime comme lorsqu'elle s'échappa de ton sein paternel ; alors je bénirai ma misère sans remords, et ne songerai plus qu'à toi dans ce monde, jusqu'au moment où je m'endormirai du sommeil qui ne doit pas finir!

(*Idem.*)

LE TOIT PATERNEL.

O reine de toutes les villes! heureux celui qui te dit : adieu! Eh! qui ne s'ennuierait pas sur tes places si agitées? J'ai mêlé mes larmes aux eaux de la Seine, en songeant au ruisseau de *Rhumel;* et je me suis dit, au milieu des sanglots et des soupirs : Où est donc le toit paternel?

Paris! j'ai contemplé tes dômes magnifiques, ta colonne, ton Panthéon; mais, au milieu de cette foule immense, j'étais seul et je soupirais tout bas pour Clermont. Au Louvre, mon cœur préférait notre château antique et fumeux, dont les tours abritent le toit paternel.

Tu m'accuseras d'ingratitude, toi, le paradis des hommes puissants. Ah ! dans ton sein, la tristesse et l'ennui rendaient mes jours tristes et malheureux. Clermont-l'Hérault, douce patrie! tout mon amour, toutes mes pensées sont maintenant pour le toit paternel.

L'ame du voyageur se trouble à l'approche du pays qui l'a vu naître : ainsi, la mienne était agitée, à la *butte des cinq chemins*. Là, mes genoux fléchirent, ma bouche bénit le ciel, et mes yeux aperçurent avec un bonheur indicible la fumée du toit paternel.

Comme tu charmes mon existence, oh! Clermont! je te bénirai toujours. C'est dans ton sein que je suis venu au monde, c'est dans ton sein que je veux mourir. Heureux celui qui, après l'orage, échappé à la fureur du destin, peut aller reposer sa tête sous le toit paternel! (*Id.*)

POËME

Dédié à M. le duc de CARAMAN, Pair de France,

En l'honneur de l'inauguration de la Statue de

P.-P. RIQUET,

Couronné par la Société archéologique de Béziers.

Le temps qui, dans sa marche fatale, abat peu à peu tout ce qu'il rencontre sous le tranchant de sa faux, respecte cependant les ouvrages de ces hommes chargés de gloire, qui vivront éternellement dans la postérité.

C'est ainsi qu'ont long-temps retenti à nos oreilles les noms de ces génies sublimes qui, en France, ont donné tant d'éclat au règne du grand roi; mais, parmi les savants qui ont consacré leurs veilles aux intérêts industriels, Riquet seul, lancé par son génie, fit un pas de géant!...

Placé sur le plus haut degré de la gloire française, nous l'avons vu occupé d'une entreprise gigantesque, faite pour étonner l'univers; et si de loin en loin il eut des obstacles à surmonter, ces obstacles firent ressortir avec plus d'éclat encore les merveilles qu'il voulait montrer à nos regards.

Jamais hardiesse ne fut égale à la sienne. Tout l'horizon immense qu'un coup d'œil peut embrasser, le sien sut le franchir; et dès qu'il frappa la source mystérieuse placée sur la cime escarpée de Nodinel, le roc jaillit en flots écumants (10).

Perché sur le haut de la montagne d'où la source s'élance, Riquet va montrer au monde l'œuvre sublime qui enflamme ses projets audacieux : le génie bondit dans sa tête agitée. et deux mers, en se donnant la main, s'échappent de son cerveau puissant.

A cette vue la France resta frappée d'admiration. Autrefois, pour resserrer ses chaînes, des hommes avaient voulu faire remonter le Tarn; son génie, plus grand que le pas d'Encelade, plaça, qui l'aurait dit? plaça d'une seule enjambée un pied sur chaque mer (11).

Quand, pour la première fois, l'Océan et la Méditerranée se joignirent, partout, en Europe, les peuples s'étonnèrent d'un miracle si beau ; car, depuis que le monde accouche de merveilles, jamais on n'avait vu sous la voûte des cieux quelque chose de si étonnant!...

En vain, pour glorifier des races éteintes, l'Égypte nous montre ses grandes pyramides au sommet orgueilleux ; en vain elles portent leur front jusque dans les nues, il faudra bien qu'elles l'abaissent, ce front, en présence du grand Riquet!

Alcide peut détourner le cours des rivières ; Marly faire jaillir dans Versailles des milliers de jets d'eau ; tous ces travaux que l'orgueil seul estime, placés à côté de l'œuvre admirable de Riquet, ne sont plus que des nains.

Les montagnes, les rivières, les précipices, devant lesquels le génie de Charlemagne s'était arrêté, disparaissent sous ses puissantes mains ; et, tandis que l'ignorance acharnée disait autour de lui : il succombera... l'ignorance n'avait pas tourné la tête que le *mauvais pas* fut franchi (12).

Déjà l'eau s'étend et bouillonne de toutes parts ; Bordeaux tressaille, et Marseille ne peut croire qu'à la voix de Riquet des ruisseaux aient été assez audacieux pour devenir les fiancés des deux mers.

Avant lui, en deçà des monts Pyrénées, jamais

l'étendard des Français n'avait flotté sur nos rives fleuries ; maintenant nous voyons les pavillons étrangers qui ondoient dans les airs et transportent dans tous les pays du monde les plus riches trésors.

Aussitôt que le grand foyer qui éclaire notre globe lance cet amas de lumière sur le canal qui roule ses flots calmes et paisibles, l'eau, semblable à un miroir éblouissant, réfléchit les beautés que Riquet répand à pleines mains.

Ici, trois arches, lancées dans les airs sur des piliers audacieux, portent sur leurs têtes des routes et des vaisseaux; et, sous le canal qui coule, *Fresquel*[1], en couvrant de fleurs les peupliers du rivage, promène lentement à travers la verdure ses ondes de cristal (13).

Là-bas, sur le penchant d'une colline, les eaux déchaînées, tombant en cascades dans huit superbes bassins, produisent des jets d'eau si magnifiques, que le voyageur qui passe croit que Riquet fait pleuvoir tant de merveilles pour le plaisir des yeux.

Mais, que vois-je? Plus loin, au sein d'une onde tranquille, s'ouvre une large issue, et le vaisseau, lancé au gré des éclusiers, au milieu des flots bouillonnants, s'élève peu à peu dans les airs, porté sur une écume d'argent (14).

Si vous montez vers les lieux où le canal prend

[1] Petite rivière.

sa source, vous voyez Saint-Féréol maîtriser dans son cours la nymphe qui s'enfuit; et, à l'aspect de ces deux torrents qui, furieux, s'élancent semblables au génie de Riquet.... vous restez frappé d'étonnement!!

Au-dessus de nos têtes sont deux voûtes hardies, qui portent avec orgueil une masse d'eau étonnée qu'un homme, comme si c'était celui qui tient les destinées humaines dans ses mains, ait eu la puissance de l'arracher de son lit, pour la tenir enchaînée à l'endroit qu'il avait désigné.

Vauban, que l'Europe vante avec raison, admira cette œuvre gigantesque, qui fit pâlir son soleil : « O Riquet, s'écria-t-il, ta gloire est immor-
« telle ! » et, jetant à ses pieds sa magnifique couronne, il s'inclina devant lui!! (15)

Enfin, tout a changé de nature dans ces lieux. La terre, qui autrefois restait inculte, est couverte de fruits; le sol partout se défriche, et les champs, que dévoraient la ronce et les épines, sont couverts de magnifiques moissons.

O Riquet! toutes ces beautés sortirent de tes mains. Pour les produire, dix siècles, en passant, se consumèrent en stériles efforts. Le projet était grand! Dieu créa ton génie pour le réaliser... quels trésors n'a-t-il pas répandus!

Si, pour le bien que tu as fait, bien qui se perpétue sans cesse, la France voulait t'honorer d'une statue digne de ton intelligence, le monde resterait en extase devant elle; car, tandis que tes pieds seraient posés sur la terre, ton front serait dans les cieux.

Cependant, nous avons vu la malveillance long-temps s'attacher à ton char. Inutiles efforts! arrêté parfois dans sa course, il partait comme un trait, brisait tous les obstacles..... Oh! qui aurait pu l'arrêter!

Aussi, son œuvre s'étendait avec une rapidité extrême, comme un serpent dont les anneaux sinueux font mille contours; et, sans la mort, qui se plaît toujours à contrarier les projets des mortels, il aurait, si on l'avait laissé faire, enveloppé la France dans ses plis (16).

Quand la cruelle, avec sa faux tranchante, voulut abattre une si belle branche de l'arbre *Bonrepos*, il nous resta d'autres rejetons. O mort! pourquoi donc tant de barbarie? N'avons-nous pas les Caraman? et ce bel arbre ne nous présente-t-il pas d'autres Riquets?

O Riquet! ta perte nous couvrit de tristesse et de deuil. L'Europe, pleine d'amour et d'affection pour toi, te demanda long-temps; et les saules pleureurs qui bordent nos rives, mêlant leurs douleurs à ses douleurs si amères, étaient inondés de larmes.

Frappé du même coup, le laboureur laisse tomber la charrue auprès de son maïs; et Béziers, semblable à une mère jalouse, les yeux baignés de pleurs, semble dire à Nourouse : oh! rendez-moi mon enfant!

Abattu sur les flancs de Neptune, le commerce sur-tout a ressenti le trait qui vient de le frapper. Tous pleurent notre grand génie! Oh! qui pourrait retenir ses larmes! un seul jour a suffi pour enlever un homme que des siècles avaient mis à créer!

Aujourd'hui, toutes nos douleurs sont changées en cris d'allégresse : Riquet nous est rendu ; c'est le ciel qui l'envoie dans le pays qui lui donna le jour. En France, son nom vole de bouche en bouche, et Béziers, comme un seul homme, contemple avec orgueil le héros placé sur son piédestal.

La terre, qui s'enfonce sous ses fondements, écrase les années sous ses pieds d'airain. Les siècles admirent la place où son front brille de tant d'éclat, et Béziers, mère trop heureuse, fait retentir les airs du nom de Riquet.

Son regard domine tous les regards ; son nom plane sur toutes les mers. Aujourd'hui, du haut de sa montagne, Béziers s'illumine de mille feux ; le plaisir pétille, et la joie s'exprime par de bruyants transports.

Un grand nombre de fontaines jaillissantes forment des ruisseaux qui coulent à pleins bords : le peuple s'avance en suivant leurs cours. Tout rit, tout s'agite, et la France entière lui jette des fleurs.

Sur tous les chemins, le peuple se rend en foule à Béziers pour y voir les joûtes qu'on célèbre en son honneur. Au pied de la ville, on voit glisser sur les ondes, une nuée de nacelles couvertes de fleurs, qui ressemblent à des jeunes filles qu'on conduit à l'autel.

Et tandis que le flambeau de la voûte des cieux étend sa chevelure dorée, pour embellir la fête dont les échos redisent les bruyants transports, Béziers se pose glorieusement dans l'histoire ; et, de même qu'on le voit dominer dans l'espace des airs, ainsi Riquet dominera dans l'espace des temps !

(DAVEAU, *coiffeur à Carcassonne.*)

LES VENDANGES DE PIGNAN [1].

Poème en deux chants.

Chant premier.

Maintenant que Phébus a caché sa tête vermeille dans le cristal des eaux, maintenant que Phébé promène avec lenteur son globe d'argent sur la voûte des cieux, jeunes filles, jeunes garçons, approchez ! Je vais célébrer les plaisirs, les peines,

[1] Petite ville aux environs de Montpellier.

les amours de nos bons vendangeurs. Je vous apprendrai ce qu'ils font, ce qu'ils désirent, le moment de leurs pleurs, celui de leurs ris, et par quels moyens ils savent réunir les joies de Bacchus aux douceurs de Cypris.

O dieu qui as pour trône une barrique, et pour sceptre un sarment à la main, orné de raisins, écoute-moi, je t'en prie. Ton confident, c'est ta bouteille remplie de ce jus délicieux dont, le premier, tu as savouré l'agréable parfum. Ta couronne est un vieux panier! Ah! si j'éprouve quelque crainte à te célébrer dans mes vers, viens! soutiens mon haleine; et toi, Muse, buvons ensemble un verre de cette liqueur vermeille, c'est le plus sûr moyen de donner de la force à mes chants, de réussir dans mon entreprise.

La belle et matinale Aurore a montré le bout de son nez; déjà une teinte de rose se répand sur le faîte des peupliers et des chênes. Vendangeurs, que tardez-vous donc? Voyez ces milliers de perles brillantes scintiller sur toutes les fleurs. Allons! allons! qu'on se dépêche! N'entendez-vous pas les oiseaux recommencer leurs douces chansons? Allons! fillettes, au travail!

Salut à la bonne Nanon! bonjour, aimable Jeannette, ne fais pas enrager petit Pierre! Ah! ah! je vois la jeune Marguerite qui arrive avec son bon ami. Puis, en chantant et en dansant, s'avance le reste de la jeunesse.

Les vieux vendangeurs, pour bannir le chagrin, chantent de vieilles chansons qu'ils bêlent comme des brebis.

Notre troupe vive et légère n'est pas encore entrée dans la vigne, que Pomone, Bacchus et Pan courent à sa rencontre. Les Sylvains, avec leurs musettes, font danser les jeunes bergères. Silène, qui est toujours gris, se jette au milieu de leurs jeux ; il rit, et tombe de son âne, qui fait entendre sa musique... Mais, chut !... c'est assez de tapage ; il est temps de se mettre au travail.

La *souche*[1] qui plie sous le poids de ses fruits est bientôt vivement attaquée. Quand le retour du printemps ramène l'amour dans les prairies, et rend la joie à la nature entière, alors l'abeille diligente pompe çà et là, dans le calice des fleurs, le suc délicieux dont elle compose son miel parfumé. Ah ! quel plaisir de la voir voltiger de l'œillet sur la rose, et de la rose sur le muguet ! Ainsi nos vendangeurs, qui aiment le travail, remplissent et vident alternativement leurs paniers. Aucun ne veut rester en arrière ; et, tout en chantant la chansonnette, chacun dépouille de ses fruits la rangée de *souches* qui lui revient.

Petit-Pierre, qui est leste et malin, suspend une grappe derrière Isabelle, et puis crie : Maître, venez voir ! Qui pourrait le croire ! Venez voir comment Isabelle oublie le fruit le plus beau. Jugez si

[1] Le mot *souche* qui veut dire en général tronc, s'applique principa-

le maître s'emporte ! Si c'est ainsi que tu travailles, lui dit-il, tu n'as qu'à partir à l'instant ; je te paye assez cher, Dieu merci ! La pauvre innocente se cache la figure, et Petit-Pierre rit sous cape du tour qu'il vient de jouer.

Mais, quand arrivent les grandes corbeilles couvertes de moût, voici bien une autre affaire ! L'un crie : Jeannette se repose ! et, pour l'exciter au travail, veut aller causer avec elle ; mais Jeannette, s'en trouvant offensée, le pousse et le renverse dans une tinette remplie de raisins. Cela fait rire tout le monde. Les passants s'écrient : Plus fort ! tiens ! ah ! comme ils l'arrangent ! le pauvre imbécille ! — Passe ton chemin, toi ! — Je ne veux pas. A ces paroles, les cailloux volent de toutes parts ; on fait un vacarme effroyable ; les coups de bâtons pleuvent sur la tête et sur le dos ; plusieurs des combattants se prennent au collet ; Jean donne une bonne tape à Pierre ; Pierre le saisit au toupet et lui arrache deux ou trois poignées de cheveux ; quelques-uns s'en vont sans papillotes ; celui-ci, tout éclopé, jure, crie comme un démon ; celui-là, monté sur sa mule, s'esquive et s'enfuit promptement. Toute la troupe le suit, et c'est ainsi que le combat se termine [1].   (AUGUSTE RIGAUD, *de Montpellier.*)

lement dans la langue du midi à l'*arbuste* qui produit le raisin. Une vigne est une réunion de souches. Un cep est une partie d'une souche.

[1] Le second chant, rempli de descriptions très gracieuses, renferme quelques passages que nous ne pouvons pas traduire.

LE GATEAU DES ROIS.

CONTE.

Le jour *des Rois,* chez M. le maire, le percepteur et sa femme, le *fabricien* et la sienne, M. le curé et sa nièce, dînaient ensemble à qui mieux mieux. Quant à l'endroit, il ne m'en souvient plus ; je sais seulement que c'était tout près de Toulon... mais cela ne fait rien à l'histoire.

Le percepteur (que Dieu le glorifie !) avait reçu depuis trois jours le sacrement de l'hyménée, et déjà maudissait le moment de son mariage. Cela m'étonne peu ; à la ville comme à la campagne, les hommes sont portés au changement ; nous sommes tous légers, volages... Revenons à nos moutons.

Au grand repas que le maire donnait pour célébrer les Rois, on chantait des chansons ; chaque convive répétait à tue-tête : « Vive la Charte et les Bourbons! » Le percepteur, qui n'était pas royaliste, s'amusait à faire des compliments à la nièce du vieux curé. L'oncle ne les perdait pas de vue ; la femme trépignait de dépit, de jalousie, et de temps en temps marchait sur les cors de son mari ou le pinçait par derrière. Notre malin, sans pipe, fumait, disant tout bas : « Tu me payeras cette affaire. » Hélas! c'est lui qui la paya ; voici tout le nœud de l'histoire.

A la fin du dîner, on apporte le gâteau ; chacun

en prend une portion, chacun espère la couronne; mais la fève, c'est le percepteur qui l'a. Pour reine, il choisit la nièce du curé. La belle accepte, et chacun à son tour lui fait son compliment. La jeune mariée étouffe de dépit : elle cherche à cacher la jalousie qui la dévore. Quand le roi boit, et que chacun s'écrie : « Le roi boit! » elle, toujours garde le silence. Le mari enrage, et lui dit, les yeux enflammés de colère : « Si, quand je boirai, tu ne cries pas *le roi boit!* tu verras ce que je ferai. Crois-le bien, il t'en coûtera d'avoir troublé la fête. » La femme, en se moquant, lui répond : « Monarque, nous verrons. — Ah! tu veux voir! » reprend le brutal, et s'armant aussitôt d'un verre, il l'emplit jusqu'au bord de vin de Malaga, et l'avale d'un trait. Chacun crie « le roi boit! » Mais la femme entêtée, ne dit rien ; alors la mouche le piquant, il lui donne un soufflet [1]. Furieuse, épouvantée, elle s'échappe et fuit dans le jardin. En passant devant un bassin, il lui vient à la pensée de jeter sa coiffe dans l'eau; aussitôt dit, aussitôt fait; la coiffe est détachée et lancée; et puis, en tapinois, notre rusée se cache dans un buisson. Le mari qui la cherche, arrive auprès du bassin. Dieu! quelle douleur en voyant surnager la coiffe de sa femme! il croit que la malheureuse se noie; les regrets, les remords s'em-

---

[1] J'ai cru devoir changer quelques expressions.

parent de son cœur; il pousse des cris de désespoir, et s'élance dans le bassin.

Le maire, le curé, les gens de la maison accourent, mais personne ne sait nager; notre roi, pour sauver sa vie, et des pieds et des mains se démène. Sa femme voit tout ce qui se passe à travers le buisson; et quand elle s'aperçoit que son mari commence à boire, en faisant *glou, glou, glou,* elle sort de sa cachette, et crie avec transport : « Le roi boit! le roi boit! oh! la belle journée! vive la joie! le roi boit! »

(BELLOT, de Marseille.)

LE PILAU.

ANECDOTE.

Je vais vous raconter une histoire comique qui est arrivée dans notre pays. Écoutez-moi bien, le fait est positif, je le tiens du vieux père Simon.

Un enfant de Marseille avait reçu le bonnet de docteur à Montpellier : gonflé d'orgueil, il se posait en homme de génie. A peine fut-il de retour dans sa ville natale, que les médecins vont le complimenter; tous lui disent d'une manière aimable : « Il faut vous agréger à notre corporation. » On dirait qu'ils avaient deviné sa pensée et lu dans le fond de son cœur. Il leur répond d'une façon aisée : « En m'agrégeant à vous,

Messieurs, vous comblez mon espoir. Aussitôt dit, aussitôt fait; on se réunit en séance. Tous veulent l'interroger; chaque docteur a préparé d'avance un argument terrible qui doit le mettre dans l'embarras. L'un, lui demande comment se fait un emplâtre; l'autre, comment on s'y prend pour composer l'onguent de maître Arnaud. Sur toutes ces questions, rayonnant comme un astre, notre candidat répond pertinemment. « Eh! laisse donc là la rhubarbe et la manne », dit alors le collègue Vincent. « Comment vous y prendriez-vous, Monsieur, pour faire une tisane de riz? » Oh! pour le coup, notre homme est sur les dents : il se gratte, il sue, il cherche pendant un quart-d'heure, et puis répond : « Je mettrais sur le feu une livre d'eau et de riz, je ferais bouillir le tout.... dans deux minutes l'affaire est cuite... — Mais, mon bon Monsieur, c'est une soupe que vous faites là, réplique le président Raimbaud! — Comment, une soupe, reprend le doyen de la docte assemblée, dites plutôt qu'il veut faire un pilau! »

(*Idem.*)

EPITRE

A M. Charles Nodier.

O toi, qui as illustré notre belle France par tes brillants écrits tout pétris de génie; toi, sublime

Nodier, la perle des écrivains, dont la plume féconde fait éclore de si belles fleurs! un auteur marseillais, dans son grossier langage, ose t'offrir le fruit de ses loisirs. Certes, il n'aurait pas pris cette liberté, si Pierquin de Gembloux ne lui avait pas donné ce conseil. Oui, sans lui, les écrits de sa muse grossière n'auraient pas dépassé la limite de son pays; mais venant de la part du savant inspecteur, peut-être leur accorderas-tu un regard de bienveillance et de protection.

Enfin, tels qu'ils sont, je te les envoie à Paris; si tu les reçois de bon œil, je n'en demande pas davantage; mais je tremble qu'en sortant de leur obscurité ils ne puissent pas supporter la grande lumière du jour.

Tu trouveras aussi parmi ses œuvres de mauvais vers français; tu peux en faire un paquet et les mettre de côté, car ils ne sont pas de recette; je les ai mis là pour mémoire. (*Idem.*)

LE POËTE CHASSEUR.

CONTE.

A peine l'aube matinale commençait à poindre, que déjà le pinson faisait entendre son ramage dans les bois; le berger vigilant, au milieu de son troupeau, mêlait à ses chansons le son de sa musette. Le ciel était serein; Zéphire, dans les bos-

quets, rendait son tendre hommage à la reine des fleurs ; son baiser amoureux la faisait épanouir et répandre dans les airs une odeur délicieuse. Tout dans la belle nature se ranimait ; les perles du matin brillaient sur l'herbe tendre ; l'Hiver s'était envolé sur les ailes du Temps ; la terre avait repris ses habits de fête. Assis sur le tronc d'un olivier sauvage, je contemplais l'œuvre admirable de la création. « Heureux, disais-je tout bas,
« heureux l'habitant du hameau qui voit naître le
« jour et coucher le soleil ! Content de sa desti-
« née, il bénit la Providence et coule ses jours en
« paix au sein de la véritable liberté. Jamais un
« noir chagrin ne trouble le calme de son front.
« O douce liberté ! tu rends l'homme content et
« heureux ! A-t-il fini son travail, il s'assied avec
« son épouse sur un banc de verdure, au bord
« d'un ruisseau limpide. Là, près d'elle, il goûte
« d'innocents plaisirs, car jamais le vice n'inspire
« ses pensées. O vous, qui osez braver la tempête
« et les orages ; vous qui cherchez le bonheur dans
« de lointains climats, venez dans nos champs,
« venez, sots orgueilleux, et vous y trouverez ce
« qu'il faut à l'homme pour le bonheur ; songez
« que votre corps un jour, enseveli dans la terre,
« sera rongé des vers, et que tout l'or que vous
« aurez amassé par votre travail ou par vos ra-
« pines sera peut-être dévoré, en un instant, par
« un fils libertin. »

Plongé dans ces réflexions, mon esprit voyageait dans l'espace; il était déjà grand jour; le soleil s'élevait en lançant sur la cîme des pins ses rayons brûlants; il faut partir pour battre les vallées. Ennuyé de mes réflexions philosophiques, je revêts ma camisole, je prends mon carnier, mets mon fusil en bandoulière, et j'enfile le petit sentier qui conduit à *Riboulon*. A peine avais-je fait vingt pas hors de la *Bastide*, que j'entends, le long d'un mur, *cascara, cascara;* je m'apprête... Mon chien est à l'arrêt d'une caille; je lui crie : « *Pousse, pille.* » La caille s'envole; je l'ajuste, je presse la détente... *crac!* mais mon fusil fait *chic!* C'est bien mal commencer la journée! Ce n'était pas étonnant, l'amorce était humide; il aurait raté cent fois, ou fait long feu. Je prends mon petit chiffon [1], je frotte, je sèche le bassinet. A peine avais-je amorcé qu'une belle perdrix s'envole d'un buisson, et vient passer sur ma tête. « *Tudieu*, m'écriai-je, *comme elle va bien!* Je l'ajuste droit au cœur; elle tombe comme un vieux linge sur un beau lapereau qui sortait de son terrier. Jamais je n'avais eu une pareille aubaine. A cheval sur le jeune lapin, la perdrix franchissait les broussailles et dévorait l'espace. Un épervier, fin matois, qui planait dans les airs, témoin de cette affaire, plonge du fond des nuages plus vite que l'éclair, et em-

---

[1] Petit morceau de linge rempli de cendres dont on se sert pour sécher le bassinet.

porte, en ma présence, le cheval et le cavalier. Un jeune chasseur aurait perdu la tête; mais moi, vieux renard, je n'hésite pas un instant. Jamais vous ne devineriez le tour que je leur ai joué... Vous me donneriez cent écus, que ce ne serait pas assez.... Eh bien ! je glisse la baguette dans mon fusil, et tire sur les fuyards dont je fais une brochette. Ils tombent à deux pas de moi. O surprise ! ô bonheur ! personne ne voudra le croire ; on dira que j'ai voulu ternir la célébrité du Gascon, ou bien que j'ai rêvé, que ce sont des chimères. O Lindor ! ô mon chien ! tu me serviras de témoin; tu sais que je ne mens jamais pour des bagatelles. Ce vilain défaut aux seules femmes appartient. Donc, pour revenir à mon histoire, je vois mes champions dégringoler des plus hautes régions de l'air et tomber sur deux lièvres : sans doute qu'ils dormaient dans leur gîte. Le choc terrible les écrasa. Oh! pour le coup, je demeure plus que capot. Il me semble avoir gagné un quine à la loterie. Lindor, la patte en l'air, ouvrait la gueule comme un lézard; sa queue remuait sans cesse de plaisir.

Oui, Messieurs, maître Jean, braconnier et poète, tua d'un seul coup deux lièvres, un épervier, un superbe lapin et une perdrix grise. Je vous certifie le fait, ce n'est pas une plaisanterie.

(*Idem.*)

EPITRE

A M. BELLOT, *de Marseille.*

Moderne troubadour, dont la verve féconde tient toujours en réserve quelque agréable anecdote ; toi dont le vers léger, enfant de ta plume, égaie le lecteur, l'enchante et le séduit ; aimable passe-temps des classes laborieuses, que ta muse délasse dans leurs jours de repos, Bellot, l'artiste, le marin, le portefaix, le commerçant, dévorent tes écrits et les savent par cœur. Poëte, tout le monde célèbre tes talents : les sociétés littéraires te recherchent : rédacteurs de journaux, savants, beaux-esprits, s'empressent de louer tes ouvrages. Chansons, contes, sonnets, naissent en foule de ton pupître ; l'épître et la satire en sortent également. Toutes les fois que tu as fourni ton tribut au théâtre, le public t'a prouvé, par ses applaudissements, que tu avais réussi. Ton génie enflamme les sujets les plus froids ; tu passes, selon ton 'plaisir, du moral au burlesque. Epigrammes, couplets, revues, éloges, critique, tout est égal pour toi. Tu signales les abus de la société, et la charmes, en ballottant impitoyablement tous les partis. Oui, ta réputation va devenir colossale ; tu es le vrai maître de la lyre des troubadours. Ton nom est respecté parmi les Marseillais ; tu es leur nourrisson chéri ; tu possèdes le secret de plaire et d'émouvoir : aussi, on te vénère comme le Dieu qui répand la rosée bienfaisante. Oui, tu es digne des lauriers que tu as cueillis.

Bellot, que penses-tu de ma témérité? Moi, inconnu, homme à léger bagage, ignorant complètement l'idiôme marseillais, je viens, la tête remplie de mauvais vers, me frotter à toi. N'importe? ma parole est donnée ; je ne balance plus ; quand l'intention est bonne, on ne recule jamais.

Puisque, de nos jours, l'industrie s'exerce sur toutes choses; puisque, dans ce pays, tout est matière à trafic, je te propose, au risque de faire la culbute, d'établir un *Courrier provençal* qui contiendra des fables, des chansons, des satires, des contes, des épîtres. Nous paraîtrons une fois la semaine. Le titre est bien connu dans la localité ; c'est le nom d'un plat savoureux, reçu partout, piquant, appétissant. Enfin, nous appellerons ce journal *Boui-à-Baisso*. Quand nous serons bien en train, un grand nombre de confrères nous enverront des vers en guise de poisson; et afin d'en mieux distinguer l'idiôme et l'espèce, chacun signera séparément les articles qu'il aura faits ; le tout sera bien assaisonné ; rien n'y manquera, et la sauce souvent vaudra mieux que le poisson.

MM. les Marseillais, le samedi, ne rêvent que la chanson, la promenade, la campagne, la mer; ils veulent rire, chanter.... Eh bien ! nous leur fournirons de quoi les satisfaire. Nous leur écrirons dans la langue primitive de notre pays. Si quelqu'un traite notre œuvre de chimère et cherche à nous faire un méchant compliment, il pourra bien nous fournir le sujet d'une pièce de vers. La satire est là pour venger les insultes. Plus d'une fois nous avons tenu tête à l'orage; d'ailleurs, si le français envahit presque tout, le piquant provençal, maintenant, se lit en tous lieux. Nous écrirons aux amis de la langue patoise; notre appel sera entendu de Lyon, de Paris, de Pontoise, de Perpignan ; d'autres nous soutiendront par des abonnements. Dans tous les pays, nous aurons des collègues. Des poètes patois! Il en existe à foison : vous connaissez Pellabon et Gourrié de Toulouse ; le savant Dieulefet, l'ex-bibliothécaire; Cassan, d'Avignon; Bonneton, de Beaucaire; Azaïs, de Béziers; Tronchet, de Paris; Reybaud, de Carpentras, et Grousset l'Artésien ; le célèbre Jasmin d'Agen, l'auteur des *Papillotes;* son confrère Daveau, le chantre de la liberté.

Mais si nous cherchons bien dans l'intérieur même de notre ville, nous trouverons encore quelques écrivains de nos amis. Le bon Chailan ; type de vrai poète, que je désire voir bientôt en meilleure santé; et mon ami intime, le médecin Leydet, le protecteur éclairé de tous les arts. Et tant d'autres amateurs confondus dans la foule, qui sortiront de partout comme des champignons.

Mais avant de commencer notre entreprise, il

faut nous bien organiser, ne rien faire à la hâte. Bellot, il nous reste près d'un mois pour réfléchir à tout. Une fois l'affaire en train, nous ne pourrons plus retourner en arrière. Les vers ne sont pas toujours soumis à qui les appelle; tu le sais comme moi ; quand il faut les tirer mot à mot par les cheveux, autant vaudrait briser sa plume et ses pipeaux. Tout, dans ce métier, n'est pas couleur de rose; la rime ne s'épanouit pas aussi vite que la prose. Le désir n'y fait rien ; quand nous voulons composer, il faut que le vieux *Phébus* nous inspire : mais avant de nous lancer dans ces chemins périlleux, je veux te mettre au courant de mes faibles ressources.

Mes titres sont peu de chose ; aussi, je n'en suis pas fier ; car je sais bien que demain je serai encore ce que je suis aujourd'hui. Je dois à la nature ma prompte éducation. Rien en moi n'est réglé ; je fais tout au hasard. Je suis presque au niveau d'un ignorant ; c'est te dire, avec franchise, que je ne sais presque rien. Cependant, quand Tarascon se lance dans les plaisirs, il entonne mes chansons dans la fraîche guinguette; mes chants de liberté, d'amour, excitent quelquefois des chœurs bien ronflants. Il y a environ douze années, je rimais sur l'enclume; plus tard, je publiai un livre tant bien que mal. La presse, maintes fois, s'est occupée de moi, et m'a imprimé tout vivant dans plusieurs journaux. Du temps que je chantais la liberté et la pure indépendance, Béranger m'honora de ses lettres ; celles de Reboul, le poète boulanger, m'ont prouvé que je n'étais pas inconnu à la poésie. Ma fougue satirique s'est servie deux fois du fouet et du bâton contre un rimeur boiteux ; je l'ai tellement berné, battu, fouetté, meurtri, qu'il n'en guérira pas, tant qu'il sera sur la terre. Depuis, quelques chansons, enfants de mon cerveau... l'écho les a produites avec l'ère nouvelle. Au concours de Riquet, mes vers ne furent pas les plus mal partagés. Tout cela m'a procuré des amis, de la sympathie.

Je t'ai déroulé toute ma pacotille ; ainsi, dépêche-toi. Cela te va-t-il ?... Je sais qu'en ce moment un travail pénible te tient cloué chez toi ; ton troisième volume absorbe tes instants ; mais dès que tu auras terminé la dernière page de ce livre, dès qu'il sera publié, il faudra te réunir à notre grand projet. Aussitôt la poste rapide nous annoncera l'arrivée de notre premier numéro. Un prospectus soigné fixera sans retard la marche et les sujets que nous traiterons dans la suite. Nous aurons un comité d'érudition pour tamiser les vers qui ne seraient pas de taille, tandis que, tous les deux, garants de notre œuvre, nous nous en déclarerons gérants et rédacteurs. Nous nous ferons annoncer par des journalistes, nos amis. Nous publierons promptement la liste de souscripteurs payants ; car, dans notre intérêt, il nous en faut quelques-uns pour nous couvrir des frais. Je crois qu'il sera bon que, le soir, au théâtre, on le distribue comme le *Chérubin*, l'*Entr'acte*, le *Corsaire :* en un mot, nous ferons comme les autres font. Nous en lancerons aussi quelques exemplaires dans des établissements publics, dans les cabinets de lecture: le prix sera de cinq sous; et lorsque nous en aurons le temps, le produit servira à nos menus plaisirs.

Si tu approuves mon plan, Bellot, fais-le moi savoir au plus vite. Je désire connaître ta réponse par la voie d'un journal, afin d'être bien sûr si ce projet te convient.

(Désanat, *de Tarascon.*)

LES POISSONS DU CANOUVIER,

Conte dédié au poète provençal P. Bellot.

Long-temps nous avons admiré les héros du langage provençal, Gros et Dieulefet. Quand un troubadour jeune et pincé voulait présenter un bouquet poétique, il aurait voyagé pendant long-temps pour trouver Dieulefet ou Gros.

Nous avons perdu nos héros, qui étaient Gros et Dieulefet. Je te fais l'hommage de mon conte;

daigne recevoir mon poulet, car tu es Gros ou Dieulefet.

Une anguille de mer, une langouste, un pourpre, et puis un gros *roucaut,* vivaient en compagnie dans les crevasses du Canouvier. Ils faisaient bon ménage; jamais il n'arrivait que le voisin clabaudât contre son voisin : en toute circonstance ils se prêtaient un mutuel secours. Un soir que l'un des camarades, voulant faire sa lippée de l'appât d'un hameçon, faillit être croqué, l'un des trois amis accourut promptement, se mit à l'œuvre avec son râtelier, et sans perdre courage, rongea tant et tant, qu'il mit la ligne en morceaux.

Maintenant je vais vous conter la déplorable histoire des quatre amis; elle est digne de passer à la postérité. Je vous ai parlé du Canouvier ; vous connaissez sans doute cette roche? Si vous n'êtes pas de Marseille, je vous dirai : Je suis pilote, et connais mon état; je sais que du fond de la mer, droite comme une perche, elle s'élève presque au beau milieu, entre le château d'If et le port de Catalan. Il est arrivé plus d'une fois qu'un grand vent, un temps orageux, une bourrasque, poussant au milieu de la nuit un navire sur la roche, l'a fait périr corps et biens. Les négociants, pour garantir d'un tel malheur leurs écus, leurs vaisseaux, sur-tout leurs équipages, firent une pétition pour attirer les regards de l'autorité sur ce point. Ils demandaient qu'on plaçât un signal sur la roche funeste, et désignaient l'époque à laquelle on devait le bâtir; cette époque, c'était au mois de juillet, au moment où le vent a perdu son sifflet, quand la mer brille comme un miroir! La chose est approuvée, le prix convenu, la roche assiégée. C'était en l'an trente-sept, le premier jour du mois. Des bateaux, des pontons, au nombre de vingt-trois, sortent de notre port avec un fort équipage. On dirait qu'ils vont faire une expédition dans le Levant; mais ils ne se dirigent que vers le Canouvier, pour combattre la mer, et en regarder le fond, pour peu qu'il soit limpide.

« C'est bien, dit un Monsieur, le chapeau sur
« l'oreille, y faut touz à l'entour enfoncer dé cé-
« villes. Près du bateau zéter des pierres tant que
« l'on peu zaller, et nous verrons bientôt la digue
« s'élever. » Les poissons voyant le sort qui les menace, les petits sur-tout, s'échappent soudain : les gros, qui craignent la battue, se cachent.

« Bonsoir, demain nous reparaîtrons. » Oh! mais quand demain fut arrivé, la porte était close. Le ciment en était si dur, qu'ils auraient brisé leurs dents à le ronger tout le jour. Il fallut perdre haleine, il fallut dire *amen*, en maudissant pourtant la terrible aventure qui les mettait dans une si piteuse position. Ils crevèrent tous, l'anguille de mer, le *roucaut*, le pourpre et la langouste.

Le plus souvent, dans un moment de trouble, les petits peuvent se sauver ; les gros, au contraire, plus d'une fois se laissent prendre.

(Barthélemy, *de Marseille.*)

LE VEUF.

CONTE.

Après quatorze ans de veuvage, le brave homme Bellay, cordonnier de son état, partit pour l'autre monde ; et moyennant quinze deniers, Caron lui fit traverser la rivière que nous ne passons qu'une fois. A peine notre homme est sur l'autre rive, qu'il se dirige vers les Champs-Élysées. Celui qui en ouvre la porte lui dit : « *Entrez, maître Bellay, j'ai l'ordre de vous recevoir.* » A vous parler franchement, je m'y attendais, répond l'ombre ; mais, avant de continuer mon chemin, je voudrais bien savoir où est placée ma femme. « *Entrez, entrez, vous serez avec elle.* » Avec elle ! moi ! parbleu non ; je me souviens trop bien comment elle m'a mené sur la terre ! j'aime cent fois mieux être damné !!

(Auguste Tendon.)

L'APPRENTI ARRACHEUR DE DENTS.

CONTE.

Un arracheur de dents à trente sous pièce, avait pour fils un certain garnement qui en avait arraché plus d'une, mais qui n'était pas fort dans son art. Un jour que l'arracheur en titre était allé tenir la foire à Sommières, un paysan s'adresse au jeune mauvais sujet, et, lui mettant trente sous dans la main : « Tu vois, ne te trompe pas, c'est cette canine qu'il me faut arracher. » Suffit, lui dit le drôle, et, prenant ses outils, il lui arrache celle qui est à côté de la mauvaise. Le paysan crie, jure, fait un sabbat d'enfer, « Ah! mort, ah! sucre, ah! misérable, tu m'as arraché une grosse bonne dent. » *St, st, st,* taisez-vous, dit le petit compère, je vois celle qui est gâtée, celle qui vous fait tant de mal, et je l'aurai, laissez-moi faire; mais ne criez pas, pauvre sot, car, si mon père venait, vous en payeriez deux.   (*Idem*)

TOAST

Porté à Béziers en l'honneur de JASMIN, au nom des Coiffeurs, ses Confrères.

Oh! que tu as eu bien raison, Jasmin, d'abandonner savonnette, toupet, chaîne, perruque, ra-

soir, peigne, *et cætera*, pour t'occuper de poésie!
Il vaut mieux régner sur le Parnasse, être fêté
partout, que de débarbouiller pour quelques sous,
la figure crasseuse du premier venu.

Chargé de te complimenter, je ne sais, morbleu! comment m'y prendre! J'ai beaucoup plus
l'habitude de *passer le fer*, de *tresser les cheveux*,
que de rimailler; mais si je rime *couci-couci*, je
sens tout l'honneur qui nous revient de la présence d'un tel confrère. Ta muse, admirée en
tous lieux, luira *per sæculorum sæcula*, comme
une étoile, dont la renommée brillante rejaillira
sur tous les coiffeurs. Heureux de te posséder aujourd'hui, nous faisons fonctionner la mâchoire...
Jasmin, prépare ton verre, nous allons boire à ta
santé! (VIDAL, *coiffeur.*)

A Mademoiselle ROALDEZ [1].

Demoiselle, le jour où dans *votre Toulouse*,
vous voulûtes, joyeuse, marier votre beau talent
à mes pauvres chansons, vous fîtes soupirer la
corde plaintive, et votre harpe versa des pleurs,
quand je chantai la malheureuse mère se dé-

---

[1] Cette pièce de poésie est nouvelle et ne fait pas partie des œuvres de Jasmin.

Mademoiselle Roaldez et Jasmin voyagent ensemble dans le midi, et donnent en ce moment des soirées musicales et littéraires, qui, à Toulouse et à Béziers, ont attiré une grande foule d'amateurs.

pouillant de tout pour nourrir ses pauvres petits enfants.

Qui m'aurait dit alors que vous, si riche, si fêtée, vous, manne des pauvres gens, qui aurait dit qu'en un matin, détrônée, vous descendriez, triste, de votre brillant fauteuil, pour aller à travers le monde changer les notes mélodieuses échappées de votre ame, en un peu d'or nécessaire à l'homme qui vous a donné et la vie et son nom !

Que vous êtes belle ainsi ! on vous plaint, demoiselle ; mais moi qui vois vos sentiments si purs, je comprends que votre belle ame trouve dans le malheur la plus grande des félicités.

Vous voulez verser quelques gouttes du miel d'autrefois sur le cœur d'un père qui ne se nourrit que d'amertume ; vous voulez sécher les larmes d'une mère, et votre ame chansonne gaîment sur un chemin rempli de branches et d'épines.

Eh bien ! ce chemin pour vous est couvert de fleurs : regardez ; les mères et les jeunes filles vous jettent des bouquets mouillés de larmes ; oh ! recevez-les ces fleurs, comme l'encens de nos ames !!!

Des fleurs ! vous en aurez partout : chantez, muse timide ; je vois la double étoile qui brille au milieu de votre front. Tombée du haut des cieux, ne croyez pas être déchue : votre grande fortune, avant de disparaître, ne vous grandissait pas autant que votre pauvreté ! (JASMIN.)

MES SOUHAITS.

Si j'avais quelques souhaits à former, ne croyez pas que, jaloux de la gloire, j'irais demander au roi des rois ce qui conduit au temple de la postérité ; ne croyez pas que je voulusse non plus avoir beaucoup d'esprit, ni une grande fortune ; voici quels seraient mes vœux.

Je voudrais d'abord une femme charmante, un peu d'argent pour n'être pas dans la misère, un cœur généreux et sensible, un bon ami, si la chose se peut, et par-dessus tout cela un peu de bon sens. (Auguste Tendon.)

FIN.

NOTES

DU DISCOURS PRÉLIMINAIRE.

(*a*) V. *Magasin pittoresque.*
(*b*) V. l'excellent *Tableau critique et littéraire de la langue romane-provençale*, de M. Mary-Lafon.
(*c*) M. Raynouard.
(*d*) Idem.
(*e*) M. Mary-Lafon, ouvrage cité.
(*f*) M. Sismondi, *Histoire des Français.*
(*g*) M. Ginguené, *Histoire des Littératures du midi de l'Europe.*
(*h*) Voici ces paroles : « Tuez, tuez, Dieu saura bien reconnaître ceux qui sont à lui. »
(*i*) Sismondi, ouvrage cité.
(*j*) Traduction de M. Millot, ainsi que la chanson de Clara d'Anduse.
(*k*) Idem.
(*l*) Idem.
(*m*) Souvenez-vous à temps de ma douleur, c'est-à-dire, priez pour moi quand vous serez sur la terre; c'est à peu près le sens de M. Raynouard.
(*n*) Parmi ces personnes, je dois citer M. Philis, conseiller de préfecture de Seine-et-Oise, à qui ces matières sont très familières.
(*o*) M. Villemain, *Leçons de littérature du moyen-âge.*
(*p*) M. Millot, ouvrage cité. Fabre d'Olivet, *Poésies occitaniques.*
(*q*) M. Pierquin de Gembloux, dans son savant ouvrage *des Patois.* — Ce sonnet a été ensuite imité par Despourrins.
(*r*) M. Schlegel.
(*s*) Nous devons cette historiette à la complaisance de M. Philis.

(*t*) *V.* plusieurs articles remarquables du *Magasin pittoresque* sur la littérature allemande.

(*u*) M. Pierquin de Gembloux, ouvrage déjà cité.

(*v*) Sérignan, petite ville près de Béziers.

(*x*) Je suis fâché que M. Mary-Lafon, un des hommes les plus versés dans ces matières, soit si sévère envers Jasmin.

(*y*) L'éditeur des *OEuvres de M. Fabre* demandait, il y a déjà long-temps, qu'on fît un choix parmi les poésies patoises.

NOTES DE L'OUVRAGE.

(1) Petite rivière de la Provence.

(2) Cette fable a été copiée par Florian.

(3) Louis XV aimait beaucoup à entendre chanter cette chanson par Géliotte.

(4) *Magasin pittoresque :* quelques coutumes de différentes provinces de la France.

(5) J'ai substitué le mot *notaire* à celui de *prêtre,* qui est dans le texte, et j'ai retranché quelques expressions qui m'ont paru un peu trop libres.

(6) Ce refrain charmant est un reste de poésie d'une chanson du moyen-âge.

(7) Quand un riche propriétaire veut faire dévider son fil, il fait dire dans le village qu'il admettra chez lui tous ceux qui voudront prendre part à ce travail.

(8) Le texte dit *et d'étuvé en étuvé.* La nuit de Noël, pour fêter la naissance du Sauveur, les paysans mangent après la messe

de minuit un morceau de bœuf à l'étuvé ; c'est une espèce de bœuf à la mode.

(9) Une noce sterling dans le Midi, veut dire une noce remarquable par le luxe et la dépense.

(10) Première chanson du Recueil de Despourrins, et l'une des plus remarquables.

(10 *bis*.) Première source que Riquet découvrit et qu'il fit servir plus tard à ses vastes projets.

(11) Déjà du temps des Romains, sous Auguste, et sous le règne de Charles IX, on s'était occupé d'établir une communication intérieure de l'Océan à la Méditerranée ; mais ce fut en vain.

(12) Montagne devant laquelle l'ignorance et la méchanceté prétendaient que Riquet devait échouer. C'est de là que prit naissance ce ridicule jeu de mots populaires : *Ten bou Riquet!*

(13) Pont de trois arches sur lequel le canal du Languedoc est porté, et sous lequel coule le rivière de Fresquel.

(14) Ce sont neuf écluses accolées ensemble, qui, en élevant les eaux au niveau de la montagne, y portent les barques et les en font descendre.

(15) Vauban, pénétré d'admiration pour l'œuvre de Riquet, s'écria : « Je donnerais volontiers tous mes lauriers, pour être l'auteur d'un ouvrage si extraordinaire ».

(16) En proposant à Colbert la construction du canal du Midi, Riquet n'eut pas en vue seulement de faire communiquer l'Océan et la Méditerranée, mais encore de créer entre la Garonne et le Rhône, une navigation intérieure qui joignît les principales villes de France.

ERRATA.

Page 2, ligne 2 : *au lieu de* rouces, *lisez* ronces.
  •   2,   25 : *au lieu de* l'éclat éclaire, *lisez* l'éclat illumine.
       34,   19 : *au lieu de* sur la tête, *lisez* sur ses petites ailes. — C'est par erreur que cette pièce a été placée parmi celles du XVII.ᵉ siècle ; elle est du XIX.ᵉ et a pour auteur M. Dupuy de Carpentras.
       92,   20 : *au lieu de* soit, *lisez* sois.
     187,   9 : *au lieu de* dans moins, *lisez* en moins.
     191,   1 : *au lieu de* crilbé, *lisez* criblé.
     199,   22 : *au lieu de* sur mon trône, *lisez* sur son trône.
     204,   7 : *après* toujours, *il faut ajouter* devant mes yeux.
     217,   23 : *au lieu de* et des fleurs suaves, *lisez* et des fleurs sans suave parfum.
     218,   : *au lieu de* il grésillait peu, *lisez* un peu.
     257,   7 : *au lieu de* au pied, *lisez* aux pieds.
     260,   20 : *au lieu de* SATYRE, *lisez* SATIRE.

TABLE DES MATIÈRES.

Pages.

j   Discours préliminaire.

DIX-SEPTIÈME SIÈCLE.

1.	Stances sur la mort d'Henri IV, par	Goudouli.
5.	Chant royal,	id.
8.	Chant royal,	id.
10.	Sonnet.	id.
11.	Id.	id.
11.	Id.	id.
12.	Id.	id.
12.	Noël.	id.
13.	Regrets de Tircis sur la mort de son ami Pierre Goudouli, par	Gautier.
18.	Consolation de Tircis sur la mort de Goudouli, par P. D. T.	
19.	Les larmes du Gravier, par	Courtet de Prades.
22.	L'Homme heureux, par	Joseph Pasturel,
	chantre de l'église de Montferrand.	
24.	Poème, par	Daubasse,
	fabricant de peignes.	
27.	Inpromptu,	id.
28.	Au roi Louis-le-Juste, à son entrée dans la ville d'Aix, par	Bruyeis.
29.	A une belle demoiselle,	id.
30.	L'Homme heureux, par	Sage de Montpellier.
31.	L'Homme malheureux,	id.
32.	Mépris de l'homme,	id.
32.	L'Amoureux transi, par	Borel,
	trésor des recherches et antiquités gauloises.	
34.	Le Papillon, par	Dupuy de Carpentras.
35.	Le Ranz des vaches,	id.

DIX-HUITIÈME SIÈCLE.

Pages.

37.	Bouquet à madame L..., par	Gros de Marseille.
39.	Autre bouquet,	id.
42.	Epilogue,	id.
50.	Le Coq à qui l'on a arraché les plumes, fable,	id.
51.	La Chienne et ses petits,	id.
53.	Le Derviche et le Grand-Visir,	id.
54.	Les deux petits rats et le flacon,	id.
56.	Chants béarnais, par	Despourrins.
57.	Id.	id.
57.	Id.	id.
59.	Id.	id.
60.	La Bergère malade, par	T. V.
61.	Chanson, par	Despourrins.
62.	Cantique entonné par Jeanne d'Albret, en accouchant d'Henri IV, par	E. V.
63.	Inscriptions pour la statue d'Henri IV, par	P. G. B.
63.	Autre, par	E. V.
63.	Autre,	id.
64.	Noël ; dialogue entre saint Joseph et un Hôtelier, par	Saboly.
65.	Noël,	id.
67.	L'Amant profane, cantate, par	Gros.
69.	La Danse du Chevalet, chanson qui a été chantée en présence de Louis XV.	
71.	Prédiction de la muse de Ségola, par prieur de Pradinas.	Peyrot,
74.	Fragments du siége de Cadarousse, poème héroï-comique, par l'abbé	Fabre.
93.	Le Savetier bel-esprit, comédie, par le citoyen	Pelabon.

DIX-NEUVIÈME SIÈCLE.

103.	Les Papillotes : dédicace à M. Charles Nodier, par Jasmin.	
105.	L'Aveugle de Castel-Cuillé,	id.
117.	A un riche Agriculteur de Toulouse.	id.

DES MATIÈRES. 319

Pages.		
120.	A M. Dumon, député, par	Jasmin.
126.	La Charité,	id.
128.	Mon Voyage à Marmande,	id.
134.	Les Orphelins de l'Hôpital,	id.
135.	Inpromptu à mademoiselle Rhodes,	id.
136.	Le Pâtre et le Poète gascon,	id.
138.	Inpromptu à M. Saugeon,	id.
138.	A Pascal, qui venait de m'offrir sa jolie gravure de sainte Marie-Egyptienne,	id.
139.	A Madame Martineau,	id.
140.	A M. Fontès, directeur des contributions,	id.
143.	Françonnette, poème,	id.
182.	La Tour d'Auvergne, poème,	id.
188.	Mes Souvenirs, poème,	id.
210.	Le Trois de Mai, poème couronné par la Société des sciences et arts d'Agen,	id.
216.	A M. Casanove de Pradines,	id.
218.	Le Manteau, à Madame V, d'Agen,	id.
220.	Aux Béarnais,	id.
223.	Mon Voyage à Paris,	id.
232.	La Bague et l'Epingle, à S. A. R. madame la duchesse d'Orléans,	id.
233.	A ma Muse, pour remercier le Roi de sa belle montre d'or,	id.
235.	La Sorcière du Bonheur,	id.
237.	Le Livre volé,	id.
239.	Mon Pélerinage en Périgord, l'Eglise découverte,	id.
240.	Les Oiseaux voyageurs ou les Polonais en France,	id.
242.	L'Espagne,	id.
243.	A la Ville de Fénélon,	id.
244.	A Mademoiselle Gasq,	id.
245.	Le Médecin des Pauvres,	id.
249.	Les vers à soie, poème, par	Dieulefet.
252.	Episode,	id.
260.	Les Voraces, par	X. de Béziers.
266.	Les Femmes ; élégie,	id.

TABLE DES MATIÈRES.

Pages.

269. Le Canari et le général Ricardos, fable, par X. de Béziers.
272. La Fille de la Montagne; ode, par Peyrottes, faïencier à Montpellier.
274. Le Chant du Poitrinaire, *id.*
275. Les Lamentations du Lépreux, *id.*
279. Le Toit paternel, *id.*
280. Poème en l'honneur de l'inauguration de la statue de Riquet, par Daveau, coiffeur à Carcassonne.
287. Les Vendanges de Pignan; poème, par Auguste Rigaud.
291. Le Gâteau des Rois, par Bellot de Marseille.
293. Le Pilau, anecdote, *id.*
294. Epître à M. Ch. Nodier, *id.*
295. Le Poète Chasseur; conte, *id.*
299. Epître à M. Bellot, par Désanat de Tarascon.
303. Les Poissons du Canouvier, conte dédié à M. Bellot, par Barthélemy de Marseille.
307. Le Veuf; conte, par Auguste Tendon.
308. L'Apprenti Arracheur de dents, conte, *id.*
308. Toast porté à Béziers en l'honneur de Jasmin, au nom des coiffeurs ses confrères, par Vidal, coiffeur.
309. A Mademoiselle Roaldez, par Jasmin.
311. Mes Souhaits, par Auguste Tendon.

FIN DE LA TABLE.

www.ingramcontent.com/pod-product-compliance
Lightning Source LLC
Chambersburg PA
CBHW070452170426
43201CB00010B/1312